U0940664

珍藏本
纪念版

汉译世界学术名著丛书

法律的道德性

〔美〕富勒 著

郑戈 译

2017年·北京

Lon L. Fuller

THE MORALITY OF LAW

（本书根据耶鲁大学出版社 1969 年修订版译出）

汉译世界学术名著丛书
（120 年纪念版·珍藏本）
出 版 说 明

2017 年 2 月 11 日，商务印书馆迎来 120 岁的生日。120 年前，商务印书馆前贤怀揣文化救国的理想，抱持“昌明教育，开启民智”的使命，立足本土，放眼寰宇，以出版为津梁，沟通中西，为中国、为世界提供最富智慧的思想文化成果。无论世事白云苍狗，潮流左右激荡，甚至战火硝烟弥漫，始终践行学术报国之志，无改初心。

迻译世界各国学术名著，即其一端。早在 20 世纪初年便出版《原富》《天演论》等影响至今的代表性著作，1950 年代后更致力于外国哲学和社会科学经典的译介，及至 1980 年代，辑为“汉译世界学术名著丛书”，汇涓为流，蔚为大观。丛书自 1981 年开始出版，历时三十余年，迄今已推出七百种，是我国现代出版史上规模最大、最为重要的学术翻译工程。

丛书所选之书，立场观点不囿于一派，学科领域不限于一门，皆为文明开启以来，各时代、各国家、各民族的思想与文化精粹，代表着人类已经到达过的精神境界。丛书系统译介世界学术经典，引领时代思想，为本土原创学术的发展提供丰富的文化滋养，为推动中国现代学术和现代化进程做出了突出的贡献。

为纪念商务印书馆成立120周年，我们整体推出“汉译世界学术名著丛书”120年纪念版的珍藏本，寄望既利于文化积累，又便于研读查考，同时向长期支持丛书出版的译者、编者和读者致以敬意。

两甲子后的今天，商务印书馆又站在了一个新的历史时间节点上。我们不仅要铭记先辈的身影和足迹，更须让我们的步伐充满新的时代精神。这是商务人代代相传的事业，更是与国家和民族的命运始终紧密相连的事业。我们责无旁贷，必须做好我们这代人的传承与创造，让我们的努力和成果不仅凝聚成民族文化的记忆，还能成为后来人可以接续的事业。唯此，才能不负前贤，无愧来者。

商务印书馆编辑部

2017年10月

目　录

第二版序言 v

在《法律的道德性》的这一新版本中，前四章的内容并没有太大的改变，只有一两处微末的校正。因此，惟一的实质性改变在于增加了第五章，也就是题为“对批评者的回应”的最后一章。

前四章基本没有变化这一事实并非意味着我对其中所呈现的表述形式或实质内容完全满意。它仅仅意味着我在重新思考其中所涉及问题时并没有取得十分重大的进展，因此，无法对 1963 年讲座中首次表达的那些观点进行任何能够体现实质性变化的重新表述。它还意味着我基本上仍然坚持自己在那些讲座中所表明的立场。

我希望新增加的第五章不会被简单地看成是一项辩论术练习。许多年以来，英语世界中的法律哲学基本上是被奥斯汀、格雷、霍姆斯和凯尔森的传统主宰着。他们的总体法律观所占据的核心地位并不意味着这种观点被人们完全满意地接受了：即便是 vi
它的支持者们也时常显示出对它的某些含意感到不自在。在本书的新的总结性章节中，我认为自己获致了一种更好的表述方式，从而比以往更能准确地表达自己对分析性法律实证主义的不满。为此我深深感谢我的批评者们，特别是 H. L. A. 哈特、罗纳德·德沃金和马歇尔·柯恩。他们并不总是以委婉的方式来表达对我的责

难，也正因为如此，他们的批评并没有被论辩性攻击中常见的自我保护性的语焉不详弄得含糊不清。通过清楚表述其思想的基本前提，他们也帮助我对自己的思想进行类似的澄清。

由于本书的第一版被一些主要学术旨趣在于法律社会学和人类学的学者们发现有一些价值，我想对那些从类似的学术旨趣出发第一次阅读本书的读者提供一项建议。我建议他们首先依次阅读第二章和第五章，而暂时跳过其余各章。这种阅读方式可以起到两方面的作用：一方面可以使他们很快找到与自己的专业旨趣相关的或许有价值的内容，另一方面可以使他们大致了解法学家们在界定自己的研究主题时存在的基本观点分歧。

最后，我想表达对我的秘书马莎·安妮·埃利斯和耶鲁大学出版社的鲁思·D. 考夫曼的感激之情，不仅由于她们对本书的贡献，也由于她们使我省却了许多烦忧。她们的辛勤工作和细心理解将我从耗费时间并制造焦虑的细节操作中挽救出来，而这样的琐细事务总是伴随着将手稿转变成最后的印刷品的全过程。

朗·L. 富勒

1969 年 5 月 1 日

第一版序言 vii

本书的基础是我于1963年4月在耶鲁大学法学院所做的几次讲座，这些讲座是威廉·L.斯托尔斯讲座系列的组成部分。虽然目前的篇幅比起当初的讲稿来已经是扩充了好几倍，但我还是保留了讲座的形式，因为这种形式适宜于本书的主题，并且能够包容我所偏爱的非正式的、经常表现出论辩特征的表达方式。其结果当然是一定程度上的“名不副实”；即使是耶鲁听众出于礼貌的耐心也很难支持他们从头到尾听完这里出现的第二篇“讲座”。

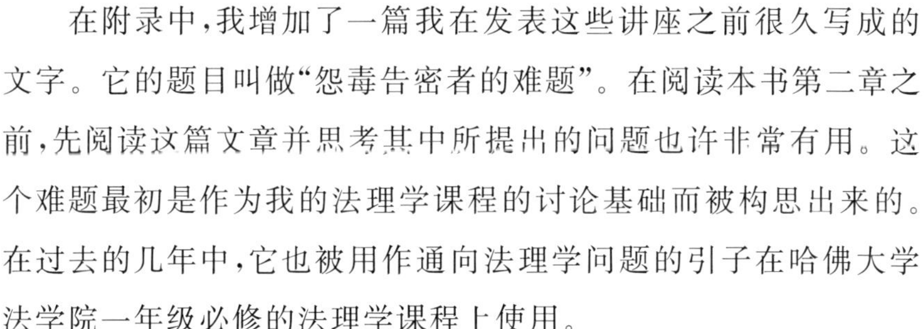

在附录中，我增加了一篇我在发表这些讲座之前很久写成的文字。它的题目叫做“怨毒告密者的难题”。在阅读本书第二章之前，先阅读这篇文章并思考其中所提出的问题也许非常有用。这个难题最初是作为我的法理学课程的讨论基础而被构思出来的。在过去的几年中，它也被用作通向法理学问题的引子在哈佛大学法学院一年级必修的法理学课程上使用。

在致谢部分，我首先要感谢的是耶鲁大学法学院，不仅因为 viii 它的要求为本书的诞生创造了契机，还因为它宽限了我的准备时间，使我能够进一步达到它的要求。我还应当表达对洛克菲勒基金会的谢忱，它使我在1960-1961学年得以获得美国学术职业生涯中所稀缺的资源：闲暇。当然，在说到闲暇时，我指的是在没有任何追求直接有用性或伪装有用性的压力的情况下进行阅读和反思的机会。简单地说，如果没有洛克菲勒基金会的资助，我就不可能接受耶鲁的邀请。至于对同事们欠下的学术债，由于债主人数众多，他们施予帮助的形式又是如此多样，所以我很难充分表达自己的谢意。应当指出的是，他们之中没有任何人有机会将最后的文本从顽固的作者倾向于坚持的最后一刻的不当之处中挽救出来。不过，在这项智识劳作的早期阶段，他们的贡献是如此的重要，以至于在我看来本书既属于我，也属于他们。最后，为了感谢我的妻子马乔里的真正贡献，我借用另外一位作者的说法：她或许并不了解本书说了些什么，但她的确知道本书意味着什么。

朗·L.富勒

一　两种道德 3

罪，不及物动词　1. 自愿偏离上帝为人规定的义务轨道。

——韦伯斯特新国际词典

罪，就是沉沦到虚无之中。①

本书的内容主要是围绕着对涉及法律与道德之间关系的现有文献的不满而展开。在我看来，这些文献在两个重要的方面表现出不足。第一个方面的不足关系到在界定道德之含义本身上的失败。我们已经拥有过多的法律定义。但是在把法律同道德相比较 4
的时候，人们似乎假定每一个人都知道这一对术语中第二个术语的含义。托马斯·里德·鲍威尔曾经说过，如果你能够思考同某物相关的一件事物，而不必考虑它所关系到的某物，你就具备了法律心智。在我看来，在我们当下这一个案中，法律心智从总体上看一直在耗尽心力地思考法律本身，但却满足于对法律与之相关且

---

① *Die Sünde ist ein Versinken in das Nichts*. 这句引文也许纯粹出自想象。我认为我是从很久以前读过的什么材料中回忆起这句话的。研习神学的朋友们无法确定它的来源。他们告诉我，这句话中所包含的思想是奥古斯丁主义的，而且，卡尔·巴特说过一句非常类似的话："罪，就是沉入无底的深渊（*Die Sünde ist ein Versinken in das Bodenlose*）。"不过，"无底深渊"（das Bodenlose）意味着限度或界限的缺失，因而表示对义务的违背。我要寻找的是这样一种表达方式：它能够表达"从愿望的道德出发所看到的罪"这样一个概念——这种罪是指在实现人之品格自身的努力中失败。

与之区分的那个东西不闻不问。

在第一章里，我将尝试恢复平衡。为了完成这一任务，我的主要措施是着重指出我所称的愿望的道德与义务的道德之间的区分。我认为，未能作出这一区分是导致讨论法律与道德之间关系时存在诸多含混之处的原因。

隐含在这些讲座中的另一项重大不满所针对的是一项疏忽，即对本书第二章的标题所称的“道德使法律成为可能”的无视。当现有的文献涉及第二章所讨论的主要课题——我称之为“法律的内在道德”——的时候，它们的应对方式通常是三言两语地评论一下“法律正义”，这种正义概念被等同于一项纯粹形式上的要求，即类似案件应得到类似处理。很少有人认识到：这样勾勒出的问题只是一个更大问题的一个方面，这个大问题便是：如何界定对于维持任何法律系统（甚至包括其最终目标被认为是错误或罪恶的法律系统）都至关重要的人类努力方向。

第三章和第四章是对前两章所提出的分析框架的进一步发展和应用。题为“法律的概念”的第三章试图一般性地澄清这种分析框架同各种法律哲学流派之间的关系。第四章“法律的实体目标”试图阐明对法律之内在道德的恰当尊重如何限制着通过法律规则可能实现的实体目标的类型。这一章以考察像实体性“自然法”这样的东西在何种程度上能够从愿望的道德中衍生出来而收尾。

5 义务的道德与愿望的道德

现在，我将立刻转向愿望的道德与义务的道德之间的区别。

这种区分本身并不新鲜。[②] 但是，我认为这种区分的全面含义尚未得到充分的揭示，特别是，这些含义尚未在对法律与道德之关系的讨论中得到充分的发挥。

愿望的道德在古希腊哲学中得到了最明显的例示。它是善的生活的道德、卓越的道德以及充分实现人之力量的道德。在愿望的道德中也许存在近似于义务的道德这一概念的折射。但这些折射通常都被掩饰起来了，就像在柏拉图和亚里士多德那里那样。当然，这些思想家也认识到，人有时可能无法实现自己的最全面的能力。作为一位公民或者一位官员，他可能被判断为不够格。但在这种情况下，他会由于失败而受谴责，而不是由于疏于履行义务；由于缺点，而不是由于犯错。总之，对于古希腊人来说，对与错的观念以及道德主张和道德义务的观念都未曾得到充分的发展，反之，他们所看重的是正确和恰当行为的概念，这种行为是指人在发挥其最佳可能性的时候能够做出的行为。[③]

② 例如，我们可以参见 A. D. 林赛(Lindsay)的《两种道德》(*The Two Moralities*)，1940 年；A. 麦克贝思(Macbeath)的《生存试验》(*Experiments in Living*)，1952 年，第 55-56 页以及全书各处；W. D. 拉蒙特(Lamont)的《道德判断诸原则》(*The Principles of Moral Judgment*)，1946 年，以及同一作者的《价值判断》(*The Value Judgment*)，1955 年；H. L. A. 哈特(Hart)的《法律的概念》(*The Concept of Law*)，1961 年，第 176-180 页；J. M. 芬德利(Findlay)的《价值与意图》(*Values and Intentions*)，1961 年；理查德·B. 布兰特(Richard B. Brandt)的《伦理理论》(*Ethical Theory*)，1959 年，特别是其中的第 356-368 页。我在这些讲座中所采用的“愿望的道德”和“义务的道德”这一组术语本身未曾出现在上述任何作品中。例如，林赛区分了“我的身份及其附带之义务”的道德与追求完美的道德。芬德利的书具有特殊的价值，因为它讨论了对义务这一概念的“激励性”滥用。

③ 请对比：“古希腊人从未建构出类似于近代意义上的权利概念的东西”，参见琼斯(Jones)的《古希腊人的法律和法律理论》(*The Law and Legal Theory of the Greeks*)，1956 年，第 151 页。

如果说愿望的道德是以人类所能达致的最高境界作为出发点的话，那么，义务的道德则是从最低点出发。它确立了使有序社会
6 成为可能或者使有序社会得以达致其特定目标的那些基本规则。它是旧约和十诫的道德。它的表达方式通常是“你不得……”，有些时候也可能是“你应当……”。它不会因人们没有抓住充分实现其潜能的机会而责备他们。相反，它会因为人们未能遵从社会生活的基本要求而责备他们。

亚当·斯密在《道德情操论》一书中所采用的一个比喻有助于说明我在这里所描述的两种道德之分。[④] 义务的道德“可以比作语法规则”；而愿望的道德则“好比是批评家为卓越而优雅的写作所确立的标准”。正如义务的道德诸规则规定了社会生活所必需的条件一样，语法规则规定了维护语言作为交流工具的必要条件。正像愿望的道德诸原则一样，一流写作的原则必定“是灵活、模糊和不确定的，与其说它们为我们提供了达致完美境界的确定无误的指引，还不如说它们只是一般性地描述了我们应当追求的这种完美境界”。

说到这里，我们有必要选取一些人类行为的形式，并试问一下这两种道德将如何对之作出裁断。我所选择的例子是赌博。在使用这个字眼的时候，我脑海中浮现出来的不是像“一便士牌局”这样的联谊游戏，而是高赌注的博弈——在边沁《立法理论》的译本

---

④ 亚当·斯密（Adam Smith），《道德情操论》（*The Theory of Moral Sentiments*），第一卷，第422页。亚当·斯密并不是用这个例子来说明义务的道德与愿望的道德之间的区分，而是用它来解释正义与“其他价值”之间的区分。不过，正义这一概念同道德义务概念之间的确存在紧密的关联，尽管一般来说公正对待他人的义务所涵盖的范围可能小于道德义务所涉及的范围。

中，这种博弈有一个独特的名称："深度游戏"(deep play)。[5]

那么，义务的道德将如何看待如此界定的赌博呢？在典型的情况下，它会预设一位假定的道德立法者，由他来负责确定赌博是 7
否如此有害，以至于我们应当认为存在一项对所有人都有效的"不得从事赌博活动"的一般性道德义务。这位立法者可能认为赌博是一种时间和精力的浪费，它就像毒品一样影响着那些对之上瘾的人，它会引起许多对社会有危害的后果，比如大致说来，它使得赌徒们忽视自己的家庭，忽视自己对社会的义务。

如果我们所假定的道德立法者曾经受教于杰里米·边沁以及后来的边际效用学派经济学家，他便可能找到一些很好的理由来宣布赌博具有内在的有害性，而不仅仅是由于它的间接后果才变得有害。如果一个人的全部财产由 1000 元构成，而他将其中的 500 元投入到一场所谓的公平赌博中去。在这种情况下，他所参与的这场交易的可能收益与可能损失并不平衡。如果他输了，他所付出的每一元钱都会对他的福祉造成更深重的影响。如果他赢了，他所得到的 500 元钱从效用上来看少于他如果输了便会支出的那 500 元钱。于是我们得出了一个有趣的结论：两个人自愿走到一起，彼此都未曾打算伤害对方，但却达成了一项对双方都不利的交易——当然，这是根据骰子掷出之前的情况来判断的。

在权衡了所有这些因素之后，义务道德论者很可能会得出这样一个结论：人们不应当从事高赌注的赌博活动，也就是说，他们

⑤　请参见重印于"心理学、哲学与科学方法国际丛书"(International Library of *Psychology, Philosophy and Scientific Method*, 1931)中的希尔德雷斯(Hildreth)的译本，第 106 页，注释。

有义务避免“深度游戏”。

这样一项道德判断同“赌博是否应当为法律所禁止”这个问题之间有着什么样的关系呢?答案是:它们之间有着直接的关联。我们所假定的道德立法者无须对他的判断方法作出重大改变便可以将其角色转换成法律规则制定者。作为一位法律规则制定者,他将会面临某些当他作为道德家时可能会便利地用决疑法(casuistry)来解决的问题。他将不得不判断如何区别对待技巧类游戏和部分依靠技巧、部分依靠运气的游戏。作为一部制定法的起草
8 者,他将面临如何区分作为无害娱乐的小赌注博弈与更加拼命和更为有害的赌博形式的难题。如果不容易找到一个公式来确定这种区分,他可能会倾向于将所有的赌博形式都纳入到他所起草的法律的规制范围之中,而将区分无害博弈和有害赌博的任务留给检察官。在采取这种通常被委婉地称为“选择性执法(selective enforcement)”的权宜之计之前,我们这位从道德家转化而来的立法者将不得不反思这样一项原则的普遍适用所带来的危险后果——这种“选择性执法”已经成为现实执法机制中的一种常见的成分。在起草和提议其法律条文的时候,他可能还会将其他许多类似的因素纳入考虑。但是,在任何环节上都不会出现明显偏离他在决定是否将赌博认定为不道德时所采用的方法的情况。

现在让我们来看看赌博在愿望的道德之视域中呈现为何种样态。在这一视域中,我们所关注的并非赌博可能造成何种具体的损害,而是赌博是否值得一个人努力为之的问题。我们认识到:在人间事务中,风险伴随着所有创造性的努力,而一个从事创造性活动的人不仅应当承受他的角色所承载的风险,而且应当欣然面对

这种风险，这是正当的、善好的（right and good）。但是，赌徒开垦的是风险本身。由于不能直面做人所应承担的更广泛的责任，他找到一种方式来享受人生中的一种刺激快感而逃避通常伴随着人生的种种负担。高赌注的赌博实际上变成了一种拜物主义。这种赌博同性本能的某些变异形态之间的相似性是非常明显的，并且实际上已经在关于沉迷性赌博（obsessive gambling）的大量心理学文献中得到充分揭示。[6]

因此，愿望的道德对赌博作出的最终裁断不会是一项谴责，而可能是一种轻蔑表示。对于这样一种道德来说，赌博并非对一种义务的违反，而是一种不适合一位具备人类才智之士去从事的活动。

那么，如此通过的裁断对法律有何意义呢？答案是它对法律 9
不具有任何直接的意义。法律不可能强迫一个人做到他的才智所能允许的最好程度。要寻找可行的裁断标准，法律必须转向它的“表亲”——义务的道德。在这里，它将会找到有助于判断赌博是否应当为法律所禁止的尺度。

虽然愿望的道德与法律不具有直接的相关性，但它的间接影响却无所不在。一方面，我们的整个法律体系表现为一套规则的复杂组合，旨在将人们从盲目的随机行为中拯救出来，使他们安全地踏上从事有目的的创造性活动的道路。如果一个人在与另一个人进行交易的时候基于对事实的理解错误而支付了款项，准契约

---

⑥　参见埃德蒙・伯格勒（Edmund Bergler）的《赌博心理学》（*The Psychology of Gambling*，1957）一书所列出的文献目录（第 79-82 页，注释 1）。

法(law of quasi contract)会要求返还。契约法会宣布基于对相关事实的双向误识(mutual misapprehension)而签订的合同无效。根据侵权法,一个人可以积极地行动,而无须负责赔偿作为其行动之偶然副产品的损害,除非他所从事的是某种会造成可预见危险的营生——在这样的情况下,这种危险可以被计算为他所从事之活动的一项保险精算成本(actuarial cost),并因此可以作为事先的理性计算的对象。在法律发展的早期阶段,这些原则未曾得到确认。它们如今之获得承认标志着历时若干个世纪的减少人类事务中的非理性因素的努力又取得了一项成果。

但是我们没有办法强迫一个人去过理性的生活。我们只能做到将较为严重和明显的投机和非理性表现排除出他的生活。我们可以创造出一种理性的人类生存状态所必需的条件。这些只是达致那一目标的必要条件,而不是充分条件。

道德尺度

当我们考虑各种类型的道德问题的时候,我们可以很方便地设想出某种刻度或标尺,它的最低起点是社会生活的最明显要求,
10 向上逐渐延伸到人类愿望所能企及的最高境界。在这一标尺上有一个看不见的指针,它标志着一条分界线——在这里,义务的压力消失,而追求卓越的挑战开始发挥作用。一场针对这一指针的准确位置而展开的未经正式宣告但却轰轰烈烈的战争主宰着道德论争的整个战场。有些人试图将它往上移动,另一些人则试图将它向下拉。那些我们认为不讨人喜欢或者至少是给人造成不便的道

学家总是试图将这一指针向上推，从而扩展义务的领地。他们不是邀请我们同他们一起来努力实现一种他们认为与人性相称的生活方式，而是试图通过棒喝使我们相信我们有义务来接受这样的生活方式。我们每一个人在不同的时间可能都曾经遭受过这一技术的某种版本的影响。过长时间地暴露在它的辐射之下可能会导致受害人终生厌恶整个道德义务概念。

我刚才所谈到的是一种想象的指针，它标志着义务和愿望之间的分界线。为这一指针寻找合适停泊点的任务据我认为至少早在柏拉图那里就已经被一种思想上的混淆搞复杂了。我想到这样一种论式：为了判断人类行为中哪些是坏的方面，我们必须知道什么是完美的。每一项行动都必须根据它对完美生活的贡献来得到裁断。如果没有一幅关于人类生存之理想状态的图画摆在我们面前，我们就既没有标准来确定义务，也没有标准来为人类能力之表现开辟新的通路。那些接受这种论证理路的人们拒绝考虑如何准确找出义务停止、愿望发端的那个临界点的问题，要么认为它没有意义，要么认为它是无法解答的。在他们的观点中，愿望的道德显然是所有道德的基础。由于义务的道德必然需要体现从愿望的道德那里借过来的标准，在两种道德之间划出明确分界线的努力既没有针对性，也没有必要。

令人吃惊的是，所有道德判断都必须建立某种关于完美的概念之上这一观点在历史上曾经被利用来推出截然对立的涉及道德判断之客观性的结论。一边是这样的一种论式：我们能够知道并 11
同意什么是坏的，这是一项经验事实。由此可以推导出来的一个结论便是，我们的思想背后存在某种关于何谓完美的共享图景。

因此，道德哲学的任务就是将我们已经知道并同意的某种东西用语言清楚地表述出来。这是柏拉图笔下的苏格拉底所选择的路径。对立的一方则如此推理：显然，人们无法就何谓完美达成共识。但是，由于缺乏一项关于何谓完美的共识（这是一项显然不存在的共识）会导致我们不可能做出关于“什么是坏的”的有意义判断，一个必然的结论便是：我们在“什么是坏的”这一问题上达成的表面上的共识其实是一种在社会条件影响、适应以及共享偏见等因素作用下产生的幻象。

这两种结论都建立在这样一项假定的基础之上：我们无法知道什么是坏的，除非我们知道什么是完美的。或者，换句话来说，除非先接受一套全面深入的愿望的道德，否则我们无法理性地辨识出道德义务。这一假设有悖于最基本的人类经验。“不得杀人”这一道德禁令无需以任何完美生活图景为前提。它只是建立在这样一个平凡的真理之上：如果人与人之间相互残杀，任何可以想象的愿望的道德便都无从实现。在人类投入自身努力的任何领域，这一说法都不可能是正确的：“我们关于什么事情不可欲的判断必定受到某种半隐半显的乌托邦理念的指引”。例如，在语言学的领域，没有任何人会假装知道一种完美的语言是什么样。这并不能阻止我们致力于抵制某些不遵循语言习惯的做法，这种做法显然会破坏有用的区分。

在人类目的的整个疆域——不仅包括人类行动，也覆盖着人迹所至的其他任何角落——我们都可以发现对这样一种观念的拒斥：我们无法知道什么不适于一种目的，除非我们知道什么最适合于实现这一目的。在选择实现我们目的的工具和手段时，我们能够而且的确是时常在对我们所试图实现的目的只有不完备认识的情况下尽力而为。例如，没有任何寻常的人造工具完美地适合于某项特定的任务。相反，每一种工具都是设计来较为合理地完成
一系列范围不甚确定的任务的。一把木工锤可以服务于十分广泛 12
但范围不甚确定的用途，只有当我们试图用它来敲很小的大头钉或者很厚实的帐篷支柱时才会暴露出它的不足。如果一位工友向我借一把锤子或者我能够提供的任何最接近的东西，不用准确地知道他正在进行什么样的作业，我也知道许多工具对他来说是没用的。我不会递给他一把起子或是一根绳子。简言之，我可以在一种关于什么有助于达致完美的极不完备的观念的基础之上知道什么是不好的。所以我相信同样的道理也适用于社会规则和社会制度。所以，我们无需尝试断然宣布完美的正义是什么样子，也可以知道什么是显失公允的。

刚才所提出的这些论断丝毫没有暗示区分义务的道德与愿望的道德并不困难的意思。确定义务应当在何处止步是社会哲学所面临的一项最艰巨的任务。要找出这个问题的答案，大量的主观判断势必介入，而个人之间的意见分歧也在所难免。我在这里所试图论证的只是：我们应当直面这个问题的难度，而不是借口“除非建构出一套关于愿望的道德的完整图景，否则便无法找到答案”来逃避之。我们所知道的已经足以使我们能够创造出使一个人得以提升自我的条件。这样做显然好过试图用一套关于他的至善可能性的终极表述来把他钉在墙上。

在这里，我们可能需要防止另一种误会。曾经有过这样的一种说法：义务的道德关系到人在社会中的生活，而愿望的道德则是

一个人同他的自我之间、或者是一个人同他的上帝之间的事务。[⑦]这个说法只有在这样一种意义上才是正确的：当我们沿着从明显的义务到最高的愿望的阶梯向上攀登时，人与人之间在能力和理
13 解方面的差异变得越来越重要。但这并不意味着社会纽带会在这一攀升过程中断裂。对愿望的道德的经典表述见于古希腊哲人的言论当中。人作为一种政治动物不得不在同他人分享的生活当中寻求善的生活方式。如果我们同我们所传承的语言、思想和艺术遗产之间的联系被切断，任何人都无法期盼超越于纯粹的动物性存在之上的东西。愿望的道德所担负的首要责任便是保护和丰富这一社会遗产。

伦理学语汇与两种道德

我认为，义务的道德与愿望的道德之间的区分之所以未能在现代思想中生根发芽，一个原因是我们的伦理学语汇自身错过并遮蔽这一区分。我们可以举“价值判断”(value judgment)为例。价值这一概念与愿望的道德具有类似的性质。假如我们为它选择了另外一个搭配，比如说“价值感悟”(the perception of value)，我们所拥有的表述方式便可以完全兼容于一套指引人们达致人生之卓越境界的思想体系。不过，恰恰相反，我们把“价值”与“判断”这对术语结合到一起，而后一个概念所指的并不是

⑦ 在我看来，W. D. 拉蒙特所作的有价值的分析似乎受到他的这样一项预设的破坏：义务的道德同社会关系有关，而价值的道德涉及个人偏好的排序。参见：W. D. 拉蒙特(W. D. Lamont)，《价值判断》(*Value Judgment*)，1955 年。

一种追求完美的努力，而是一项关于义务的结论。因此，一种适合于人类愿望之更高目标的主观主义扩展到道德话语的整个语言系统当中，而我们很容易被导向这样一个荒谬的结论：对于社会生活而言显然十分必要的义务乃是基于一些基本上不可言说的偏好。

我相信，如果论辩双方可以费些功夫来真正掌握义务的道德与愿望的道德之间的区分，关于事实与价值之间关系的引起无数争论的问题便可能得到澄清。当我们作出一项关于道德义务的判断的时候，说这样一项义务可以通过某种方式直接从关于某种事实情境的知识中推导出来似乎是十分荒谬的。我们可能从头到尾
了解相关的事实，但在我们得出结论说某项义务应当存在之前，似 14
乎仍然需要一项立法性判断的介入。这种立法性的判断行为可能不难作出，但从原则上讲它总是摆在那里。

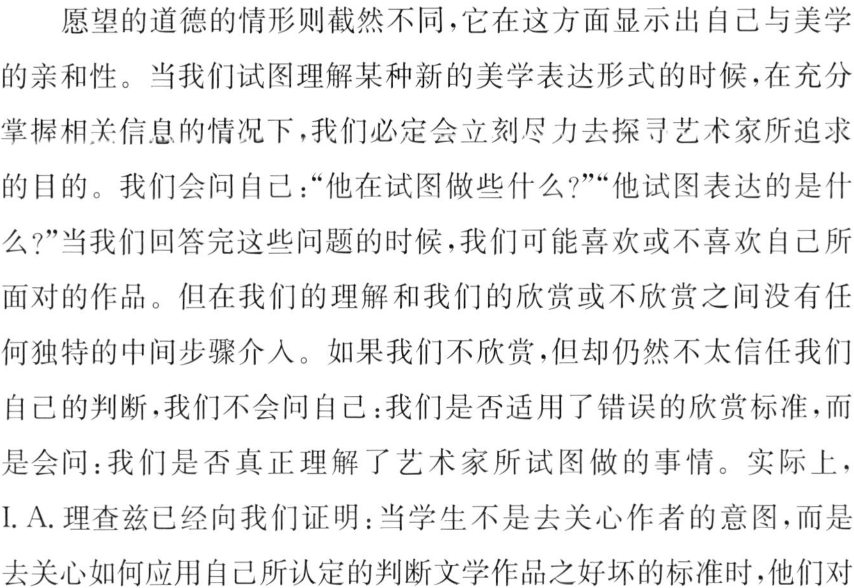

愿望的道德的情形则截然不同，它在这方面显示出自己与美学的亲和性。当我们试图理解某种新的美学表达形式的时候，在充分掌握相关信息的情况下，我们必定会立刻尽力去探寻艺术家所追求的目的。我们会问自己："他在试图做些什么？""他试图表达的是什么？"当我们回答完这些问题的时候，我们可能喜欢或不喜欢自己所面对的作品。但在我们的理解和我们的欣赏或不欣赏之间没有任何独特的中间步骤介入。如果我们不欣赏，但却仍然不太信任我们自己的判断，我们不会问自己：我们是否适用了错误的欣赏标准，而是会问：我们是否真正理解了艺术家所试图做的事情。实际上，I. A. 理查兹已经向我们证明：当学生不是去关心作者的意图，而是去关心如何应用自己所认定的判断文学作品之好坏的标准时，他们对

文学价值的判断会陷入混乱不堪的状态。[⑧] 与此相类似，诺曼·T.牛顿也向我们展示了寻找某种可以明确表述出来的公式来正当化已作出的判断的努力是如何地扭曲着对建筑的美学判断。[⑨]

上面这些评论并非旨在否认愿望的道德所赋有的理性品质。相反，它们旨在说明：义务判断所特有的那种说明理由的话语类型并不适用于愿望的道德。我认为，这一点在柏拉图笔下的苏格拉底那里已经得到了很好的例证。

苏格拉底将德性等同于知识。他推测：假如人们真正理解了善，他们就会渴求之，并尽力去获取之。这种观点常常被认为要么是令人困惑的、要么是荒谬的——这取决于批评者的温和程度。如果苏格拉底所教的是一种义务的道德，对他的批评肯定是理由充分的。但他所教的乃是愿望的道德。他试图让人们看到并理解善的生活，以期他们能够努力实现之。如果他所说的是："首先，我将论证善的生活是像什么样子的，这样你们就可以理解它，并且看到如果你们这样来生活就会变成什么样子的人。然后我将提出你们为什么应该过这种生活的理由"，那么，他的主张不会变得更加清楚，反而会引起混淆。

苏格拉底式的将美德等同于知识的观点本身就例示了我们的伦理学词汇在两种道德之间摇摆不定的状态。到我们这里，"美德"这个词已经完全变成义务的道德的同义词。对于现代人来说，

⑧ I. A. 理查兹(I. A. Richards)，《实践性批评——关于文学判断的一项研究》(*Practical Criticism—A Study of Literary Judgment*)，1949年。

⑨ 诺曼·T.牛顿(Norman T. Newton)，《一种设计方法》(*An Approach to Design*)，1951年。

这个词已经基本上丧失了包含力量、成效、技艺和勇气等一套涵义的初始意义，这套涵义曾经非常明确地将“美德”置于愿望的道德的领地之内。“罪”(sin)这个词也经历了类似的辗转流变。到我们这里，行有罪之事(to sin)就是违反一项义务。但在《圣经》中被翻译为“罪”(sin)的那个词本来包含着“错过目标”这个隐喻。这一初始意象在早期基督徒那里仍然得到保存，因为在他们所列出的不可饶恕之罪中不仅包括贪婪和不贞，而且还包括被西奇威克称作“古怪罪行”(the rather singular sins)的消沉和冷漠[10]。

边际效用与愿望的道德

我曾经指出，如果我们要寻找人类研究领域之间的亲缘关系的话，法律便是义务的道德最近的表亲，而美学则是愿望的道德最近的亲属。我现在打算开展一项看起来有一点儿奇怪的调查，也就是确定这两种道德与经济科学所特有的判断模式之间的关系。

这项考察一开始便遭遇一项困难，这项困难存在于这样一个事实当中：经济学家们就他们的学科的定义从未形成过一种一般性的共识。虽然经济学名至实归地享有社会科学中最先进学科的美名，但这个世界仍然期待着这样一个问题的答案：“经济学的研究对象是什么？”大多数经济学教科书都满足于借助一份或多或少带有印象主义色彩的清单来向读者介绍他们的学科，这个清单上 16

[10] 西奇威克(Sidgwick)，《伦理学历史大纲》(*Outlines of the History of Ethics*)，1949 年，第 129 页。

列出的是经济学家们所特别关注的问题类型。除此之外读者们便只好自行确定他正在学习的学科究竟是什么。[11]

不过,的确有少数经济学家认真地尝试为准确界定经济科学的问题求解。[12] 在这些学者之间逐渐形成了两种一般性观点。一种观点认为经济学涉及交换关系,另一种观点认为经济学的核心在于边际效用原则,借助这项原则,我们可以对我们所掌握的资源进行最有效率的分配,从而实现我们为自己确立的任何目标。用来区分这两种观点的标准形象当然是鲁滨逊·克鲁索(Robinson Crusoe)这个人物。至少在“星期五”到来之前,克鲁索没有机会与任何人交换任何东西,除非是在比喻的意义上说,他用一个人的孤独劳作来交换大自然的果实。如果经济学被认为是在研究人与人之间的交换关系,那么克鲁索在那个时候没有任何经济学上的问题。从另一方面来看,他的确需要决定如何最有效地利用他所掌握的稀缺资源,包括他自己的时间和精力。如果在某一特定的时

---

⑪ 保罗·A.萨缪尔森(Paul A. Samuelson)的《经济学——一项导引性分析》(*Economics—An Introductory Analysis*)据说是现有的大学经济学教科书中得到最广泛使用的一部。在其第二版中(1951年,第14-16页),有一段关于“经济学的疆域和限度”的讨论,其中所提出的一个观点是:经济学所关注的仅仅是手段,它没有能力去处理目的问题。在第五版(1961年)中,这种限定该学科专业能力的努力消失不见了,取而代之的是一份经济学所研究的课题类型的清单(第5-6页)。我们可以在另一份文献中找到这样的有趣说明:经济科学的特点在于它只有能力处理某种特定类型的目的、而没有能力回答这种目的被排除在考察之外时所发生的问题。参见:R. F. 哈罗德(Harrod),《经济学的范围和方法》(*Scope and Method of Economics*, 1938),重印收录于:克莱门斯(Clemence),《经济分析读本》(*Readings in Economic Analysis*),1950年,第1-30页。

⑫ 在有关这一课题的研究中赢得最广泛读者的是莱昂内尔·罗宾斯(Lionel Robbins)的《经济科学的性质和意义》(*An Essay on the Nature and Significance of Economic Science*, 2nd ed., 1935)。

刻他正在耕耘一片土地，他可能会问自己："如果我将自己的劳动转而投入到捕鱼当中，我在第一个小时当中是否会得到更大的回报，超过我继续在这里耕种一个小时所能得到的收获？"从这个意义上讲，克鲁索不仅面临着经济学上的问题，而且是很严肃的 17
问题。

我认为，到这里为止，这两种经济学概念同作为本章主题的两种道德观之间显著的平行关系已经显露出来。交换经济学同义务的道德之间存在紧密的亲和性，而边际效用经济学好像是愿望的道德在经济领域内的对应物。让我从这第二项关系开始。

愿望的道德涉及我们最好地利用我们的短暂生命的努力。边际效用经济学关注的是我们最好地利用我们有效的经济资源的努力。这两者不仅在它们试图做的事情上有相似性，而且在它们的局限性方面也有相似性。有人说，愿望的道德必然暗示着某种关于人的至善状态的概念，不过它没能告诉我们这究竟是什么。完全一样的批评，带着同样的力度，也可以针对边际效用原则而发出。边际效用经济学认为消费者们试图使自己所花的每一元钱都获得等值的回报。如果他已经花了很多的钱来买书而这一特定的开支所带来的回报开始显著递减的时候，他可能会将他的支出投入别的方向，比如佳肴美馔。在这一转向中，或者说在一个人能够比较和平衡在迥然相异的事项上的开支这一观念本身当中，隐含着某种超然于人们可以花钱去获得的书籍、食品、衣服以及其他商品和服务之上的终极标准。边际效用经济学家无法描述这项标准是什么，不过，与愿望道德论者不同，他拥有一个可以用来掩盖其无知的术语。这个术语当然就是"效用"(utility)。当从一件价值

一元的商品 A 中得到的效用低到一定的程度，以至于比不上另一件价值一元的商品 B 所能带来的效用时，消费者就会将开支转而投入到第二种商品上去。正是借助“效用”这个词，经济学家遮掩了自己无法辨识出某种超越于所有特定商品之上并为在它们之间作出选择的活动提供指导的经济利益(economic good)这一事实。
18 不过，经济学家在这方面的缺漏从本质上讲同道德家一方面声称要向人们指出通向善的生活的道路、另一方面又不去界定生活的最高目标是什么或应当是什么具有同样的性质。[13]

边沁用享乐的目标来替代卓越的目标的尝试实际上只不过是在道德领域引入了一项隐秘的缺省值，这种缺省值在经济学中可以说是根深蒂固的。“所有人类努力都旨在获取快乐”这一主张不可能得到维持，除非我们愿意将快乐这一概念扩展到这样一种程度，以至于使它像经济学中的“效用”一样变成一个空空如也的容器，任何类型的人类欲求和努力都可以往里面装。如果我们像密尔一样试图对装进这个容器中的东西进行一番挑选，最终所获得的结果便不会是最大快乐原则，而是某种类似于古希腊的“卓越”概念的东西。

⑬ 有人或许会反对说，文中所作的比较混淆了描述与规定。他们可能会说，与道德哲学家不同，经济学家并不关心消费者应当想要什么；他仅仅是在描述一个评估过程，并且发现“效用”在这一描述中十分有用。但这种观点故意避开了用完全非评价性的术语来描述一个本身就具有评价性的过程这一尝试本身所面临的困难。我和欧内斯特·内格尔(Ernest Nagel)教授曾经就这些困难进行过讨论；参见《自然法论坛》(*Natural Law Forum*)第三卷，第 68-104 页(1958 年)以及第四卷，第 26-43 页(1959 年)。经济学家可以不关心消费者想要什么，但他却不能不关心消费者作出自己“想要什么”的决策过程。如果他想要理解这一过程，经济学家就必须能够设身处地地站在消费者的立场上来思考，并且理解这一过程本身所包含的要素。

由于缺乏对最高的道德至善或经济利益的理解，我们在愿望的道德和边际效用经济学两个领域都最终诉诸“平衡”观念——不要太多，也不要太少。这种观念并不像它表面上看起来那么陈腐。普通人的特点就在于他们总是追求着多种多样的目标；过分执著地追求某个单一的目标实际上可能被看成精神疾病的征兆。在其著作的一个段落中，阿奎那似乎提出了这样一种古怪的观点：我们实际上总是不断从一个特定的目标转向另一个特定目标这一情况恰恰证明了一项人生终极目标的存在，因为，如果没有一项指引这种目标转换的标准的话，我们就会永远执著地朝一个方向走。由于这是不可能的和荒谬的，由此而导致的推论便是：如果我们不是 19
处在某种最高目标的指引之下的话，我们就会什么也不做，不朝任何方向努力。[14] 不管人们如何理解这段悖论式的推理，亚里士多德的“允正中道”(just mean)概念绝不是什么陈词滥调。我们不能把这种“中道”同现代人的“中间道路”(the middle way)概念混淆起来。对于现代人来说，中间道路是易行的道路，只需付出极少的努力。对于亚里士多德来说，“中道”是艰辛的道路，是偷懒的人和掌握不到技巧的人很容易跌倒在上面的道路。从这种意义上讲，它像健全的经济管理一样要求洞见和智慧。

互惠与义务的道德

关于愿望的道德同一种自我定位为主要关涉审慎管理的经济

⑭　托马斯·阿奎那(Thomas Aquinas)，《反异教大全》(*Summa Contra Gentiles*)，卷三，第二章。

学观念之间的关系，我们就谈这么多好了。现在让我转向我认为存在于义务的道德与交换经济学之间的那种亲缘关系。

显而易见的是，义务，不论是道德上的还是法律上的，都可能从一项交换中产生，比如一项承诺与承诺的交换或者一项承诺与一项当下行为的交换。因此，在交换的概念与义务的概念之间存在一个交叉地带。另一方面，试图将所有义务都理解成来自于某种明显的交换显然是有悖常理的。例如，我们可以主张一位公民有投票的道德义务，并且为其提供足够的信息以帮助其投出明智的一票，而无需暗示这项义务源自于他同他的政府之间的交易或者是他同他的公民同胞之间的交易。

要确立义务同交换之间的亲缘关系，我们需要一个第三者，一项媒介原则。我认为，这可以在互惠关系中找到。交换毕竟只是这种更具一般性，而且往往更加微妙的关系的一种特殊表现形式。实际上，关于义务的道德的文献中处处提到类似于互惠原则的东西。

20 即使是在“山上宝训”(Sermon on the Mount)这样的神圣教诲中，也反复提到明智的互惠关系。“你们不要论断人，免得你们被论断。因为你们怎样论断人，也必将怎样被论断；你们用什么量器量给人，人也必用什么量器量给你……所以，无论对何事而言，你们愿意人怎样待你们，你们也要怎样待人：因为这就是律法和先知的预示。”[15]

---

⑮ 《马太福音》(Matthew)第7：1和7：12。参照《申命记》(Deuteronomy)第7：11-12：“所以你们要谨守遵行我今日嘱咐给你们的诫命、律例、裁判。你们若果然听从这些裁判，谨守遵行，耶和华你神就必照他向你列祖所起的誓，守约施以慈爱。”

像这样的教诲——实际上它们可见于所有关于义务的道德的表述当中——当然并不是在暗示每一项义务都源自于一种面对面的交易关系。如果我们将“为人准则”* 重新表述为下面这段话，这一点就会变得很明显：“只要我从你那里得到保证说你将以你希望被对待的那种方式来对待我，我就会投桃报李地以类似的方式来对待你。”这不是一种道德的语言，甚至也不是友好的商业活动的语言，而是小心翼翼的、甚至敌对式的贸易活动的语言。将这种语言中所体现的思想作为一项一般性原则会全面瓦解维系正常社会关系的纽带。

“为人准则”所试图传达的信息并不是说社会是由一套公开讨价还价的网络构成的，而是说社会是由一条无所不在的互惠关系纽带绑在一起的。这一概念的踪迹可见于每一种义务的道德当中，从那些严重依赖自我利益的义务的道德，到那些立基于“绝对命令”(Categorical Imperative)的高尚要求。每当一项对义务的诉求需要为自己寻找正当化理据的时候，它总是会求助于某种类似于互惠原则的东西。因此，在敦促一位不情愿的选民去投票的时候，几乎可以肯定的是，我们或迟或早会问他这样一个问题：“如果每一个人都像你这样不去投票，你会怎么想？”

有人或许会抗议说：这些评论所涉及的只是义务的修辞学，而不是它的社会学。当一位道德家试图说服人们接受一项令人不快的义务的时候，他当然会在自己的论辩中加入诉诸自我利益的成 21

---

* “为人准则”(The Golden Rule)，是指从基督教教义中发展出来这样一项道德诫命：“以你期待他人对待你的方式来对待他人。”试比较儒家思想中的否定式表述：“己所不欲，勿施于人”。——译者注

分。同样，当任何人试图令人们接受一项不受欢迎的强制——一种实际上来自外部的强制——的时候，他都会设法为这种强制披上一件使它看起来像自愿承受的外衣，正像政治权力的残酷现实在历史上总是被某种关于初始契约的虚构装扮得呈现出朦胧美一样。

我认为，这种主张低估了互惠原则不仅在我们的表白中，而且也在我们的实践中扎根的深度。我方才提出的对"为人准则"的重新表述是对其本意的明显颠倒。不过，如果我们加上这样一句限定的话，它的含义就不会被曲解了："如果事实已经清楚地表明你根本不打算以你自己希望被对待的方式来对待我，我就会认为自己被免除了按照我自己希望被对待的方式来对待你的义务"。在这里，互惠的因素被几项免除义务本身的因素所取代；它代表着一种"自动安全保障"的启动点。人们肯定会就到达这一启动点的时刻形成不同意见。但的确存在一些不可能引起争议的明显情况。因此，当我向一位公民同胞极力说明他有义务去投票的时候，如果他清楚地知道自己的选票不会被纳入计算，我诉诸义务的劝说便肯定不会奏效。

投票的义务不是绝对的，而是有赖于关涉他人行动的某些预期的满足。即使在这样一种情况下，这一点仍然是正确的：一位公民明知自己的选票不会被纳入计算，但仍会去投票，因为他的目的是针对某些选举舞弊事件制造一个考验案件(test case)。如果整个世界保持冷漠和无动于衷，不对他的行动作出任何反应，这一行动就会显得毫无意义。

从这种广泛的意义上讲，义务这个概念本身就蕴含着某种互惠概念，至少就每一项对社会或另一位负责任的个人负有的义务来说是这样。我们可以想象一种完全不知义务为何物的社会纽带。这样一种纽带可能存在于一对彼此深爱对方的男女之间，也可能存在于被某种危急状态结合在一起——比如为了共同抵御正 22
在缩小包围圈的敌人——的一小群人之间。在这样一种情形中，人们不会想到要衡量彼此的贡献。适合于这种情况的组织原则可能是“我为人人，人人为我”。不过，一旦贡献开始被标明并且被衡量，也就是说，只要存在义务，就需要某种标准——不论它是多么粗糙和多么不精确——来确定人们所期待的贡献的种类和程度。这项标准必须从将不同的个人行动结合起来的某种社会织体的构成模式中产生出来。只要我们还试图用某种合理性标准来判断这类事务，这一社会织体的相当程度的破裂便应当将人们从某些义务中解脱出来——如果这些义务的惟一存在理由就是维护一种现在已经被破坏的社会互动模式的话。

在我们刚才所提出的这些论述中潜含着关于某种匿名合作关系的概念，通过人与人之间的这种合作，他们的活动藉由一个有组织社会的制度和程序而协调起来。这种概念似乎与简单的经济价值交换的概念有着很大的区别。但我们应当还记得，即便是最直接和最明显的互惠关系也绝不仅仅局限在马匹交易之类的事务上。例如，让我们设想两个人交换了这样一项承诺：双方各自向同一慈善机构捐赠同样数额的现金。在这里，我们看不到交换关系中常见的自利性动机，同样也看不到交换双方各自面向对方的履行。然而，在这一事例中，我们可以清楚地看到一种互惠关系，而且，假设没有慈善机构所享有之权利的介入，一方对其承诺的拒绝履行从公平的角度看显然应当使另一方的义务得以免除。双方的义务源自且依赖于一种互惠关系，这种关系就类型而言同以更复杂的方式将社会成员结合到一起的互惠关系并无二致。

如果“义务一般可以追溯到互惠原则”这一命题正确无误的话，同样正确的便是：一项特定义务所源自于其中的那种互惠关系可能会具有不同的可见度。有些时候，它对于那些相关人士来说是显而易见的；而在另一些时候，它则经由社会的制度和管理而走
23 出更加微妙和隐秘的路线。这便引出了这样一个问题：在什么样的情况下，一项法律或道德的义务对于那些受其影响的人们来说才会变得更好理解和更容易接受呢？我想我们可以辨识出义务概念之最佳功效的三项条件。首先是互惠关系，从这种关系中产生出来的义务必然导源于直接受影响的当事人之间的自愿协议，他们自己“创造了”这种义务。其次，当事人的互惠式履行必须在某种意义上是等值的。虽然自愿承担（义务）的概念本身就强烈地诉诸正义感，不过等值因素的加入还是进一步强化了这种诉求。我们在这里所说的并不是精确的同一性，因为像用一本书或一个点子（idea）来交换同样的书或点子这样的交换是毫无意义的。互惠的纽带将人们结合起来，不是简单地不管他们之间的差异，而恰恰是由于他们之间的差异。因此，当我们在互惠关系中寻求平等的时候，我们所寻找的是可以用来衡量不同种类物品之价值的尺度。第三，社会中的关系必须具备充分的流动性，以至于今天你对我负有某种义务，明天我可能对你承担起同样的义务——换句话说，义务关系在理论上和在实践中都必须是可逆的（reversible）。我们缺乏这种对称性，我们就很可能被卢梭的问题难倒：为什么我作为我自己必须以好像我是另一个人的方式来行动，如果我基本上可

以肯定自己永远不会陷入他那种处境?⑯

这些就是义务观念之最佳实现的三个条件,这些条件使得一 24
项义务最容易为承担该义务的人们所理解和接受。如果我们问:“这些条件在什么样的社会中最容易得到满足呢?”答案会是很令人吃惊的:在一个由经贸人士组成的社会中。从其定义上看,这样一个社会的成员之间确立起了直接的和自愿的交换关系。就平等而言,只有借助一种类似于自由市场的东西,某种能够准确度量不同商品之价值的标准才可能发展起来。⑰ 如果缺乏这样一种度量标准的话,平等的概念便会失去实质意义,并降低到一种比喻的层次。最后,经贸人士经常变换角色,时而卖出,时而买进。因此,导源于他们之间的交换关系的义务不仅从理论上,而且在实践中都是可以逆转的。因此,作为商贸社会之特点的角色的可逆转性(reversibility of role)在任何别的地方都不可能在同等程度上存在;如果我们考虑一下父母与子女、丈夫与妻子、公民与政府之间

⑯　卢梭的这段话出现在《爱弥尔》第四卷中,我在这里是转引自德尔维奇奥(Del Vecchio)的《正义》(*Justice*),1952 年,第 96 页。当然,卢梭的本意是用这个问题来驳斥功利主义的义务理论。德尔维奇奥本人倒是在他对正义的分析中大量用到互惠概念。在区分一项单纯的要求和一项权利主张的时候,德尔维奇奥指出后者乃是以一项基本原则作为先决条件,根据这项原则,如果当事人之间调换了位置,同样的义务就可能被反方向安置。不过,如果位置的调换实际上不可能发生的话,这种抽象的互惠就会失去很大一部分吸引力。例如,如果一名奴隶被告知,假如他生下来就是主人,而他的主人生下来却是奴隶的话,他就有权要求他现在不得不付出的东西,这似乎不算是什么安慰。

⑰　不过,应当提醒读者们注意的是,有一些人建议用市场原则来管理社会主义经济(在苏维埃阵营中,这种建议至少获得了部分采用)。例如,可以参见:奥斯卡·兰格(Oskar Lange)的《论社会主义经济理论》(*On the Economic Theory of Socialism*),1936-1937 年,重印收录于本杰明·E. 利平科特(Benjamin E. Lippincott)编辑的一部同名文集(1938 年)中,第 55-129 页。

存在的义务关系，这一点就变得非常明显。哈耶克认为法治本身便依赖于这样一项社会条件：人们今天集合起来就他们的义务进行立法，但却不知道明天自己会成为这些义务的承担者还是受益者。可以理解的是，哈耶克将这样一种社会等同于一个按市场原则来组织的社会，并且预言：在任何放弃市场原则的社会中，法治都会瓦解。[18]

这项分析得出一个令人吃惊的结论：只有在资本主义制度下，道德和法律义务的观念才能得到充分发展。实际上，这正是一位名噪一时的苏联学者——尤金·帕舒卡尼斯——所得出的结论，他可能是惟一的一位可以称得上为社会哲学作出了独特贡献的苏维埃思想家。[19]

25 帕舒卡尼斯的理论被称为法律的商品交换理论（Commodity Exchange Theory of Law），不过把它称为法律和道德义务的商品交换理论（Commodity Exchange Theory of Legal and Moral Duty）似乎更为恰当。这种理论立基于马克思主义思想的两根支柱：首先，在社会组织中，经济因素是最为重要的，因此，法律和道德的原则与制度构成反映着社会的经济组织的“上层建筑”；其次，在最

⑱ 第六章：“计划与法治”（Planning and the Rule of Law），《通向奴役之路》（*The Road to Serfdom*），1944 年，第 72-87 页。

⑲ 参见“二十世纪法哲学丛书”（20th Century Legal Philosophy Series）第五辑：《苏维埃法哲学》（*Soviet Legal Philosophy*），巴布（Babb）译，尤金·帕舒卡尼斯（Eugene Pashukanis），“法的一般理论与马克思主义”（The General Theory of Law and Marxism），第 111-225 页。我曾经试图在一篇文章中总结帕舒卡尼斯的理论：“帕舒卡尼斯与维辛斯基：关于马克思主义法律理论之发展的一项研究”（Pashukanis and Vyshinsky: A Study in the Development of Marxist Legal Theory），《密歇根法律评论》（*Michigan Law Review*），第 47 卷，第 1157-1166 页，1949 年。

终实现的共产主义社会中，法律和国家都将消亡。

就其主体框架而言，帕舒卡尼斯的论点是相当简单的。资本主义社会的经济组织是由交换决定的。因此，这样一种社会的法律和政治制度中都必然渗透着源自于交换的观念。于是我们在资本主义的刑法中可以找到一张罪刑表，其中列明了适合于每种犯罪的惩罚或赎罪方式——这其实是一张错误行为的价目表。私法中的主角是这样一位法律主体：他承担义务、享有权利，并被赋予了通过协议来解决自己同他人之间的纠纷的法定权利。因此，这种法律主体是经济生活中的商人角色在法律中的对应者。在共产主义社会中，经济交换将被取消，同时消亡的还有源自于经济交换的法律和政治概念。特别是，在共产主义社会中，人们将不知法律权利和义务为何物。

同样的分析可以推演到道德领域。当共产主义实现的时候，人们通常所理解的道德（也就是义务的道德）将不再发挥任何功能。我们可以从帕舒卡尼斯对待康德的态度中看出他将他的理论推到多远。康德关于我们应当将我们的人类同胞视为目的、而不是仅仅将他们当成手段的观念通常被认为是他的哲学的最高贵的表达之一。而在帕舒卡尼斯看来，这仅仅是一种市场经济的体现，因为，只有通过进入交换关系，我们才能够在令他人服务于我们的 26
目的的同时也使自己服务于他人的目的。实际上，任何一种互惠关系，不论它通过社会形式来运作的方式是多么的曲折，都会令人们扮演一种双重角色，一方面作为自己的目的，另一方面又作为实现他人目的的手段。由于在隐含的互惠与明显的交换之间并没有明显的鸿沟或明确的分界线，帕舒卡尼斯最终得出这样一个结论：

当共产主义最终得到实现的时候，所有的道德义务都会消失。

这些观点对帕舒卡尼斯在斯大林时代俄罗斯的同辈人来说显然是过于强烈了（或者至少是过于不方便了），因此他在 1937 年受到清算。为了公允地纪念他的贡献，我们应当看到他的理论乃是深深扎根于共产主义先驱们的教导中的。它们显然能够从上层建筑以及国家和法律的未来消亡这一对学说中找到支持。它们与马克思主义思想的总体基调，尤其是马克思早年的“异化论”中所体现出来的要旨之间也存在惊人的感情亲和性。马克思似乎对任何使一个人服务于他人之目的的原则或安排都深恶痛绝，虽然这种强制不仅隐含在交换中，而且也存在于任何类型的正式社会组织中。他对正式的劳动分工这一概念本身的终其一生的反感便含蓄地表达出了这种厌恶，而这种反感则更加令人吃惊，因为马克思显然应当知道：如果没有得自于职能分工的利益，共产主义社会所追求的经济生产便是不可能的。这种对相互依存关系的根本憎恶在马克思早期著作的一个段落中得到了最明确的表述，在那里，马克思将资本主义社会——也就是一种商贸社会——中人们的生活描述为：人们“将他人作为工具，使自己降格成工具性的角色，并且变成异化力量的玩物”。[20]

与马克思在这段话中所表现出来的怨怼情绪相对照，我们可以参阅菲利普·威克斯蒂——一位从一神教（Unitarian）牧师转变来的经济学家——对经济交换的描述：

---

⑳ 转引自塔克（Tucker）的《卡尔·马克思的哲学与神话》（*Philosophy and Myth in Karl Marx*），1961 年，第 105 页。对于任何想要了解马克思思想中可以称为“道德感”的那种因素的人们，这本书值得大力推荐。

> 对于各种各样的可交换物品而言，追求或推进其他人的
> 当下目的的间接方法往往比追求我们自身目的的直接方法更 27
> 能增加我们的行动的有效性……我们同其他人确立商业关系，不是因为我们的目的是自私的，而是因为同我们打交道的那些人相对来说不大关心我们的这些目的，他们（像我们一样）对自己的目的更有兴趣，而对于他们的那些目的，我们反过来也不甚关心……在我们相互帮助彼此实现各自目的这一事实中显然不存在任何贬损或冒犯我们的道德情感（higher sense）的因素，因为我们都更加关注自身……经济关系（也就是交换关系）无限地扩展了我们交往和迁移的自由，因为它使我们得以一方面组成一系列通过（多样化的）能力和资源方面的凝聚力而联系起来的团体，另一方面又形成一系列通过目的共同体而联系起来的群体，而不必去寻找本来必不可少的“双重一致性”（double coincidence）。[21]

如果可以令时间倒流，让马克思有机会读到这段话，并使他有可能吸收其中的思想和情绪，我们今天的世界对我们所有人来说便可能呈现出多么不同的面向呀！

在道德标尺上确定指针的位置

现在我们可以回过头来对经济学中的若干概念与关涉道德性

㉑　菲利普·威克斯蒂（Philip Wicksteed），《政治经济学的常识》（*The Common Sense of Political Economy*），罗宾斯（Robbins）编，1933 年，第 156，179-180 页。

的若干概念进行更具一般性的比较。在讨论两种道德之间的关系的时候，我曾经提到过一把向上延伸的标尺这个比喻，这把标尺的底端始于对社会生活而言显然必不可少的那些条件，而其顶端则终于人类追求卓越的最崇高努力。这把标尺的低端横档代表着义务的道德；而它的高端则伸展到愿望的道德之领域。隔开这两者的是一条上下摆动的分界线，我们很难准确地标出它的位置，但它却是至关重要的。

这条分界线充当着两种道德之间的关键堤坝。如果义务的
28 道德向上伸展出它的恰当领域，强制性义务的铁腕就可能抑制试验、灵感和自发性。如果愿望的道德侵入义务的领地，人们就会根据他们自己的标准来权衡和限定他们的义务，而我们最终将会看到诗人将自己的妻子投入河中，因为他（可能很有根据地）相信如果没有妻子在旁边的话自己便能写出更好的诗歌。

类似的关系也存在于交换经济学与边际效用经济学之间。在边际效用原则面前没有任何东西是神圣的；各种现有的安排都可能为着获取更高经济回报的利益而被重新调整。相反，交换经济学则立基于两个固定点——也就是财产权和合同——之上。虽然它允许利益计算在别的地方盛行，但是，当问题在于信守契约或尊重财产权利的时候，这样的计算就会被排除在外。如果没有对这些制度的自我牺牲式的尊重，交换体制就会失去依托，而且没有任何人能够处在一个足够稳定的位置上，以便知道自己应当付出什么或者能够指望从别人那儿获得什么。另一方面，财产权和契约的刚性也应该被控制在适当的限度之内。如果这种刚性超越了这

样的限度，一套个人和机构的既得利益体系便会使社会最有效地利用其资源的努力落空——例如，“保留市场”(reserved market)就是财产权利超越其恰当领域的例子。在这里，我们所遭遇到的基本上又是这样一个问题：如何确定想象中的指针的正确位置。经济学家再一次比道德家更占便宜。如果他也感到很难确定这个位置，他至少可以借助某些唬人的术语来掩饰其笨拙——就目前这个具体问题而言，他所借助的可能远不限于“效用”这样的带有浅白的透明性的术语，而更可能使用像“垄断”(monopoly)、“买方独家垄断”(monopsony)、“平行行动”(parallel action)和“粘性价格”(sticky price)这样的行话。

我们或许可以说：所有的义务中都包含着某种固执性(stickiness)，不论它们是道德义务还是法律义务，也不管它们是产生于交换还是发端于其他类型的关系。同时，在各种追求卓越的人类愿望中，包括追求最高经济效率的欲求中，也都包含着灵活性以及 29
对变化中的境况做出回应的属性。因此，社会设计中的一个普遍存在的问题便是如何把握支持性结构与适应性流变之间的平衡。这个问题不仅存在于道德、法律、经济学和美学领域，而且，如迈克尔·波兰尼所言，也为自然科学所分享。[22] 当我们通过安全与自由之间的对立这样的陈词滥调来思考这个问题的话，我们就无法充分领悟它的性质，因为我们所关心的不仅仅是个人是否自由或安全抑或是否感到自由或安全的问题，而是作为一个整体的社会中的各种

[22] 迈克尔·波兰尼(Michael Polanyi)，《自由的逻辑》(*The Logic of Liberty*)，1951年；《个人知识》(*Personal Knowledge*)，1958年。

（通常默默展开的）过程之间如何达致和谐与平衡的问题。[23]

从某种看似自相矛盾的意义上讲，即便是最基本的社会刚性也不能仅仅依靠保持不动来维持自身，而必须积极地寻求承认。霍姆斯曾经指出：每一种法律权利都会趋向于绝对。[24] 有人可能会说，正是这种趋向于绝对的倾向构成了"一项权利"的基本含义，不论它是法律权利还是道德权利。以类似的风格，人们也可以说：义务这一概念的含义就在于它是对限定的抵制（a resistance to qualification）。与单纯的迫切需要（desiderata）、审慎权衡、对模糊理念的诉诸或者其他类似因素不同，权利和义务（不论它们是道德的还是法律的）代表着人类决断中的关节点。在适当的情况下它们可以被限定，但它们也可以作为抵制限定的因素。

30 刚才所表达的观点十分类似于 H. L. A. 哈特所称的"可废止的概念"（defeasible concepts）。[25] 说一个人签订了合同并不仅仅意味着正义的天平不确定地倾向于这样一项结论：他可能要承担一项义务。相反，这等于是说：他必须承担义务，除非某些特定的抗辩理由——比如无行为能力或曾受胁迫——能够得到确立。或许可以这

㉓ 我们可以认为身份或制度性角色之功能的问题也是这个更大的问题中的一个组成部分。我认为，切斯特·巴纳德（Chester Barnard）就这个问题所作的许多分析都可以用本书中所使用的术语来重新表述。参见他的《组织与管理》（*Organization and Management*）一书（1948 年）的第九章。

㉔ "所有的权利都倾向于在它们的逻辑极限所容许的范围内将自己宣称为绝对的。但就事实而言，每一种权利都受到该权利所赖以为基的政策原则以外的其他政策原则所构成的四邻环境的制约，而这些政策原则也已变得足够有力，以至于它们也会在某一特定时刻推出自己所支持的权利。"赫德森县自来水公司诉麦卡特（*Hudson County Water Company v. McCarter*），209 U. S. 349，at p. 355（1908）。

㉕ H. L. A. 哈特，"责任和权利的归属"（The Ascription of Responsibility and Rights），载 A. G. N. 弗卢（Flew）编，《逻辑与语言论文集》（*Essays on Logic and Language*），1952 年，第 145-166 页。

样说，这里所呈现出来的是义务的道德在法律中表达出来的一种冲动，它旨在维护其疆域的完整性，并保护该疆域免受一种观念的威胁，这种观念试图同时为许多联立方程(simultaneous equations)求解。

奖赏与惩罚

我们现在仍需简要提及义务的道德与愿望的道德之分的最后一种体现。我指的是这种区分在我们涉及惩罚与奖励的社会实践中得到默认的方式。

可以理解的是，在义务的道德中，惩罚应当是优先于奖励的。我们不会因为一个人遵从了社会生活的最低限度的条件而表扬他或者授荣誉给他。相反，我们不会去惊扰他，而将注意力集中在未能遵从这些条件的人身上，对其表示谴责，或者施以更有形的惩戒。考虑到对称性，有人可能会指出：在以追求至善为特征的愿望的道德中，惩罚和谴责在义务的道德中所扮演的那种角色应当让位给奖励和表彰。这种对称性在一定程度上的确在实践中得到维持。但完美的对称性由于这样一项事实的存在而无法实现：一个人越是接近于人类成就所能达致的巅峰，其他人便越是缺乏资格(competence)来表彰其成绩。

对奖励和惩罚的分配是我们社会中的一项无所不在的事务，31
它从法律领域一直延伸到教育、工业、农业和体育。每当人们需要表彰某种突出表现或者剥夺某种权益的时候，便会很自然地选择某一裁判或委员会来作出裁断，而且，不论所涉及的问题是惩罚还是奖励，人们都期待决策者能够处理得英明而又公允。不过，从总

体上说，为施以惩罚而确立的程序同为颁发奖赏而设立的程序之间存在着巨大的差异。在涉及惩罚或剥夺权益的场合，我们会用正当程序这样的程序保障来约束决策，这些程序设计往往是精细巧妙的，而且我们也可能（对决策者）赋予一项向公众承担说明责任的义务。而在授予奖励和荣誉的场合，我们则满足于更加非正式的、缺乏监督审查措施的决策方法。

存在这种差异的原因是非常清楚的。在涉及惩罚和权益之剥夺的场合，我们是在人类成就的较低层次上运作，在这里，只要加以留意，一项不良行迹就可以被比较确定地辨识出来，而对之进行裁断的形式标准也可以确立起来。在适于颁发荣誉和奖励的场合，如果用适合于一件法律诉讼之审理的程序来约束一项基本上是主观的和依凭直觉的裁断，我们便会觉得这没有太大意义，或者在很大程度上是装腔作势。

在社会的许多角落，我们可以找出与这种差异有关的许多例子。我将仅仅提到其中的两个。在工会——经理关系中，对员工的解聘通常是管理职能中最常接受仲裁审查的一种。根据一份特定的合同，晋级提升可能永远不会受到这样的审查；即使它们受到这样的审查，它们仍然不像解雇那样能够成为仲裁程序的满意素材。在棒球比赛中，失误是由专家来作出正式裁判并公开宣布的，但像“威利·梅斯*接球”这样高超的防守动作则要依靠球迷和体

* 威利·梅斯（Willie Mays），是美国棒球史上最耀眼的明星之一，他于1931年5月6日出生于亚拉巴马州的西田（Westfield）。在1955年7月12日的明星赛中，身为纽约巨人队球员的他飞身接住克里夫兰球员沃尔兹（Wertz）的大力击球，从而使“威利·梅斯接球”成为完美接球的代名词。——译者注

育记者们的非正式意见来获得承认。这种做法当然可能导致无法精确计算投手的防御率(earned run average),但我们接受这种偏差作为一个小小的代价,以便避开精确度量不可能精确度量之事的义务。

在选择向谁颁发荣誉学位、军功章、英雄勋章、文学和科学奖 32
项、基金会资助以及邀请谁参加庆功宴的时候,我们通常会满足于采取非正式的决策方法。罗马天主教会的赐福礼(beatification)所遵循的精致复杂的正式程序似乎是这种放松状态的一个突出例外。但这种程序实际上并不构成一个例外。它的目的并不是表彰一位圣人,而是书写一种礼仪。用行政法的语言来说,它是一种确认程序(certification procedure)。其中所要求的表演——包括使之看起来像奇迹降临的那些操作——当然远远超出了人类成就尺度的最顶端。不过,据猜测,它应当是位于超自然尺度的低端。

在我方才所描述的社会实践中,"我们必须先知道什么是完美的,然后才能认识到什么是不好的或者刚刚达标的"这种在道德论辩中如此常见的观点遭到一致的拒斥。如果这种观点正确的话,评估百分之五偏离完美状态的情况本来应该比判断百分之九十偏离完美状态的情况容易得多。但是,当实际上遇到具体的个案时,我们的常识告诉我们:我们可以适用更为客观的标准来衡量对刚好符合要求的表现之偏离,但要用这种标准来衡量接近完美的表现却很难。正是在这种常识性观念的基础之上,我们建立起我们的制度和惯例。

33 二　道德使法律成为可能

一部人不可能服从或无法依循的法律是无效的，并且不算是法律，因为人们不可能服从前后矛盾（的规则）或依其行事。

——首席法官沃恩（Vaughan, C. J.）在托马斯诉索雷尔（*Thomas v. Sorrell*）一案（1677 年）中

我们博学的律师们最好能够为我们解答这样一些接踵而来的疑问……当我们的全体国民（Commonwealth）选择议会制度的时候，他们是否赋予了议会一种超然于法律之上的无限权力、允许议会在正式废除自己先前制定的法律和规章之前随意作出与这些法律和规章相矛盾的举动？

——利尔伯恩（Lilburne），《为英国人民与生俱来的权利而辩》（*England's Birth-Right Justified*），1645 年

这一章将以一则相当长的寓言作为开端。这则寓言涉及一位不快乐的君主，他有着一个十分便于记忆但却缺乏想象力、甚至听起来缺乏帝王气派的名字：雷克斯。

造法失败的八种形式

雷克斯是怀着改革家的热诚登上王位的。他认为先王们的最大失败是在法律领域。数代以来法律系统一直未曾经历过根本性
的改革。审判程序十分繁琐,法律规则用另一个时代的古老语调 34
来言说,法官懒散懈怠,有时甚至腐败。雷克斯决心矫正所有这些弊端,并且作为一位伟大的立法者而名垂史册。这一野心的落空是他的不幸命运。实际上,他失败得十分惨烈,因为他不仅未能成功地引进所需要的改革,而且甚至未能成功地创造出任何法律,无论是好的还是坏的。

不过,他的第一项正式举措是大刀阔斧和锐气十足的。因为他需要一块白板,好在上面书写自己的新篇章,所以他向自己的臣民宣布立即废除所有的现行法律,不论这些法律属于什么类型。然后他开始着手起草一部新的法典。不幸的是,由于他过去是作为一位孤独的王子而接受特殊的训练,他所受的教育是很有缺陷的,尤其是他发现自己没有能力进行最简单的概括。虽然在裁断具体争议方面他并不缺乏自信,但为任何结论给出明确理由的努力都会令他的能力接受严峻的考验。

由于逐渐意识到自身的局限,雷克斯放弃了起草一部法典的计划,并且向他的臣民们宣布:从此以后他将亲自裁断臣民们之间发生的任何纠纷。他希望:通过这种方式,在各种具体案件的刺激下,他的作出概括总结的潜在能力能够被开发出来,他可以藉此逐渐提炼出一套规则体系,并且最终将它们整合到一部法典之中。

不幸的是，他的教育背景的缺陷远比他自己所认识到的情况还要深重。这项冒险也以失败而告终。虽然他的的确确亲自作出了上百项裁决，但无论是他自己还是他的臣民都无法在这些裁决中辨识出任何范式(pattern)。在他的意见中所体现出来的这种进行概括总结的尝试只是加重了混淆，因为它们往往背离他的主旨，并且使他本来就很贫乏的判断能力在此后的案件中无法得到平衡发挥。

经历这次惨败之后，雷克斯认识到有必要重新开始。他的第一步是接受一系列概括总结方面的训练。随着他的智识能力得到加强，他重新恢复了起草一部法典的工作，并且在经过了长期的独
35 自劳作之后，成功地起草出一份相当冗长的文件。不过，他仍然不敢确信自己已经完全克服了先前的缺陷。因此，他向臣民们宣布：他已经拟定了一部新的法典，从此之后将根据它来裁断案件，不过，在未来不确定的一段时期之内，这部法典的内容将作为一项正式的国家机密，只有他和他的代笔大臣(scrivener)才知道它的内容。令雷克斯甚感惊讶的是，这一通情达理的安排引起臣民们的深切反感。他们宣称任由某人的案件依凭某项人们无从知道其内容的规则来处理是一件令人十分不快的事。

受到臣民们强烈反对的惊吓，雷克斯开始认真反省自己的强项和弱点。他认识到，生活已经给他上了清楚明了的一课，那就是：与其试图预见和控制未来，不如借助事后聪明来决断事务。后见之明不仅使对案件的裁断变得更加容易，而且使得为判决给出理由的工作也变得更加容易——这一点对于雷克斯来说是无比重要的。雷克斯决定好好利用一下这一洞见，于是想出了这样一个计划。在每一年度开始的时候，他将着手裁断上一年度中臣民们

之间发生的所有争议。他会详细阐述自己做出每一项判决的理由。当然，这里所给出的理由应当被理解为不能左右来年的判决，因为，如果允许它们对来年的判决发生控制作用的话，这项新安排的整个目的就会落空，因为这项新安排旨在利用后见之明的好处。雷克斯信心十足地向臣民们宣布了这项新计划，表示自己将公布判词的全文，并在其中列明自己所适用的规则，从而平息对上一个计划的最主要抱怨。雷克斯的臣民们默默地领受了这一公告，然后平静地通过他们的领袖们向雷克斯解释：当他们说他们需要规则的时候，他们的意思是需要事先知道规则，以便按照这些规则来调整自己的行为。雷克斯含含糊糊地嘟囔了些什么，大概意思是说："你们早该把这点说清楚"，但同时他也表示会看看能做些什么。

雷克斯现在认识到颁布一部法典来宣告适用于未来纠纷的规则已经成为一项无可逃避的任务。在继续接受概括能力方面的培训的同时，雷克斯勤勉地致力于草拟修订版的法典，并且最终宣布 36
这部法典很快就会公之于世。臣民们怀着满意的心情接受了这一宣告。因此，当他的法典终于出台，而臣民们发现它的确可以称得上是晦涩难懂的"极品"的时候，他们倍感沮丧。法律专家们在研究之后宣布，这部法典中没有任何一个句子是普通公民或者专业法律人所能够理解的。愤慨之情很快在臣民之间散布，一群示威者聚集在王宫前面，高举着这样一幅标语："规则如果无人懂，守法如何行得通？"

这部法典很快就被撤回了。雷克斯第一次认识到自己需要协助，于是任命了一个专家小组来负责修改法典。他指示专家们不得更改任何实质性的内容，只能从头到尾澄清其中的表述。经过这样处理的法典成了表达清晰的典范，但稍加研究就会发现：它新近获得的清晰性只是使其中所充斥的矛盾变得显而易见而已。据可靠报道，这部法典中没有任何一项条文没有被另一项与之相矛盾的条文抵消掉。示威群众再次出现在王宫前面，他们所举的标语上写着："国王终于说清楚，忽而指西忽指东"。

这部法典再次被撤回来进行重新修订。不过，这时的雷克斯对他的臣民们失去了耐心，他再也难以容忍他们对自己试图为他们做的所有事情表现出来的否定态度。他决定给他们一个教训，并且令他们的吹毛求疵到此为止。他指示他的专家们清除法典中的矛盾之处，但与此同时大幅度地收缩其中所包含的每一项要求，并且增加一系列新的罪名。于是，以往应召面圣的公民有十天的时间来报到，而修改后的法典将报到时间缩减为十秒。在国王面前咳嗽、打喷嚏、打嗝、晕倒或跌倒都构成犯罪，处以十年监禁。不理解、不相信或不能正确表述进化论的、民主的救赎学说构成叛国罪。

37 当新的法典颁布的时候，它差点儿引发一场革命。公民领袖们公开了宣布了嘲弄法典条文的意图。有人在一部古书中找出了这样一个看起来很切题的段落："令人行不可能之事者不是在立法，而是在毁法，因为无法遵循的命令惟有导致困惑、恐惧和混乱"。这段话很快就被引用到提交给国王的上百份请愿书中。

这部法典再一次被撤回，并且由一个专家小组来进行修订。雷克斯给专家们的指示是：每当他们遇到一项要求不可能之事的规则时，就应该对之进行修改，从而使对它的服从成为可能。随后发生的情况表明，为了实现这一结果，法典中的每一项条款都不得不在很大程度上重新拟定。不过，最后出来的成品还是代表着高超的法律起草技艺的胜利。它清楚明了、内部逻辑一致、并且没有要求臣民为不可能之事。它被印制出来，并且在街头巷尾免费发放。

不过，在这部新法典的生效日来临之前，人们发现对雷克斯的原始草案进行的持续不断的修改已经耗费了太多的时间，其间发生的许多事件已经使这部法典的内容严重滞后。自从雷克斯登基以来，普通的法律程序就一直处在暂停适用的状态，这导致这个国家在经济和制度方面发生了重大的改变。要适应这些改变后的情况，就要求对法律进行大量实体上的修改。因此，新法典从正式生效的那一天起就必须天天得到修正。民众的不满再次高涨起来；一份匿名的小册子流传于坊间，其中有恶意取笑国王的漫画，还有一篇主打文章，题目是："一部天天更改的法律比无法状态还要糟糕"。

在较短的时间内，这种引发不满的根源开始随着法典修正步伐的逐渐放慢而进入自我疗伤的阶段。不过，在这一过程尚未发展到任何引人注目的程度之前，雷克斯又宣布了一项重要的决定。在反思了自己统治期间的种种不幸之后，他总结出：有许多麻烦是
由于自己从专家那里接受了糟糕的建议所致。于是他宣布自己将 38
重新亲自行使司法权。通过这种方式，他可以直接控制新法典的适用，并确保他的国家不致陷入另一场危机。他开始将几乎所有的时间都用来审理和裁断新法典颁布以后所发生的案件。

随着国王着手履行这项任务，他的未能得到充分开发的概括能力似乎终于像迟开的花朵一般成熟起来了。实际上，当他巧妙地区分自己先前的判决、展示他赖以行动的原则并且为处理将来的争议确立准则的时候，他的司法意见开始展示出一种自信的、甚

至可以说是非凡的鉴别力。对于雷克斯的臣民们来说，一个新的时期似乎即将来临，他们似乎终将可以按照一套一以贯之的规则体系来安排自己的行为。

但这个希望很快就破碎了。随着雷克斯判决汇编的公布以及对它们所作的细致研究的发表，他的臣民们惊讶地发现：在这些判决与它们声称适用的法律之间不存在任何可以辨识出来的关联。就其在对争议的实际处理方式中所起的作用而言，新法典就好像根本不曾存在过。然后，在几乎每一份判词中，雷克斯都会再三宣布这部法典是他的王国的基本法。

公民领袖们开始召集秘密会议来讨论除了公开造反之外有什么办法可以使国王离开审判席而专心去处理他的朝政。在这些讨论正在进行之中的时候，由于过分操劳而早衰、同时又对自己的臣民们深感失望的雷克斯突然驾崩。

新君雷克斯二世继位后所做的第一件事情就是宣布他要将政府权力从法律人手中收回，而交给精神病医生和公关专家们去行使。他解释说，通过这种方式，人民就可以在没有规则的状态下幸福地生活。

造法失败的后果

雷克斯作为立法者和法官的不幸生涯生动地说明：创造和维
39 系一套法律规则体系的努力至少会在八种情况下流产；或者说，就这项事业而言，有八条通向灾难的独特道路。第(1)种、也是最明显的一种情况就是完全未能确立任何规则，以至于每一项问题都不得不以就事论事的方式来得到处理。其他的道路包括：(2)未能将规则公之于众，或者至少令受影响的当事人知道他们所应当遵循的规则；(3)滥用溯及既往性立法，这种立法不仅自身不能引导行动，而且还会有效破坏前瞻性立法的诚信，因为它使这些立法处在溯及既往式变更的威胁之下；(4)不能用便于理解的方式来表述规则；(5)制定相互矛盾的规则，或者(6)颁布要求相关当事人做超出他们能力之事的规则；(7)频繁地修改规则，以至于人们无法根据这些规则来调适自己的行为；以及最后一种(8)无法使公布的规则与它们的实际执行情况相吻合。

这八个方向中任何一个方向上的全面失败都不仅仅会导致一套糟糕的法律体系；它所导致的是一种不能被恰当地称为一套法律体系的东西，除非我们是在匹克威克式的意义上来使用“法律体系”这个词，就好像说一份无效的合同仍然可以称得上是某种合同一样。可以肯定的是，我们找不到任何理性的根据来主张一个人负有道德义务去遵守一项不存在的法律规则，或者一项对他保密的规则，或者一项在他已经行动完之后才颁布的规则，或者一项难以理解的规则，或者一项被同一体系中的其他规则相抵触的规则，或者一项要求不可能之事的规则，或者一项每分钟都在改变的规则。一个人或许并不是没有可能去遵循一项为负责执行该规则的人所无视的规则，但这样的守法在某一刻必定会变得徒劳无益——实际上，这就像投出一张不会被计算在内的选票一样徒劳无益。正像社会学家齐美尔所指出的那样，政府与公民之间在遵

循规则方面存在一种互惠互利的关系(reciprocity)。① 政府实际
40 上向公民保障:“这些是我们期待你遵守的规则。如果你遵守它们,我们就会保证它们就是将适用于你们的行为的规则。”当这根互惠互利的纽带被政府彻底地、完全地割断的时候,公民们遵循规则的义务就成了无源之水、无本之木。

如果在任何方向上都不曾发生总体性的失败,但合法性(legality)本身却发生了全面的、严重的败坏,就像在希特勒治下的德国所发生的情况那样,公民们的困境就会进一步恶化。② 例如,让我们设想这样一些情况,在其中,有些法律得到公布,而其他的法律——包括最重要的法律——却不予公布。虽然大多数法律从效果上看都是前瞻性的,但是对溯及既往性立法的利用是如此的随便,以至于任何法律都不能避免事后的更改,这样做能够满足当权者的便利。为了审判涉及对政权是否忠心的案件,特殊的军事法

① 《格奥尔格·齐美尔的社会学》(*The Sociology of Georg Simmel*),1950 年,沃尔夫(Wolff)译,§4,“‘法律’观念中的互动”(Interaction in the Idea of “Law”),第 186-189 页;也可参见第四章,“依循原则的服从”(Subordination under a Principle),第 250-267 页。齐美尔的讨论值得那些关注于界定“法治”理想赖以实现之条件的人们去研究。

② 我在我的一篇文章中已经讨论过这种恶化状态的一些特征:朗·富勒,“实证主义与忠实于法律”(Positivism and Fidelity to Law),《哈佛法律评论》第 71 卷第 630 页起(71 *Harvard Law Review* 630),见第 648-657 页,1958 年。这篇文章并没有尝试全面考察战后德国司法判决中与希特勒政权下发生的事件相关的部分。后期的有些判决并未以所适用的制定法无效为由来宣告希特勒时代的法院判决无效,而是以纳粹法官错误地解释了他们自己的政府所制定的法律作为理由。参见:帕普(Pappe),“论纳粹时代司法判决的效力”(On the Validity of Judicial Decisions in the Nazi Era),《现代法律评论》(*Modern Law Review*),第 23 卷,第 260-274 页,1960 年。在我看来,帕普博士过分强调了这种区别的重要性。难道我们可以说,当战后德国法院用它们自己的标准而不是通行于纳粹政权下的完全不同的标准来解释纳粹法律的时候,他们使纳粹法律的效力得到充分实现?进一步说,对于像这样的其间充斥着模糊表达和无限制的授权的制定法而言,煞费苦心地钻研它们的解释问题好像有点儿不合时宜。

庭成立起来，而这些军事法庭可以为了方便而无视本应控制他们决策的规则。政府的主要目标似乎越来越变成不是为公民制定引导其行为的规则，而是通过恐吓而使公民无所作为。当这样一些情况发展起来的时候，公民们所面对的问题就不是像一位选民确定地知道自己的选票不会被计算在内那么简单了。这更像是一位 41
投票者知道成败得失全系于自己的选票是否被计算在内，而如果这张选票被纳入了计算，它很可能被算到他实际上投票反对的那一方名下。一位处在这种困境之中的公民不得不自行决定是否继续留在这种制度之中，并且继续投票，以此作为一种表达对好日子的希冀的象征性行动。这正是希特勒政权下的德国公民所面临的情况，他们不得不考虑自己是否有义务遵守纳粹恐怖的魔爪尚未横加蹂躏的那一部分法律。

在这样的情况下，我们无法找到任何简单明了的原则来检验公民忠实于法律的义务，也找不到任何这样的原则来检验他们参与总体性革命的权利。不过，有一件事情是清楚的。一项单纯的对当政权威的尊重不能被混同于忠实于法律。例如，雷克斯的臣民们在他漫长而失败的统治时期内一直保持着对作为国王的他的忠心。他们并非忠实于他的法律，因为他没有创设出任何法律。

追求合法性之完美境界的愿望

到这里为止我们所关注的是追踪出造法事业中的八条失败之路。与这八条道路相对应的是一套规则系统可以致力于追求的八种法律上的卓越品质(legal excellence)。随着我们在成就的阶梯上向上攀登，在最低层次上作为法律赖以存续的不可或缺之条件的那些因素逐渐变成对人类能力的严格挑战。我们禁不住会想象，在这段阶梯的顶端存在一个合法性的乌托邦，在那里，所有的规则都是绝对清晰明了的，它们彼此协调，为每一位公民所知，并且从不溯及既往。在这个乌托邦中，规则在时间之流中保持恒定，只要求可能的事情，并且为法院、警察以及其他每一位执法者所谨守。由于我马上就会说明的一些原因，这种合法性的八项原则在其中都得到完美实现的乌托邦实际上并不是指引我们追求合法性之冲动的有用目标；
42 完美的目标（远比现实的目标）更为复杂。不过，它的确为我们指出了八项独特的标准，我们可以藉此来检验合法性的完善状态。

在第一章里，当我试图说明义务的道德与愿望的道德之间的差异的时候，我提到过一把想象中的标尺，它始于最明显和最基本的道德义务，而延伸向人所可能取得的最高成就。我还提到过一枚看不见的指针，它标示着一条分界线，在那里，义务的压力消失而追求卓越的挑战开始发挥作用。现在这一点应该是清楚的了：法律的内在道德也呈现出所有这些面向。它也包含着一种义务的道德和一种愿望的道德。它同样使我们面对这样一个问题：要知道在哪里划出一条分界线，在其下，人们将因失败而受谴责，却不会因成功而受褒扬；在其上，人们会因成功而受嘉许，而失败却顶多会导致怜悯。

在将第一章的分析应用到我们目前这个主题上的时候，对法律的内在道德的某些独特品质作一番考察就显得十分必要了。在称得上是社会生活的基本道德的领域，一般性地针对其他人的义务(与那些对具体个人所负有的义务相对)通常只要求自我克制,或者像我们常说的那样,这些义务是否定性的:不得杀人,不得伤人,不得欺瞒,不得诽谤,等等。对于这样的义务,我们是不难给出正式定义的。也就是说,不论我们所关注的是法律义务还是道德义务,我们都能够提出一些标准,在一定程度上准确地——尽管永远不可能是全面地——指出哪些行为是应当避免的。

不过,就法律的内在道德的要求而言,虽然它们涉及同不特定的其他人之间的关系,但却不仅仅要求自我克制;正像我们的一个不甚严格的说法所表明的那样,它们是肯定性的:使法律为众人所知,使其内部逻辑一致并且清晰明了,确保你作为一位官员所作出的决策符合它的要求,等等。要满足这些要求,人的能量必须被投入到特定类型的成就上去,而不仅仅是在警告之下不做某些有害的行为。

由于其要求的肯定性和创造性的品质,法律的内在道德很 43
难通过义务来实现,不论是道德义务还是法律义务。不论某一人类努力方向看起来是多么可欲,只要我们宣称有义务去追求它,我们就会面对这样一项责任:界定在哪一点上这种义务遭到了违反。提出这样一个主张是很容易的:立法者有道德义务使自己制定的法律清楚易懂。但这顶多只能算是一项劝告,除非我们准备界定他必须达到的清晰度,否则便无法将这作为一项义务分派给他。以量化尺度来衡量清晰与否的设想显然是很难行得通的。当然,我们可以满足于说立法者至少有一种道德义务来尽力做出清晰的表述。但这仅仅延缓了遭遇困难的时间,因为在某些情况下,再也没有比试图衡量一个人到底是否曾经

尽力去做实际上未能做到之事更加令人头疼的了。无论如何，就法律的道德性而言，良好的意图往往无补于事，就像雷克斯国王向我们证明的那样。所有这些都导向一个结论：法律的内在道德注定基本上只能是一种愿望的道德。它主要诉诸一种托管人责任感（a sense of trusteeship）和精湛技艺所带来的自豪感（the pride of the craftsman）。

就上面这些观察结果而言，有一项十分重要的例外。这项例外所涉及的是使法律为人所知，或者至少为受其影响的人们所知的迫切需要。在这里，我们拥有一项非常容易形式化的要求。一部成文宪法可以规定任何制定法都必须经由某种特定形式的公布之后才能正式成为法律。如果法院有权保障这一条款的实施，我们就可以说存在一项立法的法律要求。但我们也很容易想象一项同法律之公布有关的道德义务。例如，一种习惯可能界定出何种类型的法律公布是人们所期待的，与此同时却未清楚表明对人们所认可的公布方式的偏离会导致什么样的后果。对法律公开性之迫切需要的形式化表述显然优于未经形式化表达的努力，哪怕后者也被人们明智而认真地从事着。一项正式的法律颁布标准不仅
44 告诉立法者到哪里去公布他的法律；它也告诉受法律影响的主体——或者代表其利益的律师——到哪里去了解这部法律的内容。

有人或许会猜想：谴责溯及既往型法律的原则是否也可以很容易地形式化为一项简单的规则——即这样的法律不应当获得通过，或者即使获得通过也不应当生效。不过，这样一项规则可能有损于合法性的目标。令人惊讶的是，合法性的一项看似最明显的

要求——一项今天通过的规则应当约束明天发生的事情，而不是昨天发生的事情——结果却向整个法律的内在道德提出了一些最棘手的问题。

因此，对于除公布以外的其他合法性要求，我们只能指望宪法和法院使我们不至于坠入深渊，我们不能指望它们确立起迈向真正重大之成就的诸多强制性步骤。

合法性与经济计算

在第一章里，我曾经试图说明，当我们离开义务的道德而向着愿望的道德之峰顶攀登的时候，边际效用的原则就会在我们的决策中扮演越来越重要的角色。在义务的层次上，任何像经济计算这样的活动都难有容身之地。而在愿望的道德中，它不但有容身之地，而且还变成道德决策本身的组成部分——当我们向着最高层次的成就迈进的时候，这种情况会越来越明显。

当法律的内在道德与外在道德发生冲突的时候，我们不难发现某种类似于经济计算的活动可能变得十分必要。例如，站在法律的内在道德的立场上来看，理想的状态显然是法律不随时间的流逝而改变。但是，情势的变更或人们的意识的改变显然会要求法律的实质目的也发生相应的变化，有时甚至是令人不安的频繁
变动。在这里，我们往往被迫行驶于变化莫测与纹丝不动之间的 45
一条左右摇摆的航道上，支持着我们的信念并不是“我们所选择的是惟一正确的航线”，而是：“无论如何，我们必须尽量避开暗藏在

两边的险滩”。

我怀疑,这一点可能就不是那么显而易见了:两难选择可能在法律的内在道德本身之内发生。不过,我们很容易证明:构成这种道德的各项紧迫要求之间可能时不时地会发生冲突。比如,法律应当在时间之流中保持稳定以及法律不应当使人们服从法律的行为遭遇不可逾越的障碍,这两项要求同时都是人们希望坚持的。但是,情势的迅速变迁,比如一场通货膨胀所带来的情况变化,可能会使原来十分容易做到的对某一特定法律的服从变得越来越困难,以至于达到不可能做到的程度。此时,寻求一条必定会使两项要求都打折扣的中间道路再次变得势在必行。

在1961年5月访问波兰期间,我同一位前司法部长进行过一次与这里的课题相关的交谈。她告诉我,在共产党执政的早期,曾经作出过热诚而持久的努力来将法律起草得清楚易懂,以便使它们能够为工农大众所理解。不过,人们很快就发现,这种浅显清晰的特质只有通过牺牲一套法律体系中的系统化因素才可能获得,而这些被牺牲掉的因素是将法律规则塑造成一个融贯的整体并使它们得以被法院以一种前后一致的方式加以适用的要素。换句话说,人们发现使法律变得为大众所容易理解的努力带有一项潜在的成本,即:法院对法律的适用变得反复无常并且难以预测。因此,退回到一种更加平衡的立场变得不可避免。

这样的实例和故事还有很多。我相信,我们到这里所讨论的已经足以表明:合法性的乌托邦不能被视为这样一种情境——在其中，法律的特殊道德* 的每一项迫切要求都得到完美实现。法律的内在道德并没有特殊的质素，当然也没有特定的瑕疵。在人类的每一种追求中，在我们穿越完全失败的深渊和人类卓越成就的巅峰之间的狭长山径的时候，我们总是会遭遇平衡的难题。 46

现在是时候对法律的内在道德的八项要求一一作一番比较细致的考察了。在进行这项考察的过程中，我们将面对到这里为止被忽略掉的困难，特别是其中涉及法律的内在道德与外在道德之间关系的那些。在这个部分中，我还将讨论涉及法律的内在道德的难题在历史上实际发生的方式。

法律的一般性

一套使人类行为服从于规则之治的系统所必需具备的首要素质是显而易见的：必须有规则存在。我们可以将此表述为一般性要求。

在最近的历史上，实现一般性规则方面的最显著失败便是我们的行政规制机构（尤其是其中那些负责履行分配职能者）的失败。像雷克斯国王一样，它们在开始履行其职能的时候便相信：通过一开始的个别案件个别处理式办事方法，其办事人员会逐渐获得某种洞见，这种洞见最终可以帮助他们发展出一般性的决策标准。在某些情况中，这种希望几乎完全落空了；显著的例子包括民用航空委员会和联邦通讯委员会。我相信，这种失败的原因在于

* 富勒在这里所用的术语是“law’s special morality”。这应该是“法律的内在道德”的另一个说法。——译者注

分派给这些机构的任务之性质；它们试图借助某种审判形式(adjudicative forms)来处理那些不适合用这种形式来处理的事务。③但是不管出于什么原因，如果将其视为创造融贯的(coherent)法律体系的尝试的话，这些机构显然是极不成功的。

47 针对这些机构而提出的抱怨大多不是说它们的规则有什么不公正，而是说它们没有能够发展出任何有意义的规则。这一区分是十分重要的，因为一般性要求有时被解释成意味着法律必须客观地运作，它的规则必须适用于一般性的阶层并且不能包含专门针对某些人的内容。宣布“私人性法律”和“特殊立法”无效的宪法条文就表达了这一原则。④ 但这些条款所保护的是一种

③ 我曾经在两篇文章中分析过审判式程序的局限性：“审判与法治”(Adjudication and the Rule of Law)，《美国国际法学会会刊》(*Proceedings of the American Society of International Law*)，1960年，第1-8页；“集体谈判与仲裁员”(Collective Bargaining and the Arbitrator)，《威斯康星法律评论》(*Wisconsin Law Review*)，第3-46页(1963年)。我计划以后出版一本更一般性地分析这个问题的专著，书名会叫作《审判的形式与限度》(*The Forms and Limits of Adjudication*)*。另请参见本书第196－204页。

* 富勒生前并没有完成这部著作。他的确写了一篇同名文章，最早于1957年在哈佛法学院的法哲学讨论组上作为阅读材料，后来的一个修改和扩充后的版本又在富勒的法理学课程上使用，并且在美国法学院协会1959年年会的法理学圆桌会议上讨论。进一步的修改和润色最终导致了1961年在课堂上使用的第三个版本。这个版本于富勒去世后在《哈佛法律评论》上刊出。参见：朗·富勒，“The Forms and Limits of Adjudication,” 92 *Harvard Law Review* 第353页(1978年)。——译者注

④ 参见哥伦比亚大学立法起草研究基金项目所出版的《州宪法索引摘编》(*Index Digest of State Constitutions*)第二版，1959年。这种条文给法院和立法机构造成了许多困难。有时，它们的要求通过一种明显不真诚的策略得到满足，比如借助这样一个条款，它规定一部特定的制定法将适用于“根据最近一次人口普查居民人数多于十六万五千而少于十六万六千的本州城市”。在谴责这种明显的规避行为之前，我们应该想到：只有一个成员的类别或集合是逻辑学和集合论中常见的和基本的概念。对特殊立法的禁止有时所针对的是立法权力的相当明显的滥用。例如，加利福尼亚州的宪法禁止通过特殊法律来“惩罚犯罪……规制法院的实践……准予离婚……宣布任何达到法定年龄”(第六条第25节，我所根据的是到1952年11月4日为止的修订版本)。不过，同一条中又包含着“在一般性立法可以适用的场合”对特殊法律或地方法律的一般性禁止。这导致了一场真正的激烈讼争。

公平原则，根据我在这里所提出的分析，它属于法律的外在道德。

这项原则在这一点上有别于法律的内在道德的要求：从最低限度上讲，必须存在某种类型的规则，不管它们是公正的还是不公正的。我们可以想象一套专门针对特定个人的法律体系，它规制着他同其他特定个人之间的关系。像这样的一种东西可能存在于雇主和雇员之间。如果雇主想要避免监督雇员以及指导其每一步行动的需要，他可能会发现很有必要向雇员确定并传达一些一般性的行为准则。在进行这项工作的时候，雇主可能会面对雷克斯国王曾经走过的各种失败之路。他可能无法成功地表述出一般性 48
的规则；如果他做到了这一点，他又可能无法成功地将这些规则传达给雇员，等等。如果这位雇主成功地创造出这样一套运转正常的规则体系，他将会发现这种成功令他自己付出了一定的代价。他不仅必须投入精力和智慧来完成这项工作，而且这项工作的成功本身还会限制他自己的行动自由。如果他在分配奖惩的时候总是习惯性地无视他自己的规则，他就会发现自己精心建构出来的规则体系逐渐解体，而且，不需要任何的公开造反，这套规则就会停止产生他本来指望通过它来获致的结果。

在控制和指引人类行为的实际规则系统中，像这样在获得任何类似于规则的东西方面的总体性失败是十分罕见的。即使是像表达一个单一意愿这样的行为中也包含着一定程度的一般化。向一只狗发出的“握手”命令要求主人和狗都拥有某种一般化能力。在这只狗开始执行这个命令之前，它必须理解在一系列只具有微小差异的行为之中究竟有哪些可以被认可为“握手”。进而，一只训练有素的狗可能最终能够学会了解在什么样的情境中它可能被要求握手，并且在命令尚未发出之前便先把前爪伸出来。显然，类似这样的事情可能而且的确也发生在人类事务中，甚至也发生在掌握命令权的那些人无意于确立一般性规则的情况下。但是，如果说实现一般化方面的一场总体性失败需要雷克斯国王的那种特殊的无能天分的话，在现实世界中，有许多大大小小的法律系统都痛苦地患有一般性原则缺乏症。[⑤]

一般性的难题在法理学文献中并没有得到充分的讨论。约翰·奥斯丁正确地看到，法律系统不只是一系列无模式可循(patternless)的权力行使活动的组合。但他区分一般性命令和

49 特殊命令的尝试是如此的武断并且同他的整个体系缺乏关联，以至于自他以后的英美文献中都很少有能够从这一最初的误导中摆脱出来的。[⑥]

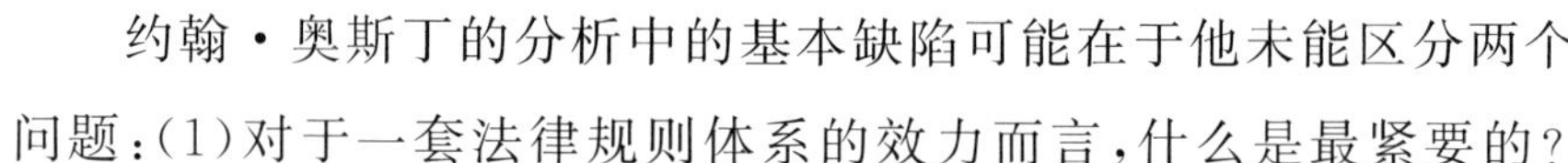
约翰·奥斯丁的分析中的基本缺陷可能在于他未能区分两个问题：(1)对于一套法律规则体系的效力而言，什么是最紧要的？

⑤ 赫伯特·韦克斯勒(Herbert Wechsler)抱怨说，最高法院最近做出的某些涉及宪法问题的判决欠缺足以保障该法院之"中立性"的合理的一般性(reasoned generality)水准。这是自从有法律以来便反复有人提出的一种哀叹的最近表述。参见：韦克斯勒，《原则、政治与根本法》(*Principles, Politics, and Fundamental Law*)，1961 年。

⑥ 参见：约翰·奥斯丁(Austin)，《法理学讲义》(*Lectures on Jurisprudence*)，1879 年，第一卷，第 94-98 页；格雷(Gray)，《法律的性质和渊源》(*The Nature and Sources of the Law*)，第二版，1921 年，第 161-162 页；布朗(Brown)，《奥斯丁式的法律理论》(*The Austinian Theory of Law*)，1906 年，第 17-20 页的注释；另请对照：凯尔森(Kelsen)的《法律和国家的一般理论》(*General Theory of Law and State*)，1945 年，第 37-39 页；索姆洛(Somló)，《法学基础理论》(*Juristische Grundlehre*)，第二版，1927 年，§ 20，第 64-65 页。我见到过的最好的英文论述是：帕特森(Patterson)，《法理学——法律人与法律思想》(*Jurisprudence—Men and Ideas of the Law*)，1953 年，第五章。

以及(2)我们会把什么称为“一部法律”?我在这些讲座[*]所提出的分析里将一般性要求建立在这样一个命题的真实性之上:为了使人类行为服从于规则的控制,首先必须要有规则。这并不等于主张每一种拥有“法律效力”的政府行为——比如针对某一特定被告而发出的司法命令——本身都必须采取确立一项一般性规则的形式。另外,我在这里也不打算对某些涉及语言便利的问题作出判断,比如我们是否应当将一项规定在森特维尔[**]设立一个税务局的法令称为法律。

颁　　布

现在让我们转向法律的颁布问题,这是一个历久而常新的问题,其历史至少可以追溯到古罗马的平民分离运动[***]。⑦尽管这项要求看起来十分明显和迫切,但我们应当看到它实际上服从于边际效用原则。试图通过教育使每一位公民都能够充分理解可能会

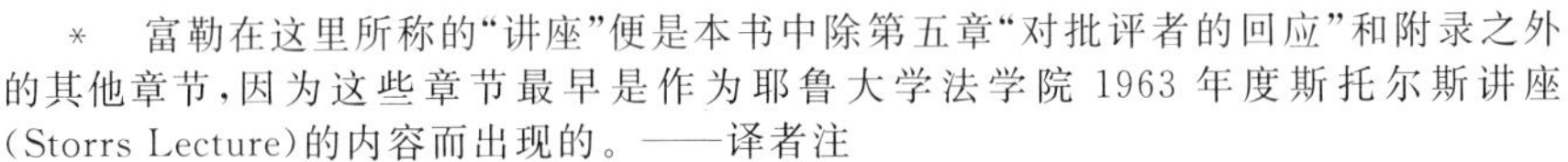

* 富勒在这里所称的“讲座”便是本书中除第五章“对批评者的回应”和附录之外的其他章节,因为这些章节最早是作为耶鲁大学法学院1963年度斯托尔斯讲座(Storrs Lecture)的内容而出现的。——译者注

** 森特维尔(Centerville)是美国俄亥俄州西南部一座小城市。——译者注

*** 平民分离运动(Secession of the Plebs in Rome),是指公元前494年古罗马平民由于不满贵族的债务奴役而发动的一场抗议运动,在那一年,罗马城中的平民与军团中的平民战士一起撤到离罗马城五公里的“圣山”上安营扎寨,宣称要另立国家。正面临大军压境局面的罗马顿时陷入恐慌,贵族不得不与平民进行谈判。到公元前287年为止,这样的撤离运动共进行过五次,每一次都取得了一定的成果。其中最突出的成果便是:公元前451年成立了贵族与平民共同组成的十人立法委员会,编订并颁布了《十二铜表法》。——译者注

⑦ 相关的讨论可以在下列文献中找到:约翰·奥斯丁,《法理学讲义》,1879年,第542-544页;格雷,《法律的性质和渊源》,第二版,1921年,第162-170页。约翰·奥斯丁毫无保留地接受了英国的一种传统观点,即:议会的法案即使未经颁布也应被视为有效。

适用到他头上的每一部法律的全部含义实际上是十分愚蠢的，尽管边沁一度在这个方向上走得很远。[⑧]

50 当然，这种教育的必要性取决于法律的要求离公认的是非观念有多远。在其历史上的大部分时间，普通法基本上都致力于发掘出当时社会上得到普遍接受的观念的含义。法律与道德要求之间的这种大幅度吻合大大减弱了这样一种反对意见的力度：与一部法典中所列明的规则相比，普通法的规则很难为普通人所了解。

颁布的难题被这样一个问题搞得更加复杂："就这项要求的目的而言，究竟什么算是法律？"作出决策的行政机构，尤其是行政裁判机构(administrative tribunals)，常常采取这样一种观点：虽然它们适用于纠纷解决的规则应当被公布，但同样的要求不能延伸到约束它们的内部办事程序的规则和惯例上面。然而，每一位有经验的律师都知道：要预测案件的结果，有时不仅必须知道相关的正式规则，而且也需要知道使这些规则实际上得到适用的内部议事和协商规则。只有认识到这一点，在瑞士和墨西哥发展起来的那种看似奇怪的要求才会变得可以理解：在这些国家，某些法院被要求公开进行议事。

有时被瑟曼·阿诺德[*]称为"纯粹的现实主义者"（当他不把

⑧ 例如，可以参见他在《司法证据的理据》(*Rationale of Judicial Evidence*)第四章"论先定证据"(Of Preappointed Evidence)中所推荐的教育尝试，收录于他的《全集》(*Works*)，约翰·博林(John Bowring)编辑版，第四卷，第508-585页。

* 瑟曼·阿诺德(Thurman Arnold)(1891-1969)，美国著名法学家，"现实主义法学"运动的干将之一，也是罗斯福新政的一位重要支持者和参与者。他曾经担任过怀俄明州拉腊米市市长、耶鲁大学法学教授、西弗吉尼亚大学法学院院长、美国司法部部长助理(Assistant Attorney General)以及哥伦比亚特区巡回上诉法院法官，也是总部位于美国首都华盛顿的著名律师事务所Arnold & Potter的创始合伙人之一。著有《政府的象征》(*The Symbols of Government*, Yale University Press, 1935)、《资本主义的传说》(*The Folklore of Capitalism*, Yale University Press, 1937)和《商业的瓶颈》(*The Bottlenecks of Business*, New York: Reynal & Hitchcock, 1940)等等。——译者注

这一角色留给自己的时候)[9]的那种人在谈到颁布的要求时可能会忍不住说这样一番话:“毕竟,我们有成千上万部法律,而其中只 51
有极少一部分直接或间接地为普通公民所知。为什么这么无事生非地要求公布它们?即使不去读刑法典,公民们也知道不应该杀人或盗窃。至于更深奥一些的法律,即使把它们的全文在街头巷尾广为散发,一百个人里面也不会有一个去读它。”对此,我们可以做出一系列回应。比如,我们可以说:即使一百个人里面只有一个人愿意费心思去了解同他的职业有关的法律,这也足以说明我们有充分的理由去不怕麻烦地将这些法律公之于众。这位公民至少享有了解这些法律的权利,而我们无法事先将他辨认出来。进一步说,在许多活动中,人们遵守法律不是因为他们直接知道这些法律的内容,而是因为他们会效仿那些据其所知更加了解法律的人的行为模式。通过这种方式,少数人对法律的了解往往会间接地影响许多人的行为。法律应当被充分公布的另一个原因是这样才能将它们置于公众评论之下,包括接受这样的批评:它们是这样的一种法律,以至于除非它们的内容能够被有效地传达给那些直接受影响的人们,否则它们便根本不应该被制定出来。同样十分明

⑨　阿诺德法官有时似乎能够同时扮演好几个不同的角色。在“哈特教授的神学”(“Professor Hart's Theology”, 73 *Harvard Law Review* 1298, at p. 1311 [1960])一文中,他超出“纯粹现实主义者”的立场而雄辩地宣称:“如果没有对法治而不是人治、‘理性’之治而不是‘个人偏好’之治等光辉灿烂但却从未得到完全实现的理想之不懈而又真诚的追求,我们就不可能拥有一个文明的政府”。但在同一篇文章里,他又严厉批评亨利·M. 哈特(Henry M. Hart)教授向最高法院提出的这样一项建议:最高法院应该花更多的时间来“成熟酝酿集体思想”。阿诺德宣称:“不可能存在这样的程序,也从未存在过这样的程序,拥有明确想法的人……在参加了会议之后只会更加固执地坚持这些想法”(第1312页)。

显的是，如果法律不向民众公布，人们便无法监督负责适用和执行这些法律的人是否无视其规定。最后，现代法律中有很大一部分关系到特定形式的活动，比如从事特定的职业或业务；因此它们能否为普通公民所理解其实并不重要。法律必须被公布这一要求并不取决于像期待安分的公民坐下来阅读所有的法律这样的荒谬预期。

溯及既往型法律

在我们这个国家，溯及既往型法律的问题在《美利坚合众国宪
52 法》的特定条款[10]以及某些州宪法的零散规定[11]中得到明确应对。

---

⑩　宪法第一条第九款的第三段规定：国会“不得通过剥夺公民权利的法案或者有溯及既往效力的法律”。尽管涉及有溯及力的法律的规定在用语上十分宽泛，但它却被解释为仅仅适用于刑事法律。（参见下面的注释⑫中引用的文章。）至于“剥夺公民权利的法律”（bills of attainder），宪法的意思主要是指针对个人的惩罚性立法。对这类法案的禁止不仅受到“法律的效力应当指向将来”这样的信念的支持，而且（可能更主要地）还受到这样一种信念的支持：惩罚性的措施应当由一般性适用的规则来确定。

对剥夺公民权利的法案和有溯及力的法律的禁止通过根据宪法第一条第十款的规定而适用于各州。这一款增加了这样一项规定：“各州不得……通过……任何妨害契约义务的法律。”这最后一项规定一般被认为使得某一特定类型的“溯及既往型”法律无效。不过，正像我在下文中将会表明的那样，要为“溯及既往型法律”给出一个精确的定义是非常困难的。尤其是在与“妨害契约条款”相关的问题上，这种困难会变得尤其棘手。

⑪　参见《各州宪法索引摘编》（*Index Digest of State Constitutions*, 2nd ed. 1959）中的“有溯及力的法律（Ex Post Facto Laws）和溯及既往型法律（Retrospective Laws）”条目。这一类规定的精神在1784年《新罕布什尔州宪法》第一部分第23节中得到了最强烈的表达：“溯及既往型法律是高度有害的、压迫性的和不公正的。因此，这样的法律不得被制定出来，无论是针对民事案件，还是关于刑事处罚。”

在这些条款的覆盖范围之外，溯及既往型立法的效力大致上被认为属于一个正当程序问题。我不打算深入探讨这一宪法领域中所包含的复杂性和不确定性。[12] 反之，我将集中精力讨论涉及溯及性与合法性其他要素之间关系的基础性问题。[13]

就其自身而言，并且将其从它在一个基本上带有前瞻性的 53
法律系统中可能发挥的功能中抽象出来看，溯及既往型法律真

[12] 参见：黑尔（Hale），"最高法院与契约条款"（The Supreme Court and the Contract Clause），《哈佛大学法律评论》（*Harvard Law Review*），第57卷，第512-557，612-674，852-892页，1944年；霍克曼（Hochman），"最高法院与溯及既往型立法的合宪性"（The Supreme Court and the Constitutionality of Retroactive Legislation），《哈佛法律评论》，第73卷，第692-727页，1960年；"联邦法院中的前瞻性否决与回溯性适用"（Prospective Overruling and Retroactive Application in the Federal Courts），《耶鲁法律杂志》（*Yale Law Journal*），第71卷，第907-951页，1962年，（未署名评论）。

[13] 法理学文献对溯及既往型法律只给予过零星的关注。格雷曾经详细讨论过司法判决的回溯效力（《法律的性质和渊源》，第二版，1921年，第89-101，218-233页），但对于制定法则只简单地说："立法机构……甚至可以在宪法没有禁止的情况下令新的制定法具有回溯效力。"（同上，第187页）凯尔森似乎受到溯及既往型法律的轻微困扰，但他指出：由于人们普遍承认对法律的无知不能构成辩解理由，而一部法律也因此可以被恰当地适用于一个不了解这部法律的人，溯及既往型法律不过是将这一点往前推进了一点儿而已：它只不过是将一部法律适用于不可能知道它的人而已（《法律和国家的一般理论》（*General Theory of Law and State*），1945年，第43-44，73，146，149页）。在索姆洛看来，回溯性法律的问题其实是一个是否公正的问题；在法律本身的性质当中找不出法律为什么不能溯及既往的原因（《法学基础理论》，第2版，1927年，第302-303页）。只有约翰·奥斯丁好像认为溯及既往型法律向法律分析提出了一个严肃问题。由于将法律视为一种以强制措施作后盾的命令，他认为"损害或过错以某种非法意图或一种可以被认定为疏忽、不审慎或轻率的非法懈怠为前提。因为除非当事人知道他正在违背其义务，或者除非他理应知道自己正在违背自己的义务，在其犯下过错的那一刻，强制措施便无法达到驱使他遵从命令的目的"（《法理学讲义》，第4版，1879年，第485页）。

的是一种怪胎。法律是用规则来规范人的行为。说用明天将会制定出来的规则来规范或指引今天的行为等于是在说胡话。问我们应当如何来评价一个完全并纯粹由溯及既往型法律组成的想象中的法律体系就好像是在问在完全真空中气压是多少一样。

因此,如果我们想要对溯及既往型法律作出有见地的评价,就必须将其放回到一个总体而言带有前瞻性的规则系统的背景当中。令人惊讶的是,在这种背景当中,有时会出现这样的情况:在其中,赋予法律规则以回溯性的效力不仅变得可以容忍,而且实际上还可能为促进合法性事业所必需。

正像每一种其他类型的人类活动一样,满足通常十分复杂的法律的内在道德之要求的努力可能会惨遭各种各样的事故。当情况已经变得十分糟糕的时候,溯及既往型的制定法有时会作为一种矫治手段而变得不可或缺;尽管法律在时间维度上的正确运动方向是向前的,但我们有时也不得不停顿下来,并回过头去做一些拾遗补缺的工作。假设一部制定法宣布在其生效日之后除非主持婚礼之人在结婚证书上加盖国家提供的特殊印章,否则婚姻无效。
54 而国家印章局的停止办公又导致这部法律生效时无印可盖。虽然这部法律已经履行了法定的颁布程序,但公众对之并不了解,通过主持婚礼的人士之间的口耳相传而使之为公众所知的方式又因为印章没有能够发行而失效。许多婚姻都是在不知道这部法律的人士之间缔结的,而且通常都是由不知道这部法律的牧师主持的。而这些情况都发生在立法机构休会期间。当立法机构再次集会的时候,它制定了一部法律,宣布根据前一部法律被宣布无效的婚姻

有效。虽然就其本身而言这第二部制定法的回溯性效力损害了合法性原则，但它减轻了此前践行合法性的另外两项基本要求——法律应当为受其影响的人们所知以及它们应当能够被遵守——方面的失败所造成的不利影响。[14]

从这个例子中，有人可能会急不可待地得出这样一个教训：当溯及既往型法律的意图在于矫正形式上的不规则性时，它们总是有正当理由的，或者至少是没有过错的。在匆忙得出这个结论之前，我们不妨回想一下 1934 年“罗姆清洗”*。希特勒判断纳粹党中围绕罗姆而发展起来的一些因素对他的政权构成一种妨碍。一个独裁者在面临这样一件事情时的惯常伎俩本来应该是命令展开一系列装模作样的审判，然后定罪、处决。但是，时间是如此的紧迫，因此，希特勒和他的随从匆忙巡游到南方，并且在其间枪毙了将近一百个人。返回到柏林之后，希特勒立即安排通过了一部溯及既往的法律，将这些谋杀转变成合法的处决。随后，希特勒宣称在这起事件中“德国人民的最高法院由我本人组成”，并因此表明： 55
在他看来，这些杀戮所代表的仅仅是一种形式上的不规则，这种不

⑭　由于它们的起草者们通常忽视了对于“矫治性”法律的偶尔需要，对溯及既往型法律的干脆的宪法性禁止有时不得不由法院进行实体性的改写。例如，1870 年《田纳西州宪法》第一条第 20 款规定：“不得制定溯及既往的法律，或妨害契约义务的法律。”这一条款很早就被解释成应该这样来读：“不得制定溯及既往的法律，或妨害契约义务的其他法律。”早期的案例在温的租户诉温（*Wynne's Lessee v. Wynne*, 32 Tenn. 405 [1852]）一案中得到了讨论。

*　罗姆清洗（Roehm Purge），又称“长刀之夜”，发生在 1934 年 6 月 30 日，是希特勒对党内异己进行的一次屠杀和清洗。先锋队头目欧内斯特·罗姆（Ernest Roehm）拥兵自重，多次违抗希特勒的命令，希特勒便利用党卫队对冲锋队进行了清洗，在未经正式审判的情况下将冲锋队的重要干部一一杀戮。——译者注

规则性在于事实上他手中握着手枪而不是司法人员。[15] 而且，就关于该事件的这一观点而言，他甚至可以援引我们的最高法院在支持一项法律时所说的话，它称这部法律是“妥帖地设计出来以补救……政府行政管理中的缺陷的一部矫治性法律”。[16]

溯及既往型法律的第二个面向同它偶尔会对法律的内在道德作出的任何积极贡献都没有太大关系，不过却同它不可避免地会在某种程度上附加到法官职务上的某种情况有关。值得注意的是，一套通过正式制定的规则来管理人类行为的系统并不必然会要求通过法院或其他制度性程序来裁断关于规则之含义的纠纷。在一个规模较小、人际关系和睦并且依据一些相对简单的规则来进行治理的社会，这样的纠纷可能根本就不会发生。如果它们发生了，也可以通过自愿的利益妥协来解决。即使它们未能以此种方式获得解决，一定数量的这种持续性纠纷的边缘性存在也不会严重损害这个系统作为一个整体的有效性。

我之所以强调这一点，是因为人们经常想当然地认为法院只是法律之根本目的的一个反映，而这个根本目的则被假定为是解决纠纷。因此，人们似乎认为，对规则的需要完全源自于人的自私、好争吵以及爱议论的天性。在一个由天使组成的社会中，法律就没有必要存在了。

---

⑮ 相关的参考文献可以在我发表于《哈佛法律评论》第 71 卷(1958 年)的那篇文章* 里(第 650 页)找到。

* 富勒的这篇文章是指："实证主义与忠实于法律——答哈特教授"(Positivism and Fidelity to Law—A Reply to Professor Hart)，《哈佛法律评论》，第 71 卷，第 630-672 页(1958 年)。——译者注

⑯ *Graham v. Goodcell*, 282 U. S. 409, 429 [1930].

但这取决于天使是什么样子。如果天使们可以在没有任何规则的情况下共同生活并且完成他们的慈善工作，他们当然不需要任何法律。如果他们所依循的规则是默会的、非正式的和凭直觉来领会的，他们也不需要任何法律。但是如果他们为了有效履行他们在天堂里的职能而需要“制定”规则，也就是通过某种明示的 56
决策来创造规则，他们就会需要本书的讨论中所展示的那种法律。一位奉召管理他们并且为他们的行为确立规则的雷克斯国王不会因为自己的臣民是天使便放弃搞砸自己的工作的机会。有人或许会反对说：至少维持官方行动与法定规则之间的一致性的问题不会出现吧？但这种说法也不对，因为雷克斯可能很容易落入这样的误区，即向其天使臣民提出与其为他们的行为所确立的一般性规则相矛盾的特殊要求。这种做法可能会导致一种困惑状态，在其中，一般性规则可能会失去它们的指导力量。

在一个复杂而又人口众多的社会中，法律履行着一种不可缺少的职能。没有任何法律制度——不论它是法官创制的还是立法机构制定的——可以被起草得如此完美，以至于没有留下争论的空间。当一起涉及一项特定规则之含义的纠纷发生的时候，为这一纠纷寻求一项解决方案的设置便成为必要。获取这种解决方案的最合适途径莫过于某种形式的司法程序。

那么，让我们假设 A 和 B 之间就一项确定其各自权利的制定法规则之含义发生了争议。他们的纠纷被提交到一个法院。在仔细权衡了所有的论点之后，法官可能认为支持 A 的立场的理由同支持 B 的立场的理由是旗鼓相当的。从这个意义上讲，这部制定法实际上无法为他审理这个案件提供任何明确的标准。但是，与这个案件的判决相关的原则的确存在于这部法律当中，而它的要求在十分之九的案件中都不会引发任何问题。如果这位法官不能给出一项判决，他就无法履行解决发端于一套既有法律体系的纠纷的义务。如果他对这个案件作出了判决，他又不可避免地从事了一项回溯性立法活动。

显然，这位法官必须对这个案件作出判决。如果每当一项规则的含义引发了疑惑的时候，法官都来宣布存在一片法律上的真空，那么，整个前瞻性规则系统的有效性便会受到严重的损害。要想充满信心地依照规则办事，人们不仅必须有机会了解这些规则
57 是什么，还必须得到这样一项保证：一旦就这些规则的含义发生了争议，总会有某种办法来解决这种争议。

在我们刚才所假设的这个案例中，作出一项溯及既往型判决的理由当然是十分充分的。不过，让我们重新假设：法院需要做的并不是澄清关于法律的一项疑惑，而是推翻它自己的一项先例。例如，在 A 诉 B 案之后，C 和 D 之间发生了同样的纠纷。C 拒绝根据法院在 A 诉 B 案中作出的判决来解决这一纠纷，并且将这个案子起诉到法院。C 说服法院相信它在 A 诉 B 案中做出的判决是错误的，并且应该被推翻。如果这一推翻具有溯及既往的效力，那么 D 就会败诉，尽管他所依赖的是一份明显对他有利的司法判决。从另一方面讲，如果法院对 A 诉 B 案的判决是错误的并且理应被推翻，那么 C 之拒绝接受它并且将它带回法院来接受再次检验便相当于是履行了一项公共服务。显然，如果 C 因为履行这项公共服务而获得的惟一报酬便是令一项现在已经被承认有误的规则针对他而继续适用，这显然是十分具有讽刺意味的。如果法院

只能前瞻性地推翻这一先例，从而使新的规则仅仅适用于这项推翻性判决作出之后发生的案件，我们就很难看到一位私人诉讼当事人有什么动力去寻求推翻一项错误的判决或者一项因为情势的变迁而失去其正当性基础的判决。（有人已经指出：这一论断不能适用于所谓的“体制化诉讼当事人”（the institutional litigant）——比如工会或行业协会，它们对超越于具体纠纷之上的法律发展有着持续的兴趣——所提起的诉讼。）[17]

方才所讨论的情形涉及民事纠纷。适用于刑事案件的考虑因素则有相当的不同。这一点在涉及推翻先例的案件中逐渐为人们所认识，比如一个法院本来将一项刑事法规解释为不适用于某种形式的活动，而在稍后的一个案子中又改变了看法并且推翻了自己先前的解释。[18] 如果这一推翻先例的判决可以溯及既往，那么，某些因信赖法院对法律的解释而采取相应行动的人便可能被标示为罪犯。 58

有人认为，法院解决先前未曾解决的适用一部刑事法规过程中的不确定因素的案件不属于上述情况，而对待这一类案件应该像对待上面讨论过的 A 诉 B 这样的民事案件一样。我认为这种观点是错误的。的确，这里有某种安全保障，可以缓解溯及既往性地将以前并未明确规定为犯罪的行为确定为犯罪所表现出来的严重不公。如果这部刑事法规从总体上看具有适用上的不确定性，

---

⑰ 参见：“联邦法院中的前瞻性否决与回溯性适用”（Prospective Overruling and Retroactive Application in the Federal Courts），《耶鲁法律杂志》（*Yale Law Journal*），第 71 卷，第 907-951 页（1962 年），（未署名评论）。

⑱ 参见上引评论中的参考文献。

它便可能被宣布为具有不合乎宪法的模糊性。此外，一项公认的解释原则便是：对一项刑事法规必须作严格解释，从而使那些不在其通常含义覆盖范围之内的行为不至于仅仅因为表现出与该法规的语言所描述的那些行为具有相同类型的危险性便被认为是犯罪。但是，一项刑事法规也可能被起草成这样：虽然它的含义在十分之九的案件中都表现出合理的清晰性，但在第十个案件中，由于出现了某种特殊的事实情况，它会变得如此的模糊，以至于无法对特定的被告起到真正的警示作用，使他知道自己当时正在做的事情是一种犯罪。这种情况在涉及经济规则的场合尤其常见。法院通常假定自己在这一类的案件中除了解决疑惑、并因此创造出回溯性刑法之外便别无选择。换句话说，这个问题被处理得好像它是一种民事案件一样。但是，在一个像这样的刑事案件中，如果被告被宣判无罪，这个判决便不会留下任何未解决的纠纷；它简单明了地意味着被告自由了。

我认为应该承认这样一项原则：一位被告不应被判有罪，如果适用于他的特殊情况的法规是如此的不清楚，以至于如果在其所有的适用中都同样不清楚的话，它便应当被认定因不确定而无效。这项原则可以消除同民事案件的错误类比，也可以使对所谓的具体不确定性问题的处理吻合于一般性规则，也就是那些针对作为一个整体表现出不确定性的刑事法规的规则。

59 我们迄今为止还没有考察所有问题中最难的一个，即如何知道什么时候可以将一部法规正确地认定为是溯及既往型的。最简单的情况是那种旨在将一种在做出时本来完全合法的行为规定为犯罪的法规。禁止回溯性立法的宪法条款主要是针对这样的法规。“无法律则无刑罚”(*nulla poena sine lege*)的原则受到文明国家的普遍尊重。溯及既往型法律之所以受到如此普遍的谴责，不只是因为刑事诉讼所涉及的“赌注”很高，还因为——而且主要是因为——在所有的部门法中，刑法最明显而且最直接地涉及塑造和约束人们的行为。回溯性的刑事法规会令人们直接联想到这样一种荒唐之极的情况：今天命令一个人昨天做某事。

与回溯性的刑事法规相对照，让我们假设有这样一部1963年制定的税法，它规定人们必须为他们在1960年获得的经济收入纳税，而这些收入在1960年的时候本来是不用纳税的。这样的一部法律可能是非常不公平的，但是严格说来，我们不能说它是回溯性的。的确，它将纳税的额度建立在过去发生的某些事情的基础之上。但它只要求受它约束的人们去做一件简单的事情，那就是交付它所要求的税款。这项要求的效力是前瞻性的。换句话说，我们并没有今天制定一部税法来命令一个人昨天交税，虽然我们可能今天通过一部税法来征税，而所征的税额则根据过去发生的事件来确定。

对于普通公民来说，我刚才所提出的这些论证可能看起来纯属诡辩。他很可能说：正如一个人因为知道根据现行刑法某种行为是合法的而做出这种行为一样，他也可能因为知道根据现行税法从某种交易中获得的收入不用纳税而进行这样一项交易。如果说回溯性的刑法是可憎的，因为它对一项在做出时本来不应受罚的行为规定了刑罚，按照同样的道理，这样的一部税法也是非正义的，因为它向一个人征税，而这个人是因为某种活动在当时是免税的才去从事这种活动的。

要对这种说法作出回应，就必须注意如果它的含义得到充分
60 认可所可能带来的后果。所有类型的法律——而不仅仅是税法——都会进入人们的计算和决策。一个可能决定为了从事某种特定职业而学习、结婚、控制或扩大家庭规模、对自己的财产做出最后的处置——所有这些决策都需要参照某种既定的法律，这不仅包括税法，也包括财产法和契约法，甚至可能包括选举法，因为它会导致某种特定的政治权力分配。如果每次一个人依赖既定的法律来对自己的事务做出了安排，他便可以获得相关法律规则不变的保障，我们的整个法律机体便会永远陷入僵化。

对于这种论辩，一项可能的回答是这样的：税法不同于其他任何法律。一方面，它更直接地进入到人们对自己事务的规划过程当中。另一方面，而且更加重要的是，它们的主要目标通常不只是增加公共财政收入，而且还包括按照立法者们认为可欲的方式来引导人们的行为。从这个面向上看，它们是刑法的“表亲”。财产法和契约法既不规定也不推荐任何特定的行为方式；它们的目标仅仅在于保护人们通过不特定的活动而取得之物。相反，税法诱导去从事某些活动或者劝阻人们去从事某些活动，这往往正是它们的目标。当它们因此而变成刑法的某种替代品的时候，它们便好像失去了自己原始的纯真。就我们借以启动这场讨论的那个案件（也就是法律起初未曾规定对某些类型的收入征税）而言，法律的目的本来可能是诱导人们去从事会产生这些收益的那种交易。如果此后法律又规定对来自于这种的交易的收入征税，人们实际上便因为做了法律本身起初诱导他们去做的事情而遭到了惩罚。

我们可以将同样的论点扩展到以下这个程度。每一种类型的

法律都是在诱导或阻遏人们做出某种特定类型的行为。例如，整 61
个契约法便可以被说成是有意诱导人们通过“私人筹划”来组织他们的活动。如果商业活动在一定程度上是在考虑到现有的合同法规则的情况下来进行规划的，这部分法律是不是就永远不能改变了？假设一位不能读或写的人在口头经纪合同可以被执行的时期成为了一名不动产经纪人。他是否应当得到保护，以免受到此后要求这种合同必须有带签名的书面文本作为证明的法律之不利影响？至于说税法通常具有吸引或阻碍人们从事某些活动的明确目的，谁能说出一项税目的准确功能除了增加公共财政收入以外还有什么？一位立法者可能出于一种原因而赞成一项税目，另外一位立法者则可能基于完全不同的另一项原因而赞成同一税目。我们怎样来评论对含酒精饮料征收的税目？它的目的到底是为了阻遏饮酒还是通过向那些从其生活习惯来看最有能力帮助支付政府开支的人们收钱来增加财政收入？对这一类问题不可能做出明确的回答。

在这一点上，我们必须中断对话并且为这些问题留下继续讨论的空间。提出这些问题的目的仅仅在于指出：围绕着溯及既往型法律存在着一些难以解决的问题，这些难题绝不仅仅关系到税法。在遇到这些难题的时候，法院往往会求助于政府与公民之间的契约这一概念。于是，如果某些活动本来享有免税优待，而后这种优待又被取消，通常适用的检验标准是看国家能否被公允地认定为已经签订了维持这种免税安排的契约。应当看到的是，国家与公民之间的契约这一概念可以无限延伸。正像格奥尔格·齐美尔所指出的那样，国家所占据的享有超级权力的地位最终有赖于一种隐含的互惠。[19] 这种互惠,一旦被明确表达出来,便可以延伸到全部八项合法性原则之中。如果雷克斯国王不是一位世袭君
62 主,而是基于一项改革法律制度的承诺而被选举担任终身职务,他的臣民们便完全有理由觉得自己有权罢黜他。政府违约可以成为革命的理由,这种观念可以说是由来已久。它是一个被普遍认为完全超越于法律推理的通常前提之上的概念。不过,当溯及既往型立法的有效性被理解为取决于国家是否忠诚于自己与公民之间的一份合同的时候,这一概念的一位更加温和的"表亲"便会出现在法律系统之内。

在这段对溯及既往型法律的讨论中,我们十分强调分析上的困难。为此,我理应在离开这个论题的时候提醒大家:并非它的每一个面向都笼罩在雾霭之中。正如适用于构成法律之内在道德的其他基本要求的情况一样,难题和微妙辨析不应当使我们忽略这样一个事实:虽然完美是一个难以捉摸的目标,但识别出明显不妥之处却并不困难。在为明显不妥的情况寻找例证的时候,我们也不必将自己的目光局限于希特勒统治的德国或者斯大林统治的俄国。我们自己也有这样的立法者,他们以一种较为温和的方式证明他们相信目的可以正当化手段。例如,我们可以举出 1938 年颁布的一部联邦法律。这部法律规定"任何曾因暴力罪行而被定罪的人……接受任何通过州际或国际贸易运送或传输的枪支或弹药都是非法的"。这部法律的起草者们很有理由地认为落入这部法律之语言覆盖范围的人作为一个整体不构成我们的最值得信赖的

---

⑲ 参见前面的注释①。

公民。他们也相当可以理解地抱有使这部法律具有溯及力的愿望。于是他们在这部法律中写入了一项规则，即：如果一个符合本法案之描述的人在州际贸易中接受了任何武器，那么其收货时间应该被推定为是在本法案的生效日之后。这项体现立法者之过分聪明的杰作在托特诉美国[20]一案中被最高法院宣布为无效。

法律的清晰性 63

清晰性要求是合法性的一项最基本的要素。[21] 虽然很少有人质疑这个说法，但我不敢肯定满足这项要求所涉及的责任是不

⑳　*Tot v. United States*, 319 U. S. 463 (1942). 最高法院还废除了包含在这部法案中的另外一项推定。这项推定的内容是：与本法案所描述之情况相吻合的人如果拥有枪支或弹药，则应当推定这些枪支或弹药是通过州际或国际贸易渠道中的货运方式而取得的。

㉑　法理学文献中关于这项要求的讨论非常之少。边沁去世后出版的《法理学之限度的确定》(Bentham, *The Limits of Jurisprudence Defined*, Everett, ed. [1945] p. 195)中对这个问题的简短论述完全致力于煞费苦心地提出一套可以用来区分各种不确定情况的术语。约翰・奥斯丁本来应该在他的“不恰当地被称为法律的法律”(laws improperly so-called)(《法理学讲义》，第 100-101 页)中加上完全不可理解的法律，但他根本没有提到过这样的法律。不过，实证主义者们对这个课题的忽视是很可以理解的。如果承认法律可能在清晰程度上有所不同，就意味着要进一步承认法律在有效性方面也各不相同，而不清晰的法律就实际意义而言比起清晰的法律来缺少一些法律的属性。但是，这样就等于接受了一个与实证主义的基本假定相悖的命题。

在美国，曾经有人在根本没有援引宪法所暗示的任何标准的情况下指出，法律应当拒绝适用严重缺乏清晰性的法律。参见：艾格勒(Aigler)，“用含糊或宽泛的语言表述的立法”(Legislation in Vague or General Terms)，《密歇根法律评论》，第 21 卷(21 *Michigan Law Review*)，第 831-851 页，1922 年。不过，随着法律的发展，对清晰性的要求已经被整合到一项“不合宪的模糊性”(unconstitutional vagueness)原则当中，对这项原则的适用几乎完全集中在刑事案件中。参见一篇详尽的评论：“最高法院的避免含糊原则”(The Void-for-Vagueness Doctrine in the Supreme Court)，《宾夕法尼亚大学法律评论》，第 109 卷(109 *University of Pennsylvania Law Review*)，第 67-116 页，1960 年。

是总是为人们所理解。

如今存在这样一种强烈的倾向，即不是把法律等同于行为规则，而是把它等同于一套权力或命令的等级系统。这种将对法律的忠诚与对既定权威的服从混淆起来的观点很容易导致这样一个结论：虽然法官、警察和检察官可能违反合法性原则，但立法者却不可能，除非是当其僭越宪法为其权力所设定的明确限度的时候。不过，十分明显的是，含糊和语无伦次的法律会使合法成为任何人都无法企及的目标，或者至少是任何人在不对法律进行未经授权的修正的情况下都无法企及的目标，而这种修正本身便损害了合
64 法性。从污浊之泉中喷出的水流有时可以被净化，但这样做的成本是使之成为它本来不是的东西。处在命令链条的顶端不能使立法机构免除尊重法律的内在道德之命令的责任；相反，它强化了这种责任。

重视立法的清晰性并不意味着忽视依靠像“诚信”和“适当注意”这样的标准来产生法律后果的那些规则。在某些时候，获得清晰性的最佳办法便是利用并在法律中注入常识性的判断标准，这些标准是在立法会堂之外的普通生活中生长起来的。毕竟，这是我们在用普通语言本身来表达立法意图的时候免不了会做的事情。此外，正像亚里士多德很早之前就已经指出的那样，我们所能达到的清晰程度不可能超过我们所处理的问题所容许的程度。一种徒有其表的清晰可能比一种诚实的、开放性的模糊更有害。

另一种严重的错误——而且是一项经常有人犯的严重错误——是推定：虽然忙碌的立法起草者们没有办法将他们的目的转化成清楚表述的规则，但他们总是可以放心地将这项任务委托

给法院或者特殊的行政裁判所。实际上,这取决于这种委托所欲解决的问题的性质。例如,在商法中,“公平”的要求可以从一系列商业惯例和某一商贸人士共同体所分享的行为原则中获得确定含义。但是,我们不能由此得出结论说:所有的人际纠纷都可以借助从公平标准中逐步派生出来的规则而获得完满解决。

因此,当我们面对哈耶克对要求“公平”或“合理”的法律条文的一概而论的谴责时,有必要做出进一步的辨析:

> 我们可以写一部法治衰落的历史……,因为这些含糊的
> 表达越来越多地被引入到立法和司法(jurisdiction)[22]当中,也 65
> 因为法律与司法的随意性和不确定性不断增强,以及由此导
> 致的人们对法律和司法的不尊重。[23]

法理学中的确有一章仍有待完成。这一章应当致力于分析:在什么样的情况下,政府规制的问题可以被放心地交付给司法决策去处理,而人们还可以合理地期待相当清晰的决策标准可以在就事论事处理不断发生的纠纷的过程中发展起来。在处理这种基础性问题的时候,一种“走着瞧”或“社会试验”式的政策是不值得推荐的。

法律中的矛盾

相当明显的是,为了避免法律中的不经意的矛盾,立法者需要十分小心谨慎。不过,并非显而易见的是,人们很难知道什么时候

㉒　哈耶克在这里想说的肯定是“审判”(adjudication),而不是“司法管辖权”(jurisdiction)。

㉓　哈耶克,《通向奴役之路》(*The Road to Serfdom*),1944 年,第 78 页。

会出现这样的矛盾或者如何用抽象的语言来界定这种矛盾。

人们普遍假定这仅仅是一个逻辑问题。矛盾是指违背同一律(A不可能同时又是非A)的某种东西。不过,这项形式原则对于处理矛盾的法律这一问题可以说是毫无帮助,不管它在别的方面有何价值。[24]

让我们选择一种"逻辑意义上"的矛盾在其中呈现得最为明显
66 的情形作为例子。假设在一部单一的制定法中存在两个条文:一条要求汽车的车主们在一月一日安装新的车牌;另一条规定在一月一日从事任何劳动都是犯罪。这似乎是一种违反同一律的情形;一种行为不能同时既被禁止又被要求。但是,如果令某人做一件事情,然后又因此而惩罚他,我们能说这样就违反了逻辑吗?当然,我们可以说这种做法毫无意义,但是,在做出这种判断的时候,我们已经默默地预设了这样一个目标:为人类活动找到一个有意义的方向。一个人如果经常性地做了被命令去做的事情而遭受惩罚,人们便不能指望他将来能够对命令做出恰当的反应。如果我们那样对待他是试图为规范他的行为确立起一套规则系统,我们的这种企图就会失败。不过,如果我们的目标是导致他精神崩溃,我们便可能会成功。无论在哪种情况下,我们都僭越了逻辑的领地。

处理法律中的显著矛盾的公认原则之一便是看能不能找到办

---

[24] 我认为,凯尔森对矛盾的规范这一难题所作的高度形式化的分析既无助于立法者去避免矛盾,也无助于法官来解决矛盾。参见《法律和国家的一般理论》(*General Theory of Law and State*),1945年,第374-375页以及全书各处;另参见索引中的"无矛盾原则"项。边沁对"不一致"(repugnancies)问题的讨论也提供不了多少帮助。参见:埃弗里特(Everett)的《边沁的法律学限度之界定》(*Bentham's Limits of Jurisprudence Defined*),1945年,第195-198页。

法来协调看起来相互矛盾的条款。根据这项原则，法院可能会想出这样一个办法：先判定在元旦那天安装车牌的人有罪，然后免除他的刑罚，因为他是在一部成文法的强制性要求下这么做的。这看起来是一种相当累赘的解决方案，不过法律史上曾经存在过更加奇怪的程序。有一段时间，在教会法中，一项原则规定任何经起誓保证的承诺都具有约束力，而另一项原则又规定某些类型的承诺（比如涉及敲诈或高利贷的承诺）不能导致任何义务。那么，在面对涉及宣誓保证下的高利贷承诺的案件时，法院应该怎么办呢？当时的解决办法是：先判令承诺人向受承诺人履行偿付义务，然后立即命令受承诺人返还其刚刚得到的东西。[25] 在这种奇怪的程序中甚至可能包含着某种象征性的价值。通过首先强制实施这种合同，法院戏剧性地凸现了这样一项规则：人必须受其誓证承诺的约 67
束。随后，通过撤销自己的判决，法院又提醒受承诺人：你的狡诈行径需要付出代价。

假设面对“元旦法规”的法院认为先判决被告有罪、然后免除其刑罚的做法没有价值，它可能会在以下两种法律解释中选择一种：(1)规定在元旦工作是一种犯罪的那个条款推翻了涉及车牌的那个条款，因此车主可以合法地将安装车牌的工作延后到元月2日来进行；或者(2)涉及车牌的那个条款推翻了禁止工作的条款，因此车主必须在元旦那天安装车牌，而他这样做并不构成犯罪。一种不太容易想到、但却好得多的解决方案是将两种解释结合起

[25] 鲁道夫·冯·耶林（Rudolph von Jhering），《罗马法的精神》（*Geist des römischen Rechts*），II²（第6和第7版，1923年），§45，第491页。

来，于是在元旦那天安装车牌的车主没有违法，而将安装车牌的工作推迟到元月 2 日来进行的车主也没有违法。这种解决方案承认该法规所呈现出来的基本问题在于它为公民指出的行动方向是难以辨识的，因此公民应当被允许自己选择一个方向来消除这种困惑，他不应当为此受到伤害。

我们最好再来考察一部“自相矛盾的”法规——这一次是一项真正的判决中所涉及的一部法规。在美利坚合众国诉卡迪夫(*United States v. Cardiff*)一案中，一家食品加工公司的总裁因为拒不允许一位联邦视察员进入他的工厂去考察它是否遵守了《联邦食品、药物和化妆品法案》而被定罪。[26] 该法案中的第 704 节界定了一位视察员进入一家工厂的条件；这些条件中的一项是他首先要获得业主的许可。而该法案的第 331 节则规定工厂所有者“拒不允许第 704 节所授权的进入或视察”的行为是一种犯罪。这样看来，这部法案似乎是在告诉人们：视察员有权进入工厂，但业主也有权通过不允许进入而将他拒之门外。不过，有一个非常
68 简单的办法可以消除这一明显的矛盾。这种办法就是：将该法案的意思解释为：如果工厂所有权人在表示同意视察员进入之后又拒绝让其进入，这位所有权人便违反了法律。这样就把他的责任建立在他的自愿行为之上，因而不算是反常；一个人不一定必须做出某项承诺，不过一旦他做出了这项承诺，他就可能因此而承担起一项责任。

最高法院考虑了这种解释，但却拒绝采纳之。这种解释的问

[26] 344 U.S. 174 (1952).

题不在于它不符合逻辑，而在于它不能吻合于任何可理解的立法目的。如果国会希望确保视察员在业主的反对下仍然能够进入工厂，这是可以理解的。但如果说国会希望将视察员的权利限定在这样一种不可能出现的情况下——一位古怪的业主先是表示允许，然后又关上大门，则是很难理解的。为了使这部法案显得不是不可理喻，我们可以将这项要求解释为：视察员之所以需要先获得允许，是基于涉及方便的时间和日期的通常礼貌，但相关条文的语言却又不支持这种解释。最高法院因此裁定：这两项条文之间的冲突导致了一种非常含混的局面，以至于无法针对这种犯罪的性质发出充分的警告，法院因此撤销有罪判决。

到这里为止，我们的讨论只涉及在一部单一制定法的框架中出现自相矛盾的情况。更复杂的问题可能出现在这样一种情况中：一部 1963 年制定的法律被发现同 1953 年通过的一部法律中的一项相当明确的条文发生了冲突。在这种情况下，被习惯赋予了权威性的解决方案是：较晚颁布的制定法中的条文如果与较早颁布的制定法中的相关条文发生矛盾，则较早的条文应被视为被晚近的条文不言而喻地推翻，正如因历史悠久而被奉为神圣的法谚所云：新法废旧法（*lex posterior derogate priori*）。[27] 但是，在某些情况下，处理这一问题的更恰当方式可能是遵循一项现在被

---

[27] 在一部关于法律解释的早期论著中，埃尔斯米尔（Ellesmere）爵士提出了这样一项规则：如果在一部单一的制定法中出现了前后矛盾的条文，那么首先出现的条文——也就是按照对文本的阅读顺序先出现的那个条文——应当获得优先考虑。参见：索恩（Thorne）的《论制定法》（*A Discourse upon the Statutes*），1942 年，第 132-133 页。这种奇怪观点的依据很是令人困惑。难道它是依据于这样一项假定：法律起草者们在接近于完成任务的时候会变得越来越疲惫，注意力越来越涣散？

用来处理单一法规框架中产生之矛盾的原则，也就是通过彼此参
69 照式的解释来达致两部法规之间的互惠性调整。不过，这种方案也有自身的难题。人们需要知道到哪里应该止步，因为法院可能很容易发觉自己踏上了这样一条危险的旅程：重制我们的整个制定法体系，以便使之成为一个更加融贯的整体。根据新法来对旧法作出重新解释也可能引发溯及既往型立法这一难堪问题。我不拟对这些问题进行进一步的探讨。不过，到这里为止所说的已经足够表明这样一个教训：立法部门对法规之间相互抵触现象的不在意会对法制造成很严重的伤害，而且这种损害很难通过简单的规则得到消解。

有学者曾经指出，在法律和道德论证中，我们应当说“不相容”(incompatibilities)——也就是事物之间不协调或协调不好，而不是“矛盾”(contradictions)[28]。另外一个在普通法的历史上颇受欢迎的术语用在这里也很贴切。这就是“不一致”(repugnant)。这个词之所以特别妥帖，是因为我们所称的矛盾的法律其实是指相互打架的法律，虽然它们不一定会像逻辑上相互矛盾的陈述那样杀死对方。另外一个已经停止使用的好词是本来意义上的“不协调”(inconvenient)。不协调的法律是不能吻合于其他法律或者与其他法律相牴牾的法律。(比较现代法语中的 *convenir*，一致或协调。)

从这里的分析中，我们很容易看到：要确定两项人类行为规则

[28] 佩雷尔曼(Perelman)和奥尔布雷西-提特卡(Olbrechts-Tyteca)，《新修辞学——关于论证的一个导论》(*La Nouvelle Rhétorique—Traité de l'Argumentation*)，1958 年，第 262-276 页。

之间是否不协调，我们往往必须考虑一系列规则本身的语言之外的因素。在历史上的某段时间，“跨过这条河，但不能把自己弄湿”这条命令中包含着矛盾。不过，自从人类发明了桥和船之后，情况就并非如此了。如果今天我让一个人跳到空中并且保持双脚同地
面接触，我的命令似乎是自相矛盾的，这只是因为我们认为他没有 70
办法在跳起的时候将地面带着一起升空。在确定不一致因素时必须纳入考虑的背景当然不仅仅是、甚至不主要是技术方面的，因为它包括这一问题周遭的整个制度环境——无论是法律的、道德的、政治的、经济的还是社会的。为了检验这一命题，我们可以设想：前面提到过的那部元旦法规要求在新年的第一天安装车牌，但同一法规中的另一条文却又规定向在那一天工作的人征收一元钱的劳动税。让我们试着做这样一项富有教育意义的思考：一个人该如何着手去证明这些条款是“不一致”的，将它们纳入同一部法规中必定是立法者粗心大意的结果。

要求不可能之事的法律

从表面上看，一部要求人们做不可能之事的法律是如此的荒诞不经，以至于人们倾向于认为：没有任何神志健全的立法者、甚至包括最邪恶的独裁者会出于某种理由制定这样一部法律。[29]不

[29] 在这个环节上我们还需要问这样一个问题：构成法律之内在道德的其他必要条件最终不也是涉及服从之可能性吗？从这个角度来考虑这个问题当然是无可指摘的。正像人们不可能遵守一部要求一个人长成10英尺高的法律一样，人们也不可能遵守一部不为人所知的法律、难以理解的法律或者是还没有制定出来的法律等等。（接下页）

幸的是，生活的现实推翻了这种假设。这样一种法律可能会借助
71 于它自身的荒谬性来服务于利尔伯恩*所称的“不受法律约束的无限权力”(lawless unlimited power)；它的蛮不讲理的无意义性可以令臣民们知道：没有什么事情是不可能向他们要求的；他们应当随时准备好奔往任何方向。

要求不可能之事的技术也可能得到聪明的、有时甚至是善意的利用。良师常常对自己的学生提出他知道他们不可能达到的要求。他这样做的时候是怀着逼出学生的潜力这一值得赞扬的动机。不幸的是，在人类社会的许多场景当中，积极的敦促与强加的义务之间的界限会变得十分模糊。因此立法者很容易误入歧途，相信自己的角色就像是教师的角色。他忘记了这一点：对于未能做到他所要求之事的学生，老师照样可以为他们实际上做到的事情而表扬他们，而不会因此便显得虚伪或自相矛盾。在类似的情况中，政府官员面临的则是这样一种选择：要么做出严重不义之事，要么对偏离法律要求的情况视而不见，从而导致人们不再尊重法律。

法律不可要求公民为不可能之事这一原则有可能被推向一个不切实际的极端，以至于最终变成要求立法者为不可能之事。人

(接上页)为了证明我自己在文中将这一项单列出来是有理由的，我需要提醒读者们注意：我的目的并不是要进行一项逻辑限定练习，而是要推导出一些原则来指导有目的的人类活动。如果他愿意，一位逻辑学家可以将一部自相矛盾的法律看成是不可能遵守之法律中的一种特殊情况，虽然，正像我曾经指出的那样，在采纳这种观点时他可能会发现自己很难界定“矛盾”的含义。无论如何，从立法者的角度来看，一方面，他必须小心谨慎地使自己制定的规则相互协调，另一方面，他也必须确保法律的要求没有超出受其约束的人们的能力，这两个事项之间存在根本性的差异。那种将所有事项都压缩到“服从之不可能性”这一标题下的尝试必定会混淆这种根本差异。

* 此处应该是指英国激进民主派(即平等派，The Levellers)政治家和国民军军官John Lilburne(1615-1657)，以撰写批判英格兰教会的小册子和领导提出《人民公约》而著称。——译者注

们有时推定:除非存在以下两项因素之一,否则便没有理由确立任何形式的法律责任:(1)一种做有害行为的意图,或者(2)某种过错或疏忽。如果一个人由于某种不能责备于他的事态而被判定应当承担责任,要么是因为他故意使某种行为发生,要么是因为他疏忽大意而导致事情发生——那么这就等于是让他为某种超出其能力之外的事件负责。当法律被解释成这样的时候,它实际上便是判定一个人违反了这样一项命令:“这件事不能发生”,而这个命令是他所不可能遵守的。

围绕在这一结论周围的合理性因素掩盖了它实际要求的确切范围。例如,就过错之证明而言,法律面临着一道无解的难题。如果我们将一项客观标准——也就是传统的“理性人”标准——适用

于某一特定被告,我们就显然有可能向他强加了他不可能达到的要 72
求,因为他的教育和禀赋可能使这种标准超出了他所能企及的范围。如果我们换个方向来思考,并且提出这样一个问题:我们面前的这个人,由于他所具有的各种个人局限和怪癖,是否根本达不到本来应该达到的要求,我们就会陷入一种危险的探寻,在其中,所有做出客观判断的能力都将丧失。这种探寻要求同情地体会他人的生活。非常明显的是,阶级、种族、宗教、年龄和文化上的差异会阻碍或扭曲这种体会。其结果是,虽然一种超然的正义标准注定有时会显得过于严苛,但一种试图探测和把握私人世界之疆域的体贴的正义标准却在情在理都无法做到不偏不倚。法律不知道任何可以帮助它超越这种矛盾处境的魔法。因此,它不得不踏上一条不确定的中间道路,在处理某些涉及明显能力不足的案件时放宽适用理性人标准,并且即使在这种情况下也尽力用一般化的语言来为这些特例给出定义。

有人或许会说，适才所描述的这些困难，其之所以会发生的原因乃是：对过错的确定从根本上看涉及一项道德判断。相反，确定某一行为的意图则似乎只要求进行一种事实考察。不过，现实在这里又一次呈现出更为复杂的面向。如果说意图是一种事实，那么它是一种只能从外在表现推导出来的私人事实(private fact)。这种推导有时候会显得比较容易。霍姆斯又一次说道：即使一条狗也知道被绊倒和被踢倒之间的区别。不过，法律要求确定的意图有时是一种非常具体的意图，因为刑罚之确定可能有赖于对被告是否故意违反法律的证明。这种类型的条款有时见于复杂的经济法规当中，其目的在于避免这样一种非正义：惩罚一个做出表面上看非常无辜之行为的人。就我自己的观察而言，这往往是一个问题：在这种情况中，治疗的方式是不是比疾病更加糟糕？法律所要求确定的意图是如此的不易获得明确的证实或证伪，以至于事实的裁断者几乎不可
73 避免地会被迫提出这样的问题：“他看起来像是循规蹈矩的那种人还是一有机会就钻规则空子的那种人？”不幸的是，这个问题很容易导致另外一个问题：“他看起来像不像我这种人？”[30]

㉚ 就这个问题而言，有一篇文章值得推荐，这就是：“现时代的意图概念”(Modern Conception of Animus)，《绿袋》杂志第 19 卷，1906 年，第 12-33 页。这篇文章的作者是布鲁克斯·亚当斯(Brooks Adams)——亨利·亚当斯(Henry Adams)的弟弟和约翰·昆西·亚当斯(John Quincy Adams)的孙子*。在这篇文章里，亚当斯提出了一种独创的和新奇的马克思主义论点，即：统治阶级总是为着自己的利益而操纵确定某些犯罪或侵权所要求的意图(animus)。亚当斯还试图证明：类似的操纵也一直作用于确定什么足以证明或证伪所要求之意图的证据规则。虽然其中提出的论点更见新奇而不是可信，但这篇文章还是很值得一读，因为它表明了在使责任依赖于意图的场合存在的证明困难。

* 亚当斯家族是 19 世纪美国最显赫的家族之一。这个家族出过两位美国总统：约翰·亚当斯(1735-1826 年，其中 1789-1797 年任美国第一届副总统，1797-1801 年任美国第二届总统)和约翰·昆西·亚当斯(1767-1848 年，其中 1825-1829 年任美国第六届总统)。亨利·亚当斯(1838-1918)是美国著名历史学家、新闻记者和小说家。——译者注

为了使法律保持在公民守法的能力范围之内，我们将公民的责任限定在过错或错误意图可以得到证明的个案中，而在这样做的时候，我们便会遭遇到上述的困难。不过，在涉及法定责任的法律中，也有许多例子表明责任的确定有时无需依赖过错或意图方面的证据。

属于这种类型的一种相当常见的责任形式并没有对法律的内在道德提出严重的问题。让我们假设一个疯子偷了我的钱包。他的精神状况可能使他不可能理解或遵守保护私人财产权的法律。这种情况提供了不把他关进监狱的良好理由，但却并没有提供任何理由让他保留我的钱包。根据法律，我有权收回我的钱包，而他在这种意义上有法律上的责任把它返还给我，即使在取走它时他并没有主观上的过错或者具有任何做坏事的意图。另一种例示了同一原则的情况是：在处理一笔账目时，一位债务人向其债权人支付了超出应付数额的现金，双方都没有过错并且错误地相信所付款就是应付款。在这种情况下，这位债权人有义务返还多付的部分，虽然他接受这笔款项的行为无论如何也不能算是一项有过错的行为。

有相当一部分法律涉及防止或矫正不当得利（unjust enrichment），这种不当得利可能是由于行为不慎、认知错误或缺乏理
解自己所做行为之性质的能力等原因所致。这种法律中有一部 74
分明显属于准契约（quasi contracts）的范畴；其余的部分则通过在契约法和侵权法中的影响——通常是一种默默发生的影响——而呈现着自身。这方面的分析无论在普通法还是罗马法中都因为这样一项事实而表现得混乱不清：被正式归类为“不法行为之诉”

(delictual actions)和“以侵权法为根据之诉”(actions sounding in tort)的那些救济方式一直被用来矫正不当得利,而这些救济方式是在被告的过错并不明显的情况下牺牲其利益来弥补另一方的损失。

与矫正疏忽大意(inadvertencies)相关的法律类型的存在似乎对本书中所提出的分析构成了一项挑战。在这里,我们一直把法律视为“使人的行为服从于规则之治的事业”。但是,当人们在认知错误或漫不经心的情况下行为的时候,他们显然没有、而且也不可能有意识地使自己的行为符合法律;没有人会通过学习准契约法来了解在不清楚自己正在做什么的时候应该怎么办。这个难题的答案其实是显而易见的。为了保持一套由于不经意行为而导致的法律关系的完整性,我们需要一套辅助性的规则系统来补救疏忽大意所造成的后果。这里存在着一个非常类似于溯及既往型法律之难题的问题。一套完全由溯及既往型规则组成的法律体系只能作为值得刘易斯·卡罗尔或弗朗兹·卡夫卡用其辛辣笔法来加以讽刺的奇思妙想而存在。但是,一部溯及既往型的“治疗性”法律却可能在处理发生在一套总体上具有前瞻性的规则体系中的灾难方面发挥有益的作用。[31] 矫正不经意行为之后果的那些规则便属于这种类型。如果所有的事情都是在漫不经心的状态下发生,就连对矫正不经意行为这一问题进行思考都是不可能的。为矫正不经意行为之后果而设计出来的规则是作为一套更大的、旨在指导人类行为的规则体系

---

[31] 参见本书第 63-64 页。

的补充而存在的，这种功能不仅说明了这种规则的存在理由，而且决定着这种规则的意义。

不过，矫正来自于不经意行为的不当得利的原则并不能解释 75
法律责任在无过错或无犯意的情况下发生的所有情形。实际上，有相当一部分法律涉及对导源于某些特定活动形式的损害设定严格责任或绝对责任。于是，爆破活动可能需要面对为其对他人造成的所有损害负责的可能性，即使没有任何伤害他人的意图或疏于提出适当警告的过失可以得到证明。[32] 在这一类案件中，法律用庄严的语言宣布："人要承担自己行为的危险"（men act at their peril）。

这种类型的严格责任很容易从经济学原理中找到理由：一项事业的可预见的社会成本应当体现到从事该事业的私人成本当中。从这个角度来看，隐含在一次爆破操作中的危险是无法通过小心从事或未卜先知来完全避免的，这种操作的性质决定了它总有可能导致偶然的、非预谋的人身或财物损失。如果试图在山腰上炸出一条捷径的高速路承包商只需对可证明的过错负责，他采用更安全的办法来完成其开路工作的积极性就会降低。换句话说，他的经济计算就会因此发生扭曲，而这种扭曲的代价则由公众来承担。为了矫正这种情形，我们对他的爆破作业征收一种税，这种税采取的是一种规则的形式，即：他必须对任何由这种作业所导致的损害负责，无论这些损害能否归咎于他的过失。

---

[32] 美国法律协会（American Law Institute），《侵权法重述》（*Restatement of Torts*），1938 年，§ 519，"小心进行的高危活动的失败"（Miscarriage of Ultrahazardous Activities Carefully Carried On）。

以税作比方有助于澄清这种类型的严格责任同法律的内在道德之间的关系。我们不会把一项一般销售税看成是在命令人们不准卖东西;我们认为它只是对销售行为所征收的一项附加费用。所以我们也不应该认为针对爆破作业的特殊规则是在命令使用炸药的人永远不得造成任何损害,不论他自己是多么无辜。相反,我们是将这种规则看成是对进入某一特定行业所附加的一项特殊责任。法律的内在道德对严格责任规则提出的要求并不是让它停止强求不可能之事,而是让它尽可能将承担着特殊的额外法律责任的活动类型界定清楚。

76 “引发特殊危险的企业应当承担其经营活动所致损害”的成本这一原则有可能得到非常广泛的应用。例如,在某些国家,这项原则被扩展适用于汽车驾驶活动,包括娱乐性的或为了私人便利而进行的驾车活动。有一种陈词滥调指出:如今存在着一种迈向严格责任的“总体趋势”。实际上,人们似乎时常猜测:这种趋势正无怨无悔地将我们带往这样一种未来,在其中,过错和意图这样的概念在法律中将不再起任何作用。

我认为我们有充分的理由确信:我们所面对的不是这样的未来。如果严格责任不是仅仅适用于某些特定形式的活动,而是适用于所有的活动,行为与所致损害之间的因果关系这一概念就会迷失。一位诗人写下一篇哀怨之诗。一位被抛弃的情种读了这首诗,感到绝望,并且自杀。是谁“导致”了他的生命丧失?是那位诗人?那位抛弃了逝者的女子?抑或是那位培养起这位情种对诗歌之兴趣的老师?一个人在酒后狂乱中枪杀了自己的妻子。那些与此事件相关的人们中,哪些应当对这一不幸承担责任?杀人凶手自己、把枪借给他的那个人、把杜松子酒卖给他的那个商家，抑或是那个劝他不要离婚以至于令他未能及早结束这一不幸结合的朋友？

我们可以从操作已有的那些严格责任形式所遭遇的困难中窥见这一类难题的性质。《工伤赔偿法》便规定了这样的一种责任。显而易见的是，雇员的工作与需要得到赔偿的伤害或疾病之间的关系必须得到确立。这种制定法中所采用的表述方式是：伤害或疾病必须是“由工作所导致，并且在工作过程中发生”。对这一条款的解释导致了一系列最令人失望、并且常常令人感到莫名其妙的判例法。要了解严格责任的普遍适用意味着什么，我们只需要设问：应当如何适用一条只要求原告所遭受的损失或伤害是由被告的行为“所导致”的规则？

我们方才对严格民事责任所涉及之难题的说明远远未能穷 77
尽其中的所有问题。有些形式的严格责任不能根据我们这里所提供的理据而获得充分解释。还有许多不确定或混合型的立法动机的例子，例如，严格责任规则的一项补充性正当化理据便是：这种规则比明确将责任建立在缺乏妥当注意（due care）之证据的基础上的规则更有助于有效地确保妥当注意。有些严格责任的实例很可能被看成是导源于分析上的混淆或历史偶然的反常情况。因此，严格责任与过错责任之间的界线也常常被过错推定弄得模糊不清，有些情况中的过错推定表现得相当强硬，以至于它们为那些试图反驳这种推定的人们添加了很重的负担。最后，值得提醒读者们注意的是，契约责任总是“严格”的；虽然某些特定的灾难和不曾料到的干扰可能构成免责事由，但是，一般而言，不履行责任的

缔约方不得以“已经尽力而为”作为辩护。这最后一种严格责任形式没有对法律的内在道德提出任何问题，这一点几乎是无需证明的；法律本身不应当给一个人添加不可能承载的负担，但这并不意味着它应当保护他不受一项根据自愿缔结的契约而承担的责任之累，哪怕其间有超出他的控制能力的事件发生。

我们现在来看看违背“法律不能要求不可能之事”这一原则的最严重情形。这种情形存在于创制严格刑事责任的法律之中——根据这种法律，一个人哪怕在行为时尽到了妥当注意并且毫无犯罪意图，也可能被判定有罪。在如今这个时代，这种法律最广泛地应用于经济、医疗卫生和安全规制等领域，虽然在诸如持有毒品、赌博器械和禁酒等情况下，规定严格刑事责任的情形也绝不鲜见。

严格刑事责任在我们的法律中从未赢得过赞许。每当规定这样一种责任的法律获得通过的时候，总会有抗议发生，而政府的托
78 词永远不外乎是某种假定的紧迫需要。不过，这种法律在现代立法中继续出现并且可能还有扩张趋势的原因并不神秘：它们极大地方便了检察官。检察官们可能会向我们保证：这种法律的明显不义可以通过“有选择地执行”（selective enforcement）来消除。虽然从理论上看这种法律是无辜人士的陷阱，但在实践中，只有真正的恶棍才会受到追究。从这个方面来看，这种法律大大便利了将这种恶棍绳之以法的过程，因为政府在提出检控的时候不再需要证明意图或过错——在涉及复杂的行政规制措施的场合，这是一项十分艰难的任务。当绝对责任与严苛的刑罚结合到一起的时候——这是一种常见的情况——检察官的处境就会得到进一步改

善。通常他根本不必将案子带入庭审程序，坐牢或高额罚金的威胁已经足以诱致一项服罪声明（plea of guilty），或者，在允许的情况下，一项庭外和解。严格的刑罚还有助于强化执法机构的公共关系。知道自己本来可能被判有罪的无辜失足者（innocent stumbler）在获得宽恕并且免于被社会标示为“犯罪分子”之后定会心存感念。他会真诚允诺将来同执法机构保持更明智的合作关系。

所谓的“诱导性执法”（jawbone enforcement）——或者不太友善地被称为“敲诈性执法”（enforcement by blackmail）——在二战的白热化时期变得盛行一时，那时，复杂的经济规制措施的执行者们感到不堪重负，急于寻找某种办法来简化自己的任务。这种办法的持续应用已然成为所有那些认为对法律的忠诚意味着忠实于通过正当程序制定的规则、而不是意味着乐于悄悄解决掉执法机构所提出的任何主张。幸运的是，最近已经有一些颇有影响力和说服力的声音出现，批评这种罪恶以及同严格刑事责任相关联的其他弊端。[33]

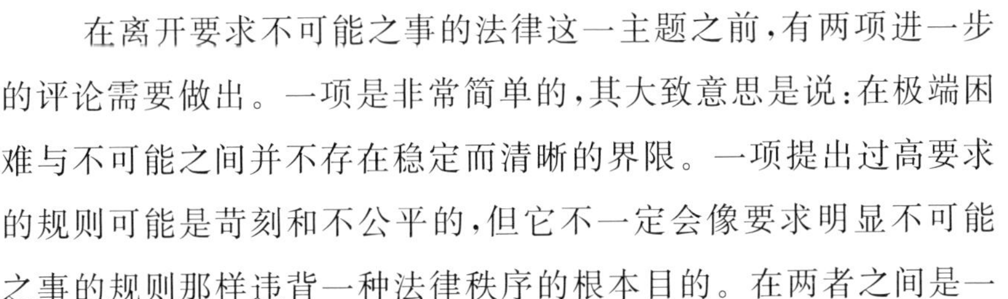

在离开要求不可能之事的法律这一主题之前，有两项进一步 79
的评论需要做出。一项是非常简单的，其大致意思是说：在极端困难与不可能之间并不存在稳定而清晰的界限。一项提出过高要求的规则可能是苛刻和不公平的，但它不一定会像要求明显不可能之事的规则那样违背一种法律秩序的根本目的。在两者之间是一

㉝　霍尔（Hall），《刑法的一般原则》（*General Principles of Criminal Law*），第二版，1960 年，第十章，第 325-359 页；哈特，“刑法的目标”（The Aims of Criminal Law），《法律与当代问题》（*Law and Contemporary Problems*），第 23 卷，1985 年，第 401-441 页；美国法律协会，《模范刑法典之正式提议稿》（*Model Penal Code, Proposed Official Draft*），1962 年，1.04(5)和 2.01-2.13 等节。

个中间地带，法律的内在道德和外在道德在那里相会。

我的最后一项评论是，我们关于哪些事情实际上不可能的理解可能是由我们关于人性和宇宙之性质的前见所决定的，这些前见会随着历史的行进而改变。如今对于旨在强迫人们接受某种宗教或政治信念的法律乃是建立在这样的理据之上：这种法律构成了对个人自由的无端侵扰。而托马斯·杰弗逊的观点则不同。在《弗吉尼亚宗教自由法·序言》的初稿中，他谴责这种法律是在试图要求不可能之事：

> （我们）清楚知道人的观念和信仰并不取决于他们自己的意志，而是不自主地追随着他们的心智所面对的证据……[34]

人们可能因此提出这样一个问题：在这种观念中，我们是不是可以看到一位通达世情的智者既尊重真理、也尊重人的能力的态度，而这种态度正是我们所缺乏的？

法律在时间之流中的连续性

在构成法律的内在道德的那些原则中，要求法律不应当频繁改动的原则似乎最不适合于正式表述为一项宪法上的限制。例如，我们很难想象一项宪法惯例会不明智地要求法律一旦颁布之
80 后至少要等一年才能修改。与此相反，限制溯及既往型立法的规定则是宪法制定者们的最爱。[35] 然而，在溯及既往型立法和法律

---

[34] 博依德（Boyd）编，《托马斯·杰弗逊文集》（*The Papers of Thomas Jefferson*），第二卷，第545页。

[35] 参见本章注释⑩和⑪。

的频繁变动所造成的损害之间存在紧密的相似性。两种损害都来自于一种可以称为立法上的反复无常(legislative inconstancy)的现象。值得注意的是,在试图为宪法中禁止溯及既往型法律以及妨害契约义务之法律的条文作辩护的时候,麦迪逊所使用的语言似乎更适宜于描述法律经常变动的恶果而不是导源于溯及既往型法律的罪恶:

> 明智的美国人民十分厌倦指引政府部门的变动不居的政策。他们遗憾和义愤地发现突然的变化和立法干预……变成……为社会中勤勉行事但信息不太灵通的百姓设置的陷阱。他们也看到,一项立法干预只是一连串重复当中的第一环。[36]

过于频繁或突然的法律变动所造成的问题与溯及既往型立法所导致的问题之间的相似性也在最高法院的判决中得到了承认。溯及既往型立法之所以会造成恶果,是因为人们可能已经根据以前的法律状态做出了某种行为,而对这种行为之法律后果的回溯性改变可能会使当事人的愿望落空或给他们增添无法预料的负担。但是,基于先前法律而做出的行为有时不见得会受到这样的不利影响,只要有关部门事先提醒人们注意将要发生的法律变动,而且这种变化本身不会如此之快地生效,以便为人们适应新的法律状态留下充分的时间。为此,最高法院曾经宣布:

> 一项公认的原则是,(关于诉讼时效的法律规定)可以得
> 到修改,以缩短法定时效,但前提是这样做的时候仍有时间, 81

[36] 《联邦党人文集》(*The Federalist*),第44篇。

从而为在新的时限生效之前提起诉讼留有余地。[37]

官方行动与公布的规则之间的一致性

我们现在终于抵达了构成法律的内在道德的全部要素之中最复杂的一项：官方行动与法律之间的一致性。这种一致性可能以多种方式遭到破坏或损害：错误解释，法律的不易理解，缺乏对于维持一套法律体系的完整性来说最必要之因素的正确认识，腐败，偏见，漠不关心，愚蠢，以及对个人权力的渴求。

正因为针对这种一致性的威胁是多样化的，所以旨在维持这种一致性的程序措施也必然会采取多种形式。属于这种类型的措施包括“诉讼程序上的正当程序”(procedural due process)中的大部分要素，比如获得聘请律师的权利以及交叉质询反方证人的权利等等。我们还可以将人身保护令和向上级审判机关提出上诉的权利也算作部分为着同样目标的措施。甚至提出宪法问题的“资格”问题也与此有关；在这个问题上的随意性和变动不居的原则会导致宪法与其施行之间的断续和任意的对应模式。

在这个国家，防止宣布的法律与实际执行的法律之间的差异主要是法院的任务。这种职能分配具有如下优点：它将责任交给实践者，将这种职责的履行置于公众的监督之下，并且将法律的诚实品性以生动的方式凸现出来。不过，任何仅仅依靠法院作为防止不法司法(lawless administration of the law)的惟一屏障的制

---

[37] *Ochoa v. Hernandez y Morales*, 230 U.S. 139, at pp. 161-162 (1913).

度都有着严重的缺陷。这使得对问题的纠正完全取决于受影响的当事人是否有意愿和经济能力提起诉讼。这种制度在控制警方不 82
法行为方面显得尤为缺乏效率，实际上，这种罪恶中混合着基层法院将自己的任务界定为维护警方士气的倾向。要想有效地控制警察的不法行为，更有效的安排恐怕是斯堪的纳维亚式的廉政专员(ombudsman)这样的监督机构，它能够针对非正式的诉愿采取迅捷而灵活的行动。

在法官造法的那些领域，我们可以这样认为：尽管法律和官方行动之间的一致性可能被基层法院破坏，但创制法律的最高法院同样可能损害这种一致性。一个法域中的最高法院似乎不可能跟不上拍子，因为基调便是由它确定的。但它所确定的基调可能不适合于任何人的舞步，包括它自身。当法院自己创制法律的时候，所有那些可能导致司法行动和制定法之间缺乏一致性的因素同样可能导致对其他合法性原则的破坏性偏离：不能明确表述出具有合理清晰性的一般性规则，在相互矛盾的判决中清楚体现出来的决策上的不一致，经常改变的风方，以及法律的溯及既往性变更。

当然，维持法律与官方行动之一致性的任务中所包含的最为复杂精细的因素体现在解释问题上。合法性要求法官和其他官员在适用制定法时不是根据他们的奇思妙想或捉摸不定的字面含义，而是根据适应于它们在整个法律秩序中的位置的解释原则。这些原则是什么呢？我所知道的最好的简洁答案可以追溯到1584年，当财政专员(Barons of the Exchequer)聚集到一起讨论海登案中的一个困难的法律解释问题的时候：

> 他们最后得出这样一个结论：要切实准确地解释各种制

> 定法（不论是涉及刑罚的还是涉及利益的，也不论它是对普通法的限制还是扩充），有四样事情是必须要辨明和考虑的：
>
> 首先，这部制定法出台之前的普通法是什么。
>
> 83 其次，这种普通法未能加以救济的损害和错误是什么。
>
> 第三，议会为救济社会的伤病而决定采纳和适用的措施是什么。
>
> 第四，这种救济的真正道理是什么。（在考虑完所有这些因素）之后，法官的职责在于做出最有利于制止损害并促进救济的解释。[38]

如果说我们可以对这一分析提出任何批评的话，那就是其中应当包含第五点必须予以“辨识和考虑”的因素，这一因素可以表述为：“那些必须根据这部制定法来安排自己行为的人们是如何合乎理性地理解其含义的？因为法律不应当变成为那些不可能像法官一样充分了解立法理由的人们设置的陷阱”。

只要准确把握了海登案决议中的关键道理，即：要理解一部法律，你就必须理解它旨在对治的“社会的伤病”为何，我们就能够澄清阐释常常环绕在法律周围的混淆时面临的问题。其中有些问题由于表面上契合于常识而享有了不应得的持久性。对于格雷的下

㊳ Heydon's case, 3 Co. Rep. 7a. 显然，在我所摘引的这个段落中，“损害”（mischief）这个词的用法不同于现在通行的用法。在海登（Heydon）案中，它的含义实际上非常接近于当时非常流行的另外两个词汇的含义：“不协调”（repugnancy）和“不便”（inconvenience）。所有这些术语所描述的都是一种事物之间相互搭配不当的状态，在其中，混乱尚未借助人类追求理性秩序的努力而得到消除。

另外，可能需要加以指出的是，由于关于这项决议的报道是由柯克提供的，他很可能报道的是大臣们应当作出的决议，而不是他们实际上的所思所言。

面这番话中所包含的思想而言，这一点尤其正确：

> 解释通常被说成好像其主要功能在于揭示立法者的原意何在。但是，即使立法者有某种真实的意图，通过这样或那样的方式，在某一点上，人们总会怀疑这种意图到底是什么……实际上，所谓解释的困难在于立法者可能根本没有任何原意， 84
> 而针对法律所提出的问题可能同立法者原意毫无关系。……（在这样的情况下，）当法官自我宣布立法者的意图是什么的时候，他们实际上是在自行立法以填补遗漏之处（*casus omissi*）。[39]

当然，在起草一部制定法的时候偶尔的确可能有某种情形被完全忽视了，以至于人们可以想象，当有人提醒起草者注意到这一遗漏的时候，他会说“天哪！”但这种类型的情况绝不是法律解释的典型问题。更常见的情况是，制定法显得迟钝和不完整，而不是如此盲目地错失掉一个明显的目标。

潜藏在格雷的观点背后的是一种原子论的意图概念，搭配着一种指针式的原意理论。这种观点将心智想象为只能面向个别的事物，而不是面向一般性的观念；只能面向独特的事实情境，而不是面向这些情境可能分享的在人类事务中的意义。如果这种观点得到认真采纳，那么我们就不得不认为一部针对“危险武器”的法律的起草者意在针对一系列数不清的个别目标：左轮手枪、自动手枪、匕首、猎刀等等。如果一个法院将该法适用于一种它的起草者

---

[39] 格雷，《法律的性质和渊源》（*The Nature and Sources of the Law*），第二版，1921 年，第 172-173 页。

未曾想到的武器，那么这个法院就是在“立法”，而不是“解释”。如果这个法院将该法适用于一种它获得通过时尚未发明的武器，“立法”而非“解释”便体现得更为明显。[40]

这种原子论的意图观直接或间接地对解释理论产生着如此巨大的影响，以至于我们有必要针锋相对地提出一种关于这个问题
85 的更正确观点。为着这一目的，请允许我提出一个比喻。一位钻研有用的家庭设备的发明家去世了，留下了一幅铅笔草图，上面记录着关于他生命中最后一段时间一直在从事的一项发明的一些构想。在临终之际，他要求自己的儿子继续从事这项发明，但却没能来得及告诉儿子这项发明所为之服务的目的是什么以及他自己本打算如何去完成它。在执行其父之遗愿的时候，儿子的第一步是确定这项未竟发明的目的何在，它打算矫正或弥补现有设备中的何种缺陷或不足。然后他着手去把握这项未竟发明的潜在原理，用海登案中的语言来说，也就是“这项救济的真正道理”。在解决了这些问题之后，他才着手去解决完成这项未竟发明之设计的基本问题。

现在，让我们针对这位儿子的行动来提出人们经常针对法律解释而提出的那一类问题。这位儿子是否忠实于其父的意图？如果我们的意思是：“他是否执行了其父关于如何完成这项设计的已经成形的意图？”那么，这个问题便是无法回答的，

[40] 这里所说的“原子论的”意图观同哲学上的唯名论（philosophic nominalism）有一定关系，甚至可以被看成是唯名论的一种表达。我曾经在一篇文章里讨论过这种观念对以“法律现实主义”而闻名的那场运动的影响。参见：富勒，“美国法律现实主义”（American Legal Realism），《宾夕法尼亚大学法律评论》（*University of Pennsylvania Law Review*）第 82 卷，第 429 页、第 443-447 页，1934 年。

因为我们无从知道这位父亲是否形成了这样的意图，以及，如果他有这样的意图，那么它是什么。如果我们的意思是："他是否保持在其父所设定的框架之内，接受其父关于这项打算发明的设备之必要性的认识以及其父对于如何满足这种社会需求的总体构思？"那么，根据我们假设的情节，答案是肯定的。如果这位儿子能够召唤其父的灵魂前来助阵，这种帮助也很可能会采取与儿子合作解决父亲生前未能解决之问题的形式。同样的道理也适用于法律解释中的难题。如果直接向一部法律的起草者请教如何解释，他通常会采取与法官一样的推进方式，也就是提出并尝试回答这样一些问题：本案是否涉及这部制定法所试图救济的损害？它是否符合这部法律所指明的救济的真正道理，也就是说，这部法律中所规定的救济方式是否适宜于处理该法所针对的一般损害这一特殊表现？

未竟发明的比方也有助于澄清渗透在法律解释语汇中的一 86
项混淆。我们倾向于将意图想象为一种个人心理现象，虽然我们所解释的是一项集体行为。因此，我们不断追问"立法者"(the legislator)的意图，虽然我们知道并不存在这样的个体。另一些时候我们会说到"立法机构"的意图，虽然我们知道投票支持一部法案的那些人往往是抱着对其含义的不同理解而这样做的，而且往往对其中的条文缺乏真正的理解。为了更接近于个人心理，我们会提到"法律起草者"的意图。但此时我们又一次陷入麻烦。一部法律的起草者往往是许多个人，他们不一定同时行动，而且对于所追求的准确目的也没有任何共同理解。况且，起草者们关于一部制定法的任何私人的、未经交流的意图被正确地认为同法律的正

确解释之间并无法律上的相关性。[41] 让我们回到未竟发明的比方，来看看它是否有助于打破这种僵局。显然，在解决其问题的时候，这位儿子可能发现设身处地想象自己处在其父的思维框架之中、回忆他的思维模式以及他独具特色的解决问题方式是很有用的。但同样明显的是，这种方法可能既无必要也无效果。实际上，如果这项未完成设计出自于某位完全不知名的发明家之手，这位儿子的任务也不一定会有本质上的改变。他会着眼于草图本身，悟出这项发明所服务的目的以及潜藏在未完成设计背后的原则或原理。在这种情况下，我们可以说“设计意图”（the intention of the design）。这里面可能包含着一项隐喻，但它至少是一项不会
87 错误描述这位儿子的任务之性质的有用隐喻。因此，在提到立法意图的场合，我认为更好的说法是“法律的意图”，正像曼斯菲尔德（Mansfield）在谈及缔约意图时曾经说到“此项交易之意图”。[42]

对已颁布的法律的忠诚往往被认为是法官所扮演的一种被动的、纯粹接受性的角色所必然要求的。如果他“创造性地”行动，这便说明他僭越了自己作为解释者的职责。那些偏好法官造法而不是议会立法的人士当然倾向于欢迎这种僭越并且很乐意看到法官明显地从很少的信息中得出了很多结论。反之，那些不信任司法权的人士则倾向于在法官的创造性角色中辨认出对原则的放弃和

㊶ 诺丁汉爵士在艾什诉艾布迪（*Ash v. Abdy*, 3 Swanston 664 [1678]）案中提到《反欺诈法》时说：“我有理由知道这部法律的含义，因为是我促使了它的诞生。”请对照：“如果是诺丁汉爵士起草了它，他就最没有资格解释它，一部法案的起草者考虑得更多的是自己的私下意图，而不是自己所表达出来的含义。”坎贝尔（Campbell）的《英格兰大法官列传》（*Lives of the Lord Chancellors of England*, 3(3rd ed. 1848), 423n）。

㊷ *Kingston v. Preston*, 2 Douglas 689 (1773).

对个人权力的追求。当这样的争论盛行起来的时候，整个问题就遭到了误解。在未竟发明的例子中，当儿子扮演起创造性的角色时，他不应当为这一举动本身而招致表扬或责备。他只是在竭尽所能来执行父亲的遗愿，从而满足他的任务之要求。只有当我们高明评审了他在扮演这一不可避免地具有创造性的角色时所取得的成就之后，我们才能提出表扬或批评。同样的道理也适用于法官。

有人或许会反对说，这里所采用的类比是误导性的。他们会指出：一部制定法所服务的目的并不像一部吸尘器所服务的目的那么简单和容易界定。它所试图救济的社会损害往往是微妙而复杂的，这种损害的存在本身往往只能为那些持有特定价值判断的人们所觉察。而且，一部制定法借以矫治"一种社会疾病"的方式也不同于将一部机器同另一部机器结合起来的轴承。立法机构通常不得不在许多种可能的救济手段之间做出选择，其中有些手段对准备矫治的缺陷有着非常拐弯抹角的疗效。

我不会反对所有这些说法，但我想指出：正是在这个明显的默
认点上，未竟发明的比方变得最为有用。对一部制定法所试图救 88
济的损害认识不清是可以容忍的。但是，如果这种含糊性超过了一定的限度，那么，没有任何高明的立法技艺或解释技巧可以使带有这种朦胧色彩的法律变得有意义。此外，对于救济与所欲救济的缺陷之间关系的认识上的不明晰不一定会损害一部制定法。但是，如果这种关系被彻底理解错了，那么，做出条理分明的解释之可能性便完全丧失了。设想不同的结局就好像是想象一项在构思上完全错误的发明可以通过被整合到一份精巧的蓝图之中而获得

挽救。

让我来提供一个关于一项法律条款被其设计中的一个根本缺陷所损害的历史实例。我指的是 1677 年通过的《反欺诈法》第四节第五段。这部法案的第四节乃是建立在这样一个假定的基础之上：某些类型的合同应当被推定为不是依法可强制执行的（legally enforceable），除非有签名的文件来证明它的存在。另一方面，起草者们似乎又认为将如此严格的一项要求扩展适用于所有的合同是不明智的，其中有些哪怕是口头表达的也应当具有法律效力。于是，起草者们面临着这样一项紧迫决策：究竟哪些类型的合同应当被要求采取书面形式，而哪些则可以放心地交给口头表达？一项这样的决策体现在下面这段文字中："不能针对（以下几种合同）提起诉讼：……（5）任何不会在缔约之日起一年之内履行的合同；除非起诉所针对的合同……是书面的，并且上面有将被起诉一方的签名"。

我们或许可以放心地说：很少有哪项制定法条文像我们刚才所引用的这段话那样导致了如此不一致的、千奇百怪的解释。到底是哪里不对劲了？这一条文是用简单的、直截了当的英文来表达的。它所欲救济的损害看起来是显而易见的。起草者们选择计划在相当长的一段时间之后履行的合同作为特别需要书面证据之保障的对象，这也是非常容易理解的；用霍尔特（Holt）的话来说：
89 "这部法律的设计宗旨在于：不要相信证人的记忆在长过一年的时间后仍能保持准确"。[43]

㊸ *Smith v. Westfall*, 1 Lord Raymond 317 (1697).

之所以会发生困难，原因其实很简单：法律起草者们没有想透损害与他们所采用的救济方法之间的关系。首先，非常明显的是，证人被传召作证的时间同要求履行合同的时间并没有直接的关联；一份合同可能被安排在一个月之内履行，但第一次针对它而作的法庭取证却可能在两年之后发生。其次，法律起草者们未能考虑清楚法院在处理一类常见合同案件时应该怎么办：这种案件中涉及的合同具有这样的性质，以至于人们不可能预先知道履行它们需要多长时间，比如终身雇用一个人的合同或者按月向一个人支付一笔钱、直到他痊愈的合同。只要想象一下加速或耽搁履行的各种突发事件，就会发现这一类合同的数量还有很大的扩展空间。在一个该法颁布之后不久诉至法院的案件中，法院指出合同的有效性取决于实际发生的事实情况。[44] 如果事后证明合同的履行在一年内到了期，口头合同就是有效的；如果没有在一年内到期，口头合同就是不能依法强制执行的。但这一解决方案从来没有、也不可能获得普遍接受。当事人需要从一开始、或者至少是麻烦刚刚发生的时候就知道他们有没有合同。令一份有约束力的合同之存在取决于后续的事件会导致抢占有利地位的尔虞我诈，并导致可以想象的最大混乱。简言之，法院面对着一部它们不能通过执行懵懵懂懂的立法者意图来加以适用的法律。英国人终于在1954年找到了对付这一困境的惟一办法：直截了当地废除这一发生问题的条文。而我们仍在为无解之谜寻找答案。

我的第二个根本设想错误的立法实例比上一个晚近大约三个

[44] 参见上一个注释中所引用的那个案件。

90 世纪。它涉及的是一部有着这样一种缺陷的制定法：人们不可能以任何清楚的语言来界定出它所打算救济的损害。在禁酒令被废除之后，美国人民决心“防止老式沙龙的回归”。这是什么意思？老式沙龙是一件复杂的事物，结合着建筑、气氛、艺术、商业、法律和社会学意义上的特征。在销声匿迹了十五年之后，其间又发生了根本性的社会变迁，它根本不会、甚至不可能以旧有的形式复归。尽管如此，为了使保证具有双倍的确定性，许多州认为“应该有这么一部法律”。

你会如何立法来对付一种像“老式沙龙”这样的东西？好，老式沙龙有摇摆门（swinging door），因此让我们规定在可以合乎情理地被称为摇摆门的东西后面供应饮品是非法的。在老式沙龙里，顾客都是站着喝饮品的，因此让我们规定他们现在必须坐下——虽然作为一项原创性的提议，站着饮酒是有许多道理在其中的，因为我们有理由推定要求饮酒者们在畅饮之际保持站立有助于促进温良的态度。你不能在老式沙龙里购买正餐，虽然你可能获得一份免费赠送的膳食。因此让我们通过一项要求供应正餐的法律要求在新式沙龙里营造出一种类似于家庭餐厅的氛围。但这一点不能做得太过分。要求口渴的顾客必须先购买食品才能叫饮料是显失公允的。因此，让我们将这项法律要求表述为：新式沙龙应当随时准备为任何点食品的顾客提供食品，不管他们在顾客群中只占多小一部分。

执行这一套混杂的对抗疗法式（allopathic）规则的主要责任当然不是落到检察官头上，而是被委托给了发放酒牌的机构。我们能够想象出服务于这样一种机构可以使人感到自己正在履行有

益的社会职能吗？这一管制领域因效率低下和腐败而臭名昭著会令我们感到奇怪吗？即使一位尽职尽责的官僚只要被允许执行规则就会觉得生命充满了使命感，问题仍然无法得到解决。这里仍然存在难以解决的解释问题，比如在确定什么才构成充分准备好 91
去为一位永远不会到来的就餐者提供正餐的时候。

我们关于解释问题的讨论在这一点上必须停止了。这是一个内容异常丰富的主题，以至于任何一个比方或隐喻都无法穷尽其寓意。解释的要求是如此的取决于语境，以至于典型案例只能起到揭示一般性原则的作用，而无法表达出将这些原则适用于特定法律部门所涉及的细微变化。带着它全部的复杂精微内涵，解释问题在法律的内在道德中占据着一个敏感的核心位置。它比任何其他问题都更能体现出维持合法性这一任务的合作性质。如果要使解释者保持自己正在履行有益使命的感觉，立法机构便不应该将无意义的任务强加给他。反过来看，如果立法起草者们要想履行自己的职责，他们就必须能够预见到理性并且相对稳定的解释模式。这种相互依赖的关系以不太直接的方式渗透于整个法律秩序之中。没有任何单一的智识、洞见和良好意愿集中点，不论它占据何种战略上最佳位置，可以独立确保使人类行为服从于规则之治这一事业的成功。

合法性作为一项实践技艺

对于前面所展开的这些长篇分析，我们需要加上几点最后的评论，以说明合法性原则的实践应用。

首先，对“法律”一词的用法提出一项警告是有必要的。在1941年，《马萨诸塞州注释版法规汇编》（第2章第9节）中增加了一项条款，将山雀确定为本州的州鸟。显然，如果这项法律向公众保密并且被赋予了溯及五月花号登陆之时的效力，公共福祉并不会因此遭受任何严重的损害。实际上，如果我们把立法机构的任何官方行为都冠之以法律之名的话，那么，便可能会出现这样一些
92 情况：在其中，某部法律的细节必须保密。这样一种情况可能出现在国会拨款来资助研发某些新型武器的情况中。无论在什么情况下，一旦政府的某种行为必须向公众隐瞒，并且因此躲开公众的批评，这总是十分不幸的。但是，在某些时候，我们的确不得不屈从于严峻的现实需要。就连宪法本身也在第一条第五款*中规定：国会两院中的“每院应当有自己的议事记录，并不时予以公布，但它认为应当予以保密的部分除外”。不过，所有这些与作为本书讨论主题的法律都没有太大关系。⑮例如，我想象不出任何一种紧急状态可以正当化以下情况：不让公众知道一部创设了一项新罪名的法律或者一部改变了设立有效遗嘱之要求的法律。

其次，违反法律之道德性的情形可能会产生累加效应。对清晰性、内在逻辑一致性或公开性的忽视可能会使回溯性的法律变得必要。过于频繁的法律变动可能会抵消使法律为公众所知的正式而缓慢的程序所带来的好处。在保持法律的可能遵守性方面的

---

* 原文为“Article V”，有误。应为“Article I, Section 5”。——译者注

⑮ 关于除了通过通常意义上的法律之外的其他政府行动中所涉及到的公开性问题，请参见拙作：“政府机密与社会秩序的形式”（Governmental Secrecy and the Forms of Social Order），载《规范》之第二辑《共同体》（2 *Nomos*：“Community”），第256-268页，1959年。

疏忽可能会导致对自由裁量性执法的需要，而这反过来又会破坏官方行动与公布的规则之间的一致性。

第三，倘若法律仅仅是将共同体中广泛分享的对错观念明确表达出来，“制定法必须被公布并且必须得到明确表述”这一要求的重要性便会减弱。重要性同样减弱的还包括溯及既往的问题；如果法律基本上是外在于法律的道德的一种体现，那么，在形式上表现为溯及既往型立法的东西实质上可能仅仅代表着对已经获得广泛接受的观点的肯定，或者是对正处在向最终制定的规则发展的过程之中的观念的确认。当历史迈向十六世纪末期的时候，英国法院最终赋予待履行双边合同(executory bilateral contract)以
法律上的强制力，此时，它们只是通过允许当事人直接去做以前不 93
得不间接为之的事而追赶上了商业惯例的发展步伐而已。

第四，这八项必要条件作为一个整体得到严格适用的程度以及它们之间的优先性排序都取决于所涉及的是哪一个法律部门以及何种法律规则。因此，一般来说，使一个人明确知道他的法律义务是什么比令他准确地了解某种违法行为会导致何种惩罚更加重要；一部创设一项新罪的溯及既往型法律是完全不能接受的，而一部延长一种已有罪名之刑期的类似法律则不一定完全不能接受。类似的区别也存在于设定法律义务的规则与赋予法定能力的规则之间。两种类型的规则在某种程度上都受到法律之道德性的全部八项要求的影响。与此同时，授予和界定法律效力的规则在日常生活实践中很难找到对应物——在一项交易中握手从未被认可为一项充分的法定手续。因此，对于界定法律效力的规则，公开性和明晰性的要求理应特别严格。反之，赋予某种在现行法律下形同

虚设的法定权力行使方式具有溯及既往的效力则往往被视为是在通过防止某种法定权利的混淆而促进合法性事业。

第五以及最后一点，我们应当还能够回想起，在我们详细地分析法律之道德性的每一项要求，我们所采纳的视角是一位尽职尽责的立法者的视角，他非常迫切地想要理解自己的职责的性质并且愿意面对其困难。这种对细微差别和困难问题的强调不应当使我们忘记：并非所有的个案都是困难的。合法性的每一项要求都可能非常明显无疑地遭到藐视。例如，据说克里贾拉*尊重将法律张贴于公共场所的罗马传统，但却故意将自己的法律用蝇头小字写下，并且贴在如此之高的地方，以确保没有人能够看清楚其内容。

一个课题可能同时如此容易和如此困难，这种悖论可以用亚
94 里士多德的一个比方来说明。在他的《伦理学》中，亚里士多德提出了公正地对待他人是否容易做到的问题。他首先指出：这看起来是很容易做到的，因为存在一些公允待人的既定规则，并且可以毫无困难地学会这些规则。对一项简单规则的应用本身也是简单的。但亚里士多德认为事实并非如此。在这里，他提出了一项取自于医学的著名比方："知道蜂蜜、葡萄酒、藜芦、烧灼和切除的功效是很容易的事情。但是，要知道如何、对谁以及何时适用这些疗

* 克里贾拉（Caligula，拉丁文"小战靴"的意思）是罗马帝国第三代皇帝 Gaius Caesar Augustus Germanicus（公元 12-41 年，其中 37-41 年在位）的绰号。关于克里贾拉的传闻不计其数，包括各种乱伦、纵欲、极度残暴和穷奢极欲的事迹。许多历史学家认为他是一个病理学意义上的疯子。公元 41 年 1 月 24 日，他在宫廷内被禁卫军统帅 Cassius Chaerea 及其手下刺杀，享年不足 29 岁。——译者注

法，却丝毫也不比做一位医生容易。”[46]

因此我们回过头来可以说：知道法律应当被清晰明了地表述为在效力上具有前瞻性并且为公民所周知的一般性规则是很容易的事情。但是，要知道如何、在何种情况下以及按照什么样的优先顺序来实现它们，却丝毫也不比做一位立法者容易。

㊻　《尼各马科伦理学》(*Nichomachean Ethics*)，第五卷，1137a。

95 # 三　法律的概念

由于关于法律何为的观念在很大程度上隐含在关于法律为何的观念之中，所以，简要地考察一下与法律的性质相关的观念……是十分有用的。

——罗斯科·庞德

忘记我们的目标是最常见的蠢事儿。

——弗里德里希·尼采

目前这一章的目的是讨论我在第二章里所展示的分析同当下流行的法律理论以及关于法律的理论之间的关系。这样做的目的不是为了在其他人的对立观点面前来为我自己说过的话辩护，而是为了进一步澄清我到这里为止所讲过的话。虽然我同意：一部法理学著作不应该只是“一部人们可以从中了解其他著作所包含的内容的书”，[①]我们还是不得不面对这样一个事实：人们从别的书里学到（这种学习有时以间接的、不去阅读原书的方式进行）的东西充当着一面棱镜，任何新的分析都得透过它而得到审视。将
96 自己的观点同涉及同一主题的根深蒂固的语汇和思想中所包含的

① 哈特，《法律的概念》（1961 年），viii。

观点作一对照是理论阐述中理应包含的重要成分。

法律的道德性与自然法

于是，为了继续进行这项理论阐述，首要的任务是将我所称的法律的道德性同古老的自然法传统联系起来。我在第二章里所阐明的那些原则代表着某种形态的自然法吗？答案是一个断然的、但却有限定的“是”。

我所尝试做到的是辨清和阐明一种特殊类型的人类活动所遵循的自然法，这种活动被我描述为“使人类行为服从于规则之治的事业”。这些自然法同任何“至上的、孕育万物的普遍存在”都没有关系。它们同“避孕措施是对上帝律法的违反”这样的主张也没有任何关联。它们无论从起源还是从应用上讲都是人间的。它们不是“更高的”法则；如果要找一种与海拔相关的比喻来形容它们的话，它们毋宁说是“更低的”法则。它们像是木匠的自然法则，或者至少像是一位想使自己所建造的房子经久耐用并服务于居住者之目的的木匠师傅所尊重的法则。

尽管这些自然法则触及人类活动当中最为关键的一个层面，它们显然并未穷尽人类道德生活的全部。它们不涉及像一夫多妻或一妻多夫、马克思研究、神灵崇拜、累进制个人所得税或对妇女的压迫等主题。如果有人提出这些或其他一些类似主题是否应当成为立法对象的问题，这种问题就涉及到我所称的法律的外在道德。

为了方便（尽管不是完全令人满意）地描述我们所指出的这种区别，我们会谈到与实体自然法相区别的程序自然法。从这个意

义上讲,我所称的法律的内在道德乃是一种程序版的自然法(pro-
97 cedural version of natural law);虽然,为了避免误会,“程序”这个词应当被赋予一种特殊的以及扩展的意义,以便使它包括像官方行动与公布的法律之间的实质性一致这样的含义。不过,“程序”这个词从总体上说非常适当地显示出我们在这里所关注的不是法律规则的实体目标,而是一些建构和管理规范人类行为的规则系统的方式,这些方式使得这种规则系统不仅有效,而且保持着作为规则所应具备的品质。

从法律和政治思想的实际历史来看,我们会发现我在第二章所阐述的原则与自然法学说之间存在什么样的关联呢?这些原则是否构成自然法传统的不可分割的组成部分呢?它们是否为那些反对这一传统的实证主义思想家们所一概拒斥呢?对这些问题不可能找到简单的答案。

就实证主义者们而言,我们显然很难在他们中间找出明显的统一模式。约翰·奥斯丁把法律定义为一位政治上的上级所发布的命令。但他却又指出“名副其实的法律”(laws properly so-called)是一般性的规则,而“临时的或特定的命令”则不是法律。[②]借助其辛辣语言来批判自然法的边沁一直关注着被我称为法律之内在道德的某些方面。实际上,他似乎殚精竭虑地操心着使法律为那些受其影响的人们所知的需要。另一方面,从更晚近的历史来看,格雷将法律是否应当采取一般规则的形式这个问题看成是一个“在实践中意义不大”的问题,虽然他也承认具体和孤立的法

② 约翰·奥斯丁,《法理学讲义》,第一卷,第49页。

律权力行使实例不是适合于法学研究的课题。[3] 在索姆洛看来，溯及既往式法律可以被谴责为不公正，但却不能被认为是违背了潜含于法律的概念本身当中的某种一般性前提。[4]

就与自然法传统关系密切的那些思想家而言，我们可以有把 98
握地说：他们当中没有人会表现出格雷或索姆洛对待法律的道德性之要求的那种随意性。另外，他们所关注的主要是我所称的实体自然法，也就是通过法律规则来实现某些恰当的目的。我相信，当他们谈到法律的道德性之要求时，通常是顺带为之，虽然这一主题的某个方面有时也得到很详细的讨论。阿奎那在这个方面可能是非常典型的。在谈到对一般性规则（与具体案件具体处理(case-by-case)的纠纷裁断方式相对）的需要时，他提出了一种令人惊讶的细致论证，包括提出了这样一个理由：聪明人总是供不应求的，所以，出于经济上的审慎考虑，为了使他们的天分得以为众人所分享，应当让他们来起草一般性规则，从而令次一等的人(lesser men)可以去适用。[5] 另一方面，在解释伊西多尔*为什么要求法律必须得到“清楚表述”的时候，他又满足于简单地说：这样有助于防止“源自于法律本身的损害”。[6]

③　格雷，《法律的性质和渊源》，第161-162页。

④　“因此，法律规则的溯及既往效力所排除可能仅仅是一种实质性的公平原则，而不是一项前提性原则”。索姆洛，《法学基础理论》，第二版，1927年，第302页。另请参见前面第二章的注释⑬。

⑤　《神学大全》(*Summa Theologica*)，第I-II部分，第95问，第1条。

*　塞维利亚的圣伊西多尔(St. Isidore of Seville, 560-636)，西班牙基督教神学家和“最后一位古代基督教哲学家以及最后一位伟大的拉丁教父”。他的著述十分丰富，包括《教父行传》、《格言集》、《论教会的职责》和《异名同义考》等等。——译者注

⑥　同上，第3条。

我相信，就所有哲学流派的作者们而言，这一点都是适用的：当他们处理法律的道德性问题时，这种处理通常都是以随意和碰巧的方式来进行的。个中的原因不难寻觅。人们在一般情况下不会认为有必要解释或正当化显而易见的事情。历史上几乎每一位影响或大或小的法哲学家可能都曾偶然宣称法律应当公布、以便使那些受其约束的人们知道其内容。但很少有人感到有必要为这一命题提供更充分的理由或者将其纳入到某种更全面的理论的覆盖范围之内。

从某个角度来看，法律的道德性之要求在众人眼中似乎如此明显是一种不幸的情况。这种表象掩盖了其中的复杂微妙之处，并且使人们误以为没有必要、甚至不可能对这个课题进行深入细致的分析。例如，除了提出“法律不应当自相矛盾”这个主张之外，
99 人们似乎便没有更多可以说的了。但是，正像我曾经试图表明的那样，在某些情况下，这项反矛盾原则可能变成构成法律的内在道德的诸原则中最难以适用的一项。⑦

对于这样一项概括：合法性原则在政治和法律思想史上只受到过（适合于不言自明之事的那种）随意性的和偶然的关注，我们必须指出一项重要的例外。这项例外存在于十七世纪英格兰的一份文献中，这是一个抗议、弹劾、密谋和内战的世纪，在此期间，既有的制度经历着彻底的重新审视。

学者通常把美国宪法的“自然法基础”追溯到这一时期。这一时期的文献——它们令人惊奇地主要体现为两种极端形式：匿名

⑦ 参见本书第 77-83 页。

小册子和司法意见——密集地、而且几乎完全地关注着我认为属于法律的内在道德之范畴的那些问题。它们涉及法律的自相矛盾、不可能遵循的法律、议会在废除某些法律之前便作出与其自己制定的这些法律相抵触的举动等等。这一类文献的两份有代表性的样本出现在本书第二章的开头。[8] 但从那一伟大时代流传下来的最著名的宣言还是柯克在博纳姆医生案（*Dr. Bonham's Case*）中所写下的。

亨利八世赋予皇家医师协会以广泛的权力来认证和规制伦敦地区的行医活动（这项授权后来得到议会的批准）。皇家医师协会获得的授权中包括审理违反其规章的行为并处以罚款和监禁。在涉及罚款的案件中，一半的罚款归于国王，另一半由该协会自己保留。托马斯·博纳姆，一位剑桥大学医学博士，在未曾获得皇家医师协会许可的情况下在伦敦开业行医。他受到该协会的审判、罚款以及后来的监禁。于是他提出了非法监禁之诉。

在柯克法官支持博纳姆医生诉讼请求的判决中，这个著名的 100
段落出现了：

> （皇家协会的）审查员们不能充当法官、执行人员和当事人：作为法官作出宣判或裁断；作为执行人员负责传唤；作为当事人占有二分之一的罚款。任何人都不能在与己相关的案件中充任法官（*Quia aliquis non debet esse Judes in propria causa*），任何人在涉及自身的案件中担任法官都是违背公平

⑧　本书第40页。对这些文献的精彩评述可见于高夫（Gough）的《英国宪政史中的根本法》（*Fundamental Law in English Constitutional History*），1954年，1961年重印本（仅有微小改动）。

> 原则的（*imo iniquum est aliquem suae rai esse judicem*）；而且任何人都不能同时担任法官和一方当事人的律师。……而且，在我们的判例汇编中记载着，在许多案件中，普通法都能够约束议会的法案，有时甚至裁定它们完全无效：因为，如果一部议会法案与普通法上的权利和理性相抵触、或者前后矛盾、或者不可能得到履行时，普通法就会控制它，并裁断这样的法案无效。[9]

如今，这一宣言常常被认为是自然法观点的经典表述。不过请注意它是多么强调程序和制度性惯例。其实，这里面只有一小节可以被说成是关涉到实体正确或实质正义，也就是其中提到议会法案“与普通法上的权利和理性相抵触”的那一段。但是，在说到“普通法上的权利”（common right）的时候，柯克所想到的很可能是通过法律取得、后来又被法律夺走的那些权利，换句话说，也就是通常由溯及既往型法律所呈现出来那种问题。在一个主要是讨论在涉及自身的案件中自任法官是如何不妥的语境中，提及相互矛盾的制定法似乎是一件奇怪的事情。但是，对于柯克来说，这里存在一种观念上的紧密联系。正像法律规则可能彼此矛盾一样，机构之间也可能相互冲突。柯克和他的法官同事们试图在司法系统内部营造出一种公平的氛围，在这种氛围中，像民事法院的
101 法官审理涉及自身的案件这样的情况是不可想象的。然而国王和

---

⑨ 8 Rep. 118a (1610). 关于对这一著名段落与博纳姆医生所提起之诉讼的实际判决之间的相关性的一项有趣分析，请参见索恩（Thorne）的“博纳姆医生案”（Dr. Bonham's Case），《法律季评》（*Law Quarterly Review*），第 54 卷，第 543-552 页，1938 年。

议会却将一根丑陋的、与周围环境不协调的手指插入到这种努力之中，创设了一个医师"法院"来审理侵犯他们自己的垄断权的案件，并将一半的罚款留给自己。当柯克将这种立法上的不检点之处同自相矛盾（repugnancy）联系起来的时候，他不仅仅是表达了自己对这种现象的厌恶；他的意思是说：这种现象同一种相反方向的有目的努力是背道而驰的。

这种在现代学者中间显得十分普遍的观点，即认为柯克在上面所引的这段话中背叛了一种对自然法的天真信仰，并没有为我们提供足以帮助我们理解十七世纪的智识氛围的信息。它告诉了我们许多关于我们自己这个时代的东西，这个时代至少在某种程度上认为自己能够相信任何对人性或事物之本性的诉诸都只不过是为主观偏好寻找一种掩饰而已，而在"主观偏好"这个名目下面可以列上千差万别的东西，从"法律应当得到明确表述"到"惟一正当的税收政策是使公民们纳税的数额等价于他们从政府那里得到的东西"。

那些实际缔造我们的共和国及其宪法的人们在思维方式上更接近于柯克的时代而不是我们这个时代。他们也致力于避免制度中的不和谐之处并且尽力确保这些制度适合于人的本性。汉密尔顿批驳了写下如此诗行的那个诗人的"政治邪说"（political heresy）：

让傻子们去争论政府的形式吧——

管理得最好的政府就是最好的政府。[10]

⑩　《联邦党人文集》，第68篇。

为了支持司法机关宣布国会法案违宪的权力，汉密尔顿指出：司法机关绝不能对立法完全保持被动；即使是在缺乏成文宪法的情况下，法官们也必须做一些主动的事情，比如发展出某种规则来
102 应对相互矛盾的制定法，这种规则并非源自于“任何实在法，而是自然和事理。”[11]

一场在这个国家持续展开的讨论涉及这样一个问题：在解释宪法的时候，法院是否应该受导源于“自然法”的考虑因素的影响。[12] 我认为，如果人们在关于实体目标的自然法和涉及程序与制度的自然法之间做出区分的话，这场讨论便可能为问题的澄清做出更大的贡献。不过，应该承认的是，“自然法”这个术语已经被各方用得如此之滥，以至于我们很难恢复一种针对它的不偏不倚的态度。

十分明显的是，宪法中的许多条款都具有我曾经描述过的那种简单粗糙性和不完全性。[13] 这意味着它们的含义必须以这样或那样的方式获得填充。的确，那些其命运在某种程度上受提供这种含义的创造性解释行为影响的人们以及那些肩负着这种解释责任的人们必定希望这种解释活动能够在尽可能稳妥的基础上进行，也就是，它应当尽可能地依据民主政制和人性本身的必然要求。

我认为，在涉及我所称的法律的内在道德的那个宪法领域，这

---

[11] 《联邦党人文集》，第 78 篇。

[12] 在最高法院自身当中，这场讨论发端于布莱克(Black)大法官和法兰克福特(Frankfurter)大法官在亚当森诉加利福尼亚(*Adamson v. California*, 332 U. S. 46 [1947])一案中进行的交流。

[13] 本书第 99 页。

种理想离我们最近。在这个范围内，解释往往可以大幅度地偏离宪法的明示语词，但却仍然稳固地停靠在这样一种信念之上：它忠实于一种蕴含在我们的整个政制结构之中的意图。例如，宪法并没有明确禁止模糊或含混的立法。但是，我不认为有人会认为这样一项司法裁决是一种僭越：如果一部刑事法律未能对它所禁止的行为作出适度明确的描述的话，它便违背了“法律的正当程序” 103
(due process)。[⑭] 当我们反思起草一部宪法的难题的时候，这样一种司法裁决的存在理由就会清楚地呈现出来。如果要在宪法中写入明确禁止模糊法律的条款，我们就必须给出某种明示或隐含的标准，用以确定一部法律模糊到何种程度便会失效。我们将不得不用十分宽泛的语言来表述这种标准。从法律用一般性规则来约束和裁断人们的行为这一前提出发，任何刑事法律都应该足够明确，以便服务于这样的双重目的：一方面向公民们提出足够的警告，使他们知道被禁止的行为的性质；另一方面为依法审判提供足够的指引。如果有人希望用一个词来概括所有这些内容，恐怕再也没有比“法律的正当程序”更好的选择了。

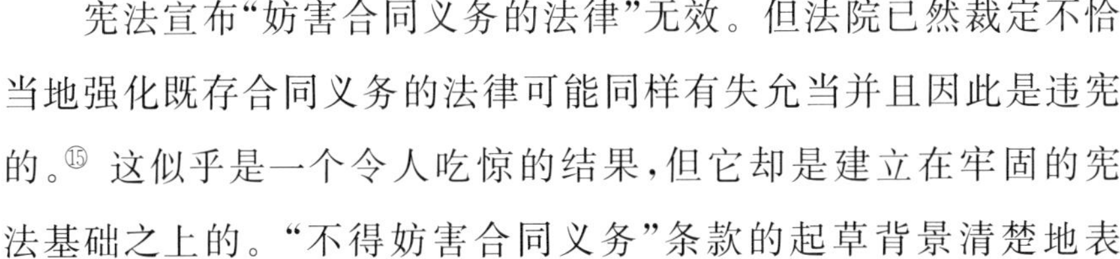

宪法宣布“妨害合同义务的法律”无效。但法院已然裁定不恰当地强化既存合同义务的法律可能同样有失允当并且因此是违宪的。[⑮] 这似乎是一个令人吃惊的结果，但它却是建立在牢固的宪法基础之上的。“不得妨害合同义务”条款的起草背景清楚地表

⑭　请参见前面第二章注释㉑中提到的参考文献。

⑮　对这些案件的讨论可见于：黑尔(Hale)，“最高法院与宪法中的合同条款”(The Supreme Court and the Contracts Clause)，《哈佛法律评论》第57卷，第512页，第514-516页，1944年。

明：它被认为是谴责溯及既往型立法的若干声明中的一项，宪法起草者们当时有意避免了对这一问题作出详尽规定的尝试（就这一任务的难度而言，这是一项明智的选择）。当我们根据“不得妨害合同义务条款”的一般性目的这一背景来判断它的内容的时候，这一点就变得十分明显：对削弱既有合同义务之法律的反对同样也适用于扩大这种义务的法律。在承担起蕴含在一项缔约活动中的风险之时，一个人可能会正确地将现行法律所规定的默认义务(obligation in case of default)纳入考虑。如果该法律随后朝着不利于他的方向发生了巨大的改变，立法机构便等于是失信于他。

104 在刚才这些议论中，我似乎是将相互矛盾的性质安放到了法律的内在道德之中。我一方面指出这种道德很难被明确表述到一部成文宪法之中，而与此同时又指出：在处理涉及法律的内在道德的问题时，司法解释可以在对自身的客观性保有高度自信的情况下进行，尽管它所赖以为基的是不完整和不充分的宪法表述。既然这项任务是如此的困难，以至于立法者不得不使自己的工作保持在未完成状态，我们又怎么能够认为它为司法解释提供了比较牢靠的指针呢？

我认为这个问题的答案已经给出，尽管是用人们不太熟悉的语句。我将法律的内在道德描述为主要是一种愿望的道德，而不是义务的道德。[16] 虽然这种道德可以被认为是由单个的要求或“要件”(desiderata)——我分辨出八项这样的要求或要件——所

---

⑯ 参见本书第50-52页。

组成的，但这并未使它们成为独立的绝对断言。[17] 所有这些要件都是达到一个单一目的的手段，在不同的情况下，这些手段的配置方式可能会有所不同。因此，对一项要件的疏忽大意的偏离可能要求对另一项要件的有意偏离作为补偿；例如，为了补救一项新的形式要求未能充分公开发布的缺陷，可能需要利用溯及既往型的法律。[18] 而在另外的场合，对一项要件的忽视可能要求更充分地满足另一要件来作为弥补；于是，当法律变化过于频繁的时候，公开性要求就会变得越发严格。换句话说，在不同的情况下，合法性要素的组合与重组必须符合某种使它们适应于具体情况的类似于经济计算的东西。

这些考虑在我看来似乎导致了这样一个结论：在宪法领域，我
所指出的法律的内在道德在司法审查制度中体现得最为必要和最
有功效。每当法院有机会做出选择的时候，它便应当尽力保持在 105
法律的内在道德所要求的范围之内。我认为，在鲁滨逊诉加利福
尼亚州[19]一案中，法院相当明显地走错了方向。该案中的多数派
法官认为案件的争议点在于：一部法律是否可以合乎宪法地把成
为吸毒上瘾者这一状态或情况规定为一种犯罪，并且处以六个月
的监禁。作为一项推定的科学事实，当事人完全可能是在无辜的
情况下进入这种状态的。法院判定这项法律因施加“残酷和不寻
常的惩罚”而违反了第八修正案。

显然，被送进监狱关六个月通常不会被认为是“残酷和不寻常

⑰　参见本书第50-55页以及第二章各处。

⑱　参见本书第108页。

⑲　*Robinson v. California*, 370 U.S. 660 (1962).

的惩罚”——这个词组立刻使人联想起鞭笞柱(whipping post)和浸水椅(ducking stool)。为了回应这种反对意见,法院指出:在判断某一特定惩罚是不是残酷和不寻常的时候,我们必须考虑它所针对的罪行的性质。于是法院毫无必要地主动承担了一项一般性的责任——令刑罚适合于罪行,虽然这项责任被描述成崇高的,其实却是异常沉重的。

我认为,这一深入实质正义的远征是毫无必要的。我们拥有一项禁止溯及既往型刑法的宪法条文以及一项要求犯罪的法律定义必须符合最低限度的明晰标准的确立已久的宪法规则。这两项对立法自由的约束都建立在这样一项推定的基础之上:刑法应当以这样一种形式呈现在公民面前,以至于他们可以根据它来调整自己的行为,或者更简单地说,他们可以遵守它。无辜地进入一种对毒品上瘾的状态不能被解释成一项行为,更不用说是一项不服从法律的行为。将鲁滨逊诉加利福尼亚州一案的判决引入传统的正当程序范畴并不会给法院增添多少难度,其难度充其量相当于
106 一个这样的案子:在其中,一部刑事法规被立法机构保密,直到一项指控根据它而被提出。(值得注意的是,我们的宪法并未明文要求法律必须公布。)

法律的道德性与实在法的概念

我们的下一项任务是探讨这些章节中所隐含的法律观与当下流行的实在法定义之间的正确关系。我所写下的这些文字中惟一称得上是一个法律定义的表述便是:法律是使人类行为服从于规

则之治的事业。与多数现代法律理论不同，这种观点将法律视为一项活动，并且把一套法律体系看成是一种有目的的持续努力的产物。让我们来比较一下这种观点与可能与它对立的其他观点有何不同寓意。

我将考虑的第一种这样的理论在风格和着重点上都是我所表达的这些观点的对立面，但是，看似悖谬的是，它却提出了一项很容易同我的观点相调和的命题。这就是霍姆斯的著名的法律预测论（predictive theory of law）：“我所称的法律就是关于法院实际上将如何做的预言，而不是其他更矫饰的东西。”[20]

显然，作出预测的能力是以某种秩序的存在为前提的。因此，法律预测论推定在那些决定“法院实际上将如何作为”的因素之中存在某种一贯性。霍姆斯选择从对这些影响因素的研究出发来作出抽象概括，从而将自己的注意力集中在法律中实际发生效力的要素上。

他自己解释说，他进行这种抽象概括的目的在于确立法律与道德之间的严格界分。但是，只有当他克制住描述实际预测过程的冲动之时，他才可能认为自己成功地达到了这一目标。如果我们想要明智地预测法院实际上将如何作为，我们必须设问：它们正
打算如何作为。我们实际上必须更进一步，设身处地地参与到旨 107
在创造和维系一套通过规则来引导人类行为的系统的整套目的性活动之中。如果我们想要理解这种努力，我们就必须理解：其中所

⑳　霍姆斯，“法律的道路”（The Path of the Law），《哈佛法律评论》（*Harvard Law Review*），第10卷，第457-478页，引文在第461页，1897年。

包含的许多独具特色的问题就其性质而言都是同道德相关的。于是，我们需要将自己摆在这样一位法官的位置上：他面对着一部操作性条款极其含糊、而其序言中又足够明确地表明了一种在他看来十分不智的目的的法律。我们需要分享这样一位法案起草者的郁闷，他在凌晨两点的时候自言自语："我知道这里不能出错，不然的话人们就会因为我们根本没打算涉及的事项而蜂拥到法院。但我有多少时间来反复重写呢？"

从创制法律的有目的活动出发来集中考察抽象的法律所塑造的秩序压根儿就不是霍姆斯的预测理论所独有的特色。例如，弗里德曼教授在试图提供一种不需要往法律这一概念本身之中注入任何特定的实质正义理念的中立性法律概念的时候，提出了这样一个定义：

> 法治仅仅意味着"公共秩序之存在"。它意味着有组织的政府借助各种合法支配(legal command)的工具和渠道来运作。从这个意义上说，所有的现代社会都生存在法治之下，不论它是法西斯国家、社会主义国家还是自由国家。㉑

现在已经非常明显的是，一种"公共秩序"的表象可能由非法的恐怖造成，这种恐怖使人们远离公共场所而躲在家里。显然，弗里德曼并未设想过这种秩序，因为他提到"有组织的政府借助各种合法支配的工具和渠道来运作"。但是，除了含糊其辞地表达出自己心中所想的那种秩序之外，他实际上什么也没说。不过，他显然

㉑ 弗里德曼，《法律与社会变迁》(*Law and Social Change*)，1951 年，第 281 页。

是想表明这样一种信念：如果我们仅仅把它们“作为法律”来加以思考的话，纳粹德国的法律像其他国家的法律一样是法律。不用说，这一命题同我在这里所呈现的分析是格格不入的。

大多数法律理论要么明确声称、要么默默推定法律的独特标 108
志之一在于强制力或暴力的使用。本书并不承认这是法律的一项独特品质。在这个方面，我所维护的这种法律概念同下面这个定义是截然相反的，这一定义的提出者是一位人类学家，他试图在原始社会的各种社会秩序形式中辨识出独特的“法律”因素：

> 为着实用的目的，法律可以被定义为：一种社会规范是一种法律规范，如果对它的忽视或违反会常规性地导致社会上掌握着如此行为之特权的一个人或一个群体威胁使用或实际使用身体性的暴力。[22]

获准使用身体性暴力这一特点可以帮助我们识别出法律并且将其同其他社会现象区分开来，这一观念在现代作品中可以说是屡见不鲜。依我之见，它已经极大地损害了关于法律所履行之功能的思想的清晰性。我们有必要追问：这一识别标准是如何产生的？

首先，考虑到同人性有关的各项事实，非常明显的是：一套法律体系如果允许自身受到非法暴力的挑战便会失去实际效力。有时候暴力只能靠暴力来遏制。因此，可以想见的是，社会中必须常规性地存在某种机制，以便在必要时使用暴力来支持法律。但这

---

[22] 霍贝尔(Hoebel)，《原始人的法》(*The Law of Primitive Man*)，1954 年，第 28 页。

并不能证明将暴力之使用或潜在使用当作法律的标志性特征是正确的。现代自然科学严重依赖于各种度量和试验设备;没有这些设备它就不可能取得其已经取得的这些成就。但没有人会因此就得出结论说:自然科学应当被定义为度量和试验设备之使用。同样的道理也适用于法律。法律为了实现其目的而必须去做的事情同法律本身是完全不同的。

109 还有另外一项因素也使人们倾向于将法律等同于暴力。正是当法律系统本身拿起暴力武器的时候,我们要求其满足最严格的正当程序要求。在文明国家中,正是在刑事案件里,我们最急切地要求保证法律忠实于自己。因此,这一最紧密地关系到暴力的法律部门也正是一个我们使其最紧密地关联于形式要件、仪式和庄严的正当程序的法律部门。这种同一性认定同原始社会有着一种特殊的相关性,正是在这种社会中,迈向法律秩序的第一步可能也是朝向于防止或对治私人暴力的爆发。

这些考量解释了、但并未正当化将身体性暴力视为法律之标志性特征的现代倾向。让我们用一个假想的案件来检验一下这种倾向。一个国家允许外国商人在其境内做生意,但要求他们满足这样一个条件:他们必须在该国的国家银行中存入一大笔钱,以担保他们服从一套专门为规制他们的活动而制定的法律。这套法律得到忠诚的执行,并且由专门的法院来加以解释和适用。如果一项违法行为得到证实,政府会根据法院的决定收取一定的罚款,这一罚款将采取从违法商人的存款账户中扣除款项的形式。要完成这项扣除,政府不需要采用任何暴力,而只需进行一项转账操作;对违法商人不需要采用任何暴力,因为他无法阻止这项操作。显然,我们不能仅仅因为这里没有机会为了实现制度性的要求而使用或威胁使用暴力就否认这样一种制度是“法律”。相反,我们只有在下述情况下才能合理地拒绝将其称为一套法律制度:如果我们能够证明其中的公示规则和着袍法官只是一种表面上的装饰,其目的在于掩饰一种事实上不以法律为依据的罚没行为。

我认为,这个例证中所蕴含的道理已经足以使我们无须仔细分析一个进一步的问题:如果把暴力视为法律的标志性特征,这里的暴力究竟意味着什么?如果在一个神权社会中,地狱之火的威胁已经足以确保人们服从法律,这是否构成一种“暴力威胁”?如果回答是肯定的,那么暴力就开始获得了一种新的含义并且仅仅表明一套名副其实的法律制度需要在实际事务中取得某种最低限

度的实效,不论这种实效的基础是什么——这样一个命题既是无 110
法驳斥的,也是毫无新意的。

在大多数法律理论中,暴力因素被紧密关联于这样一种观念:存在一套正式的命令或权威的科层体系。在我们刚才引用的那段来自霍贝尔的论述中,这种关联并不存在,因为,作为一位人类学家,霍贝尔所关注的是原始法,在这种法律当中一般不存在明确界定的权威等级。但是,自从民族国家兴起之后,从霍布斯经由约翰·奥斯丁到凯尔森和索姆洛的一大批法哲学家都认为法律的本质体现在一种金字塔式的国家权力结构当中。这种观点将自己从创制和维持一套法律规则体系的有目的活动中孤立出来,而满足于描述这种活动据推定在其中发生的制度框架。

法哲学已经为这种孤立付出了惨重的代价。在接受这种孤立的学派之中,大量争议缺乏可理解的原则来加以解决。让我们以

"法律"是仅仅包括具有某种一般性的规则、还是应当被理解为也包括"特殊或偶然的命令"这一争论为例。有些人认为法律意味着某种类型的一般性,另一些人则否认这一点。那些同意法律应当具备某种一般性的人又在如何界定这种一般性的问题上发生争议:这种一般性是要求某种类型的行为?某种类型的人?还是两者皆备?㉓ 整个争论所依靠的仅仅是肯定和否认,于是僵持在死胡同里。我认为这种争论是不可理喻的,除非参与争论者从这样一个显而易见的事实出发:如果那种被称为法律的东西呈现为一系列散乱的、毫无章法地行使国家权力的行为,公民便无法根据法律来调整自己的行为。

如果我们追问法律作为一套等级森严的命令体系这一概念服务于何种目的,答案可能是:这一概念代表着政治上的民族国家的
111 法律表达。我认为,不那么含混的、更加贴切的答案应该是:这一概念表现出对于在法律系统之内解决冲突这一难题的关注。实际上,我们可以这样说:它将法律的内在道德的一项原则——也就是谴责自相矛盾的法律的那项原则——转变成了一项绝对命令,以至于无法看到其他的原则。对于凯尔森和索姆洛而言,这种对内在逻辑一致性的集中关注显然成了他们的理论当中的一项基本要素。㉔ 的确,我们理应希望一套法律体系之中的未决矛盾应当得到避免并且在出现时尽快得到解决。但是,如果我们不带任何前见地来看待这个问题,有什么理由可以令我们在一套充斥着矛盾

㉓ 参见第二章注释⑥。

㉔ 凯尔森,《法和国家的一般理论》,1945 年,第 401-404 页以及索引中的"无矛盾原则"项;索姆洛,《法学基础理论》(第二版),1927 年,索引中的"法律之矛盾"项。

的法律系统和一套其中的规则是如此的含混以至于人们无从知晓它们是否彼此矛盾的法律系统之间判断孰优孰劣？

有人也许会回答说：常识和令自己的措施切实有效的愿望通常会使立法者倾向于将自己起草的法律表达得足够清晰，而各个政府机构所适用的规则之间的矛盾却构成一个经久不息的问题。在接受这一答案之前，我们无疑应该思考一下这样一种真实的可能性：政府有时会故意令其法律模糊不清。但是，更为根本的是，如果我们不去弄清楚我们的问题并且寻找合适的解答，而是通过定义上的武断处理来掩盖我们所遭遇的难题，整个问题就会被误解。我们很容易将法律定义为不可能出现自我矛盾，因为从理论上讲总会存在可以解决低阶分歧的高阶规则。但这并未触及实践中的矛盾问题，特别是如何辨明类似案件中哪些因素应当被视为相互矛盾的问题。虽然凯尔森和索姆洛都很重视解决矛盾这一难题，但他们都未曾讨论过任何一个有可能在实践中导致困难的此
类问题。相反，他们的全部讨论都只是停留在相当抽象的层次上，112
比如指出“同时主张‘A 应当是’和‘A 不应当是’在逻辑上是不可能的”[25]——这样一个命题显然无法帮助一位法官解决这样一个难题：一部成文法的一项条款似乎是说 A 先生应当缴纳一项税款，而该法的另一条款似乎又说他可以免交这项税款。面对这样一部制定法的法官显然也无法从索姆洛的如下原则中获得任何帮助：如果存在一种“真正的”而不是“表面上的”矛盾，对立的规则就

[25] 凯尔森，《法和国家的一般理论》，第 374 页。

应当被视为相互抵消了。[26]

即使我们可以通过一项定义来解决所有的矛盾问题，一种清楚界定的科层式权威结构也不一定就永远是解决一个法律系统内部矛盾的最佳途径。在讨论法律是什么的问题时，当下级法院之间意见不统一时，格雷预设了一个司法等级结构，并且给出了一个显而易见的答案：在这种情况下，最高法院所说的就是法律。[27] 但我们很容易设想出一套由享有平等地位的法院构成的司法系统，在其中，法官们会时不时地聚集到一起，通过一个讨论和相互迁就的过程来消弭矛盾。当上诉法院法官们主持审判并且以全院讨论的方式来审理疑难案件时，与此类似的情况便会出现。

在美国的工会主导型产业中，有一种制度叫做“行业法”（industrial jurisprudence）。规制一个工厂内部的各种关系的规则不是由某个立法机构制定的，而是通过管理层与工会之间的契约来确立的。这套法律系统内的司法机构由仲裁员组成，他们也是通过协议被挑选出来的。在这样一套系统中，当然存在失败的可能的。最基本的当事人权利章程——确立集体谈判规则的契约——可能无法形成，因为管理层与工会之间可能无法达成协议。在一份谈判成功的协议之下，当一起纠纷发生的时候，当事人很可能无
113 法在指定某位仲裁员的问题上达成一致。通常会有某项条款是专门为应对这种可能性而准备的；比如说，在当事人无法通过协议来任命仲裁员的情况下，美国仲裁协会便获得授权来指定仲裁员。

---

[26] 索姆洛，《法学基础理论》，第 383 页。

[27] 格雷，《法律的性质和渊源》（第二版），1921 年，第 117 页。

但这种条款既不是取得成功的必要条件，也不是避免失败的充分条件。所有的法律系统都可能运转不灵，包括那些拥有最整齐有序的命令链的系统。

在其对将法律等同于一套科层式权威等级体系的那些理论的讨论中，帕舒卡尼斯很聪明地指出：如果说一套整齐有序的命令链是法律的最重要品质，那么我们便应当将军队看成是法律秩序的最典型表现。[28] 但这样的观点显然有悖于最基本的常识。这种理论与常识之间的紧张显然导源于理论过分侧重于形式结构，以至于忽视了这种结构所应加以组织的有目的活动。我们在这里没有必要尝试细致地分析为军事目的所要求的科层式组织形式与一套法律系统所理应具备的科层式组织形式之间的区别。我们只需要回想一下这样一个常见而且相当麻烦的问题：当一位外行公民信赖由在法律阶梯上处于较低地位的某一机构做出的一项错误法律解释的时候，法律秩序便会面临不知何去何从的难题。显然，类似的问题不会出现在一种军队秩序中，除非是在紧急状态下，当军队开始接管规制普通人行为之职能的时候。

如果我们不提及议会至上原则的话，我们对法律理论的讨论就会是不完整的。根据这一原则，议会被认为享有无限制的立法权能（比如在英国）。这一原则之所以值得考察，是因为它密切关联于认为权威的科层式组织结构是法律制度的基本特征的那些理论。

㉘　帕舒卡尼斯，《法的一般理论与马克思主义》(*The General Theory of Law and Marxism*)，巴布(Babb)译，收入《苏维埃法哲学》(*Soviet Legal Philosophy*)，"20 世纪法律哲学丛书"，第五辑，第 111-225 页，见第 154 页。

114 当然，议会主权也完全可以由一种政治审慎论来加以支持，其大意是：将立法权保留起来以应对难以预见的情形永远是一种可欲的安排。明确限制立法权的安排在确立时可能看起来是明智和有益的，但此后却可能阻碍为应对急剧变化的境况所必需的举措。如果环境的压力变得极高，对立法权的限制可能通过规避和拟制而被绕过，但这种规避和拟制本身有很高的成本，因为它们会扭曲政制的道德氛围乃至制度结构。通过参照我们自己的宪法中所包含的最严格限制，这些要点可以得到假设性的例示。我们所指的限制条款便是：没有任何一个州在自己未同意的情况下可以“被剥夺在参议院中的平等代表权”。[29] 这是惟一的一项可以不受宪法修正案本身所带来的改变效果之影响的仍然有效的宪法约束。

现在让我们假设某些州发生了急剧的人口减少——可能是某种自然灾害的结果，因此，有三分之一的州都出现了本州人口只剩大约一千人的情况。在这样一种情况下，在参议院里的平等代表权可能变成一件政治上的蠢事。如果平等代表权得到尊重，国家的整个政治生活就会受到致命的损害。我们是否能够利用修正权来削弱参议院的地位，使它变成一个类似于上议院的机构？或者干脆废除参议院而采用一院制？或者，我们背后的民意是否足够支撑我们简单地将参议院更名为“元老院”，并且重新安排其中的代表选任方式？

在比较一部成文宪法和议会至上原则所具有的明显刚性的时
115 候，我们不应当被后一原则所呈现出来的简单粗糙的表象所误导。

---

[29] 美国宪法第五条。

实际上，议会主权意味着议会在它可以改变任何它不喜欢的法律这一意义上凌驾于法律之上。不过，看起来十分矛盾的是，它获得这一凌驾于法律之上的地位的方式却是令自己服从于法律——也就是服从于规定其内部程序的法律。对于一个通过法律的团体机构来说，它必须服从确定法律何时得到通过的法律。这种法律本身也可能遭遇任何其他法律系统所可能遇到的各种事故——它可能太过模糊或自相矛盾以至于无法给出明确的指导，而且，最重要的是，它的标准在实践中可能被严重忽视，以至于在需要其发挥作用的场合缺席。可能导致对立法权的严格宪法限制崩溃的那种危机也可能（而且也许同样容易）导致立法的法定程序发生故障。即使是在英国——那里的人们习惯于严守规则并且做事有条不紊——法院据说也曾将一项并未在议会实际获得通过的措施当成法律来适用，其根据只是议会议事日程上的一项记录。[30] 权力结构经常被人不假思索地理解成对法律起着组织作用，但其自身也是法律的产物。

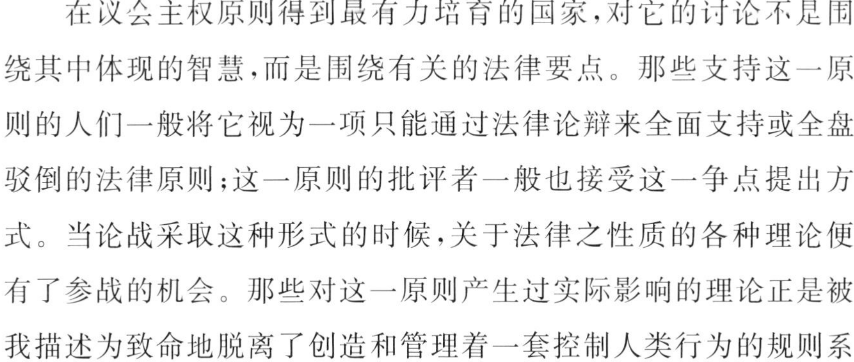

在议会主权原则得到最有力培育的国家，对它的讨论不是围绕其中体现的智慧，而是围绕有关的法律要点。那些支持这一原则的人们一般将它视为一项只能通过法律论辩来全面支持或全盘驳倒的法律原则；这一原则的批评者一般也接受这一争点提出方式。当论战采取这种形式的时候，关于法律之性质的各种理论便有了参战的机会。那些对这一原则产生过实际影响的理论正是被我描述为致命地脱离了创造和管理着一套控制人类行为的规则系

[30] 戴雪，《英宪精义》，第 10 版，1960 年，导论，第 xl 页。

统的那项事业的理论。

这种脱离的后果在戴雪为议会主权规则辩护的一个重要段落
116 中非常明显地表现出来。在其主要论辩的结尾部分，他声称某些由议会通过的法律构成“主权权力的至上行使(highest exertion)和顶级证明(crowning proof)”。㉛

是什么样的立法具有这些特异品质呢？用戴雪自己的话来说，它们是“宣布那些由于某种形式错误或其他失误而未曾完成仪式的婚姻有效之类的法案”，以及“其目的在于令某些在发生时非法的交易合法化、或者免除那些因违法而本应承担责任者之责任”的制定法。㉜ 对于这样的立法，戴雪写道：“正因为它们是关于非法的立法”，所以它们构成“主权权力的至上行使和顶级证明”。

只有一种完全罔顾创造和管理一套法律制度之现实的理论才会对溯及既往型法律作出这样一种全盘肯定的判断——幸运的是，这种判断具有高度的比喻性。值得注意的是，戴雪所属的那一思想流派的其他支持者们也把溯及既往型立法看成是立法权的正常行使方式，不会给法律理论提出任何特别的问题。㉝ 我认为，这些发端于同一一般理论的框架之内的截然不同的理论都表现出同一种症候：缺乏对立法问题的真正关注。

戴雪从议会至上规则中得出的结论也暴露出类似的缺乏关注。其中最著名的结论被表述为：“议会可以通过合法地解散自己

㉛ 戴雪，《英宪精义》，第10版，1960年，第50页。

㉜ 同上，第49-50页。

㉝ 尤请参见前面注释④中提到的索姆洛的理论。

来使自己消失，并且不给合法召集后续的议会留下任何途径。”[34]这就好像是说：生命力即使在自杀行为中也有自我表现——这样一项表述可能具有某种存在主义的诗意，但它同戴雪的法律授权一项法律秩序自杀一样远离日常事务和人的关注。

讨论议会的法律全能性的传统致力于通过荒谬的例子来检 117
验极端到荒谬的命题。这种传统在我的下一个例子中得到充分的尊重。让我们把戴雪的两个主张放到一起来考虑，一个是议会可以合法地自我终结，另一个是：“根据英国宪法，议会……有权制定或废除任何法律。”[35]现在让我们假设在未来某个疯狂的年代，议会出台了以下措施：(1)所有的现任议员从此可以不受任何法律的约束，并且有权抢劫、杀人和强奸，而不受任何法律处罚；(2)对这些议员之行为的任何干涉都是死罪；(3)所有其他任何类型的法律都从此废除；以及(4)议会自此永久性解散。显然，我们很难想象任何律师会在咨询了戴雪之后向他的客户提出这样的法律建议：“如果严格就法律而言”，胡作非为的议员们并没有超越他们的法定权利，这位客户不得不自己面对是否应当违法反抗这些议员的道德难题。在某一点上，我们会离开法与非法之分在其中具有意义的那个引力场。我认为，早在达到我所描述的这种状况之前，这一点就已经被越过了。实际上，当我们开始提出这样一些问题的时候，我们就已经达到这一临界点了：议会自杀是否可能？议会可否正式将它的所有权力交付给一位独裁者？议会能够决定不向受

[34] 戴雪，《英宪精义》，第10版，1960年，第68-70页。

[35] 同上，第39-40页。

法律约束的人们公布它将来制定的所有法律？前两个问题是戴雪的理论所涉及的问题；当然，他并没有考虑过第三个问题，但从历史的经验来看，这是三个问题中最平凡无奇的一个。

我们就此结束可能对本书中所提出的分析构成挑战的某些理论的批评。为了总结我所提出的观点，我重复一下其中的要点：我尝试将法律视为一项有目的的活动，它通常会遭遇某些困难，而为
118 了成功地达致其目标，它必须克服这些困难。相反，我所驳斥的那些理论在我看来只是在这种活动的外围玩耍，而从未直接面对其中的问题。于是，法律被定义为“公共秩序的存在”，而这是一种什么性质的秩序？如何才能形成这种秩序？这样一些问题却未曾得到回答。此外，法律的最显著特征被认为存在于一项叫做“暴力”的手段当中，这种手段被常规性地用来实现法律的目的。但持这种观点的人显然没有认识到，除了使赌注变得更高以外，使用还是不使用暴力并不能改变立法者和执法者们所面对的基本问题。最后，还有一些理论全神贯注地关心着科层式的结构，它们认为这种结构组织和引导着被我称为法律的那种活动，但是，再一次，它们没有认识到这种结构本身就是它理应加以组织的那种活动的产物。

说到这里，我肯定有些人虽然会一般性地同意我所否定和驳斥的观点，但却对我所提出的自己的法律观不甚认同。在他们看来，体现在本书之中的那种法律观念好像太松散、太随便、太容易适用于过于广泛的事例了，因此不能真正作为看待法律的一种独特方式。对于这些批评，我很快就会做出答复。但我将先来考察一下或许可以支持这里所提出的法律观的一项类比。

科学的概念

我所想到的这项类比就是科学，而我在这里所说的科学主要是指物理学和生命科学。

科学同样也可以被看成是人类努力的一个特定方向，遭遇着它的特殊问题并经常在解决这些问题的时候走上某些典型的失败之路。正像存在法哲学这门学问一样，也存在一门学问叫科学哲学。有些科学哲学家，其中比较著名的有迈克尔·波拉尼，主要关注于科学家的活动，试图辨识出这个职业的恰当目的以及有助于
实现这些目的的习惯和制度。其他有些科学哲学家则似乎是在为 119
他们的理论锦上添花，他们以各种颇具独创性的方式研究着科学家工作的边缘地带。通过如此地浏览科学哲学的一些文献（就像我所做的那样），我们会发现法哲学与科学哲学之间的相似性十分惊人。霍姆斯根据法律当中的有效因素来定义法律的做法显然与布里奇曼的“概念的操作理论”[36]可有一比。一位“科学经验主义”的拥护者明确主张自己的哲学不会涉及科学发现行为本身，因为，据他说，这种行为“不适合逻辑分析。”[37]这使我们立刻想起凯尔森将制定和解释法律的活动中所涉及的重要问题统统驱逐到“元法学”(mata-juristic)的做法。

---

[36] 布里奇曼(Bridgman)，《现代物理学的逻辑》(*The Logic of Modern Physics*)，第3-9页以及全书各处。

[37] 赖欣巴哈(Reichenbach)，《科学哲学的兴起》(*The Rise of Scientific Philosophy*)，1951年，第231页。

不过，我不打算在这里进一步讨论科学哲学的实际文献。作为替代，我将根据法律理论所呈现出的三种模式建构出三个假设的科学定义。

在定义科学的时候，人们相当有可能、而且实际上是相当习惯于侧重于它的结果，而不是产生这些结果的活动。因此，对应于法律只是“公共秩序之存在”这一观点，我们可以主张“当人们有能力预测和控制自然现象的时候，科学就存在了”。作为法律以暴力之使用为特征的那种观点的对应物，正像我已经提出的那样，我们可以推想出这样一种科学理论，它将科学界定为某些类型的仪器之使用。为法律的科层理论寻找一项类比可能比较困难，因为，除了在一种极权主义的背景当中，我们很难把科学想象成科学权威的科层式组织。但我们可能记得凯尔森的一个观点，即：法律的金字塔并不表现为人所组成的机构之间的上下级关系，而是表现为规范之间的等级关系。根据这一观点，我们将科学定义为由“根据不断上升的一般性程度而对关于自然现象的命题所做的一种安排”构成。

120 我们不能说这些观点当中的任何一种是错误的。只不过，它们当中没有任何一种可以帮助外行人士去真正理解科学以及科学所面对的问题。它们也无法为渴望清楚地了解科学的目的以及有助于促进这些目的之实现的制度安排的科学家提供任何帮助。

最近出现了一场改革科学教育的运动，尤其涉及那些为不打算成为科学家的人开设的一般性科学课程的教学。这种类型的旧式课程一般会提供一幅关于科学之成就的全面图景，再辅以对科学方法（尤其是归纳和验证）所涉及之问题的相当抽象的讨论。新的课程则试图帮助学生了解科学家探寻新知的方式。在科南特率先开设的那一类课程中，这一点是通过学习个案史来实现的。这一类课程的目的在于使学生对于科学发现行为获得一种感同身受的经验。通过这种方式，学生或许能够在一定程度上理解"科学的策略和战略。"[38]

迈克尔·波拉尼的最大贡献可能在于他在可以被泛泛地称为科学发现之认识论的那个领域中提出的理论。但是，就他的理论同本书的主题之间的相关性而言，他的最独特的贡献在于他的科学事业(scientific enterprise)这一概念。[39] 在他看来，这项事业是一项协作型的事业，寻求着适合于它的特定目的和问题的制度形式和惯例。虽然天才们可能引发革命性的理论转向，他们只有在其前辈和同代人的思想、发现和错误的基础上才能做出这种突破。在科学共同体中，单个科学家的自由并不单纯是一种自我表现的机会，更是有效地组织探寻科学真理之共同行动的必要手段。

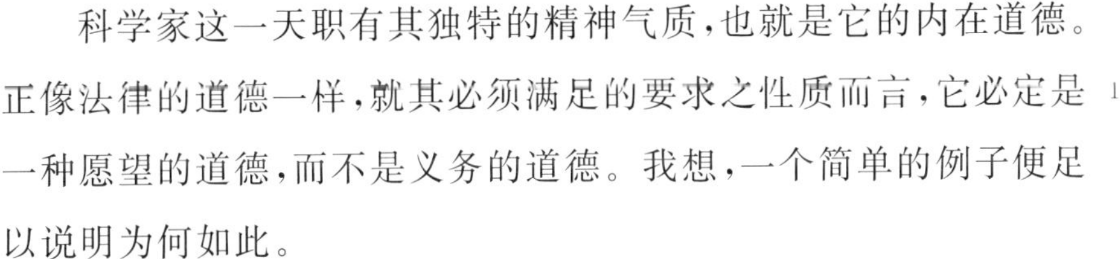

科学家这一天职有其独特的精神气质，也就是它的内在道德。
正像法律的道德一样，就其必须满足的要求之性质而言，它必定是 121
一种愿望的道德，而不是义务的道德。我想，一个简单的例子便足以说明为何如此。

一位科学家相信自己得出了一项足以触动和提升其他人的研究的基础性发现。他应当何时发表这项发现？显然，如果他的确

---

[38] 詹姆斯·科南特(James B. Conant)，《科学与常识》(*Science and Common Sense*)，1951年。

[39] 迈克尔·波拉尼(Michael Polanyi)，《自由的逻辑》(*The Logic of Liberty*)，1951年；《身体性知识》(*Personal Knowledge*)，1958年。

得出了一项重要的发现，他就必须将之公布于科学共同体，哪怕（比如说）他能够预见到一位作为竞争对手的科学家以此为基础可能得以得出一项使这一发现黯然无光的进一步发现。另一方面，他必须确定自己的确得出了本以为得出的发现，因为，如果贸然发表的话，他可能会误导其他人的研究，浪费别人的时间。

正是考虑到这一类的问题，波拉尼借用了一个法律术语，提到科学中的“信赖”（fiduciary）概念。实际上，在科学的道德与法律的道德之间存在紧密的对应关系。在两种情况中，肆无忌惮的背离被很容易被辨识出来。在两个领域中，谨守传统的做事方式，或者自我利益与职业道德之间保持一致，都可以阻止道德问题的提出。但两种道德都可能不时提出困难和复杂的问题，对于这些问题，没有任何简单的义务公式可以解决。对于两种道德来说，人们对它们的理解和依照它们来行为的一般水准可能在每一个国家都略有不同；即使在同一个国家，不同的社会背景中也会体现出这种程度上的不同。

我认为，如果缺乏对科学事业之策略、战略和独特精神气质的理解，外行人便很难在这样一些问题上形成有见识的观点：政府对科学的政策应该是怎样的？在新兴国家中，如何才能最有效地启动和培育科学研究？当科学的道德所涉及的责任被忽视或者未能得到严格奉行的时候，社会直接和间接地付出的代价准确说来是什么？我想可能没有必要费力去证明所有这些问题在法律中都有其近亲。同样，我们也不需要去证明：与这些科学问题相对应的法
122 律问题在任何不关注我们称之为法律的那种活动的性质的法哲学中都无法得到回答。

本书提出的法律观所遭遇的反对观点

我现在转向可能针对将法律作为“使人类行为服从于规则之治的事业”所进行的分析而提出的某些反对意见。

第一种反对意见可能以这样一种形式提出：把一套法律制度说成是一项“事业”意味着它可能取得不同程度的成功。这便意味着一套法律制度的存在是一个程度问题。这种观点可能有悖于法律思维的最基本假定。不论是一项法律规则还是一套法律制度都不可能“半存在”。

对于这种观点，我的回答是：法律规则和法律制度可能而且的确不完全地存在着。之所以会出现这种情况，是因为它们赖以获得完整生命的那种有目的活动只取得了一半的成功。这种努力取得成功的程度会有差异，这一真相被日常法律语言的习惯所遮蔽了。这些习惯导源于一种值得赞扬的愿望，那就是不要将一种渗透性的鼓励无政府主义的语气带入到我们的说话方式当中。我们的法律语汇很可能将一位法官就当成是一位法官，尽管对于某些司法职位的占据者，我的确可以对一位法律人同行说：“他根本称不上是法官”。将对不完善和灰色地带的承认排除在我们谈论法律的通常方式之外，这种潜在的约束有其存在理由和功能。但是，在分析那些在创造和管理一套法律规则系统时必须加以解决的基础性问题时，它们是没有存在理由和功能的。

对于其他任何复杂的人类事业来说，我们好像从来也不会推定它只可能取得完全的成功。如果我问教育是否“存在于”一个特

定的国家，在被提问者从这种提问方式所导致的困惑中回过味儿
123 来之后，他们可能做出的回答不外乎："为什么这么问？是的，该国在这一领域可谓成绩斐然"，或者"哦，教育当然是存在的，不过只是在一种很不发达的程度上"。同样的情况也适用于科学、文学、棋艺、产科学、会话以及墓葬艺术等等。当然，对于衡量成就的正确标准，永远会存在争论，而任何量化的评估（比如"半"成功）都只能被看成是比喻。不过，正常的预期应该是：有些表现会落在零分与理论上的完美境界之间。

只有在谈到法律时，情况很不相同。在整个现代法哲学思维中，这样一项假定的普及程度是着实令人惊讶的：法律像是某种惰性物质——它要么在那里，要么不在那里。只有这样一项假定才会导致法学家们得出这样一些假定，比如，纳粹在其最后的日子里制定的"法律"应当被视为法律，而且，抛开其罪恶目的不谈，这些法律同英国和瑞士的法律是同等程度上的法律。这个假定还派生出一项更加古怪的推论：正派的德国公民们遵守这些法律的义务不受这样一些事实的影响——这些法律中有一部分根本不为他们所知；它们当中有些是用来溯及既往性地"正当化"大规模谋杀；它们赋予行政机关广泛的自由裁量权，允许其重新界定法律所定的犯罪；而且，在任何时候，只要受命适用这些法律的军事法院认为合适，这些法律的实际条文就会被弃置不顾。[40]

对本书所表达之观点的第二项可能的反对意见是说它允许存在两套规制同一人群的法律。我的回答是：的确如此，这种多重法

[40] 参见前面第48页的讨论和参考文献。

律系统的确存在，而且在历史上比单一系统更加常见。

在如今的美国，每一个州的公民都受制于两套各自独立的法律系统，也就是联邦政府的法律和州法律。即使是在不实行联邦制的地方，也可能存在一套规制结婚和离婚的法律，一套规制商业 124
关系的法律以及一套规制其他事务的法律，这三套系统都各自由专门的法院来运作。

多重系统的存在可能给理论和实践提出难题。理论上的难题只有当理论自身固守这样一种观点的时候才会产生：法律的概念必然包含一套清楚界定的权威的科层结构，其中，一个最高的立法权力机关处在顶端，它本身不受任何法律约束。使这种理论相容于政治生活之事实的一种办法是说：尽管看起来像是存在三套系统，A、B 和 C，但实际上 B 和 C 只有在 A 的法律允许下才能存在。将这种说法再往前推进一步，有人会说：最高法律权利的允许其实意味着它如此命令，因此看起来虽然有三套系统，实际上，“从法律的角度来看”，只存在一套系统。

当这几套系统之间由于其效力边界未曾，甚或不可能得到清楚界定而发生摩擦的时候，实践上的难题便会产生。当这种难题影响到一个联邦制国家中联邦与州之间的权力划分的时候，一种解决方案便是根据一部成文宪法的条文而将争议提交司法机构来裁决。这种制度安排是有用的，但并非在任何情况下都不可或缺。从历史的角度来看，双重或三重系统可能在没有严重摩擦的情况下正常运作，当冲突发生时，解决方式往往是某种自愿的妥协。这种情况曾经发生在英国，在一段时期，普通法法院将商人法（law merchant）法院发展起来的许多规则吸收进自己的系统当中，尽管这一发展的最终结果是商人法法院为普通法法院所取代。

第三种可能的批评基本上是循着第二种批评的路子，但这次它所看到的不只是两套系统并存的问题，而是无数套系统并存的问题。如果法律被理解成“使人类行为服从于规则之治的事业”，那么这种事业便不是只在两条或三条战线上展开，而是在成千上万条战线上展开。那些起草和执行规则来规制俱乐部、教会、学
125 校、工会、行业组织、农产品集市以及许多其他形式的人类组织内部事务的人们都在从事着这项事业。因此，如果适用同这本书的观点相一致的法律概念，必然的结果就是承认仅仅在美国就存在数以万计的“法律系统”。由于这一结果似乎是荒谬的，所以任何导致这种结果的理论也同样是荒谬的。

在尝试对这一批评做出任何一般性的回答之前，让我们先来考虑一下一个假设的例子，它涉及一套这样的小型法律系统的运作。一个学院颁布了和执行着一套规制学生在宿舍中的行为的校舍规则。一个学生或教员委员会得到授权来处理违纪事件，在违纪得到证实的情况下，该委员会有权施以纪律处分，在情节严重的个案中，惩罚可能严重到相当于学校系统内的“死刑”的程度，即开除。

如果我们将所有对于国家权力或权威的暗示从“法律”这个词汇中剥离出去，将这一系统称为一套法律系统便不会有任何困难。进一步说，一位主要对国家法感兴趣的社会学家或哲学家为了获得一般意义上的对于法律程序的洞见，完全可以从研究这一套校舍法律的规则、机制和问题入手。然而，“法律”一词与政治国家的法律之间的联系已经是如此根深蒂固，以至于严肃地将一套校规称为法律意味着对语言妥当性规则的冒犯。如果这便是我们所面

对的惟一问题，我们马上就可以同我们的批评者讲和，达成约定如下：他们可以把这样的语词用法看成是比喻性的，并且完全可以凭他们的喜好在"法律"一词前面加上一个古老而容易引发问题的限定词："准"(quasi)。

但是，难题远不止于此。假定校纪委员会根据校规审理了一名学生，并发现他有严重违规行为，于是将他开除出校。他诉至法院并要求法院命令学校恢复他的学籍。法院有足够的权威来行使 126
对此案的管辖权，而且也应当如此，而且，这种管辖权同涉案学校是私立的还是公立的这个问题似乎也没有关系。[41]

法院会如何来处理这样一个案件？如果被开除的学生主张：虽然对他的开除是根据已公布的规则作出的，但这些规则本身显失公允，法院便可能就这一主张作出裁断，虽然它通常不愿如此。假设这样的主张没有被提出，法院将会设法回答可以这样来表述的一个问题：学校在制定和执行其校规的过程中是否尊重了法律的内在道德？这些规则是否被公布了？——在本案中，这个问题可以表述为：学生是否得到了关于这些规则的适当通知？它们的含义是否具有合理的清晰性，以至于学生们知道什么样的行为构成违规？校纪委员会的决定是否符合这些规则？调查程序的进行方式是否足以保证其结果乃是以公布的规则为准绳并且以对于相关事实的准确了解为基础的？

---

[41] 对这个问题所作的最好的一般性讨论见于："校园里的私政府——对大学开除学籍的司法审查"(Private Government on the Campus—Judicial Review of University Expulsions)，《耶鲁法律杂志》(*Yale Law Journal*)，第72卷，第1362-1410页，1963年。

不论法院是决定恢复这名学生的学籍还是支持开除他的决定，它都是以该学院自己的规则作为裁决的标准。如果这些规则需要得到国家的认可才能具有法律的效力，从它们对法院的判决发生影响来看，它们现在已经获得了这种认可。如果我们承认校规确立了这个案件中的法律，这种法律对校方和法院都同样具有约束力，那么，法院对学校当局的决定进行审查便无异于一个上诉法院对初审法官的判决进行审查。

那么，我们为什么不愿意爽快地将校规称为法律呢？一个简单的回答是说对法律一词的这样一种扩展适用会破坏日常语言习惯。这又会导致另外一个问题：这种日常语言习惯是如何形成的？
127 我们的答案可能出于这样一种考虑：我们凭直觉认识到，在我刚才所讨论的那样一种案件中，我们面临着维持我们社会中机构职能之间的适度平衡的复杂问题。如果需要司法部门作出决定的案件涉及一个学生因为信奉“异教”而被一个教派学校开除，或者涉及到一个学生因为“在宪法意义上不能以恰当的精神状态来遵守军事纪律”而被一所私立军事学校开除，人们便会更加清楚地看到亟待解决的是这样的问题。当我们在这里所讨论的这种微妙细致的问题被置于司法考量之下的时候，我们就会不情愿将“法律”这样一个充满着绝对权力和既定权威意味的词引入到法院的权衡之中。

促生这种约束的动机也许是值得赞同的。但是，我认为，真正导致困难的原因在于某些哲学，它们往“法律”一词当中注入了令它不能在最关键的时候发挥准确用途的含义。在我们所讨论的这种情况中，正急需使用“法律”一词。没有它的话，我们就会面对这样一种两难困境：一方面，我们不能把一个学院据以作出开除决定的规则称为法律。另一方面，这种规则在司法决策中被明确赋予了法律的效力。法院可以宣布显失公允的校规无效，这一点丝毫也不能说明校规与国会法案之间的区别，因为当国会法案僭越宪法为立法权设定的限度的时候，法院也可以宣布它无效。在被禁止使用“法律”这一术语的情况下，我们被迫四处寻找另外的概念收容所，以安置这些规则。人们通常会在一个私法概念中找到这样一个收容所，这个概念就是合同。据说，校规是学校与学生之间的一份合同，他们各自的权利在其中得到界定。[42]

这一“完全虚构的合同关系”[43]已经导致了许多麻烦。在考察它的不便和缺陷的时候，我们应当注意：学校开除案件只是从一系 128
列类似判例中选取出来的一个小样本，这些判例涉及工会、教会、社团以及各种其他机构形式。作为一项处理如此广泛的问题的装备，合同这个概念在几个重要方面运转不良。首先，它指向了不宜适用于这种背景之中的救济方式。其次，它表示，如果相关机构或组织认为合适，它们可以用合同条款的方式约定一种取消成员资格的无限制特权。最为根本的是，合同理论不能兼容于法院在这些案件中实际承担的责任。例如，说校规构成学院与学生之间的一项合同是很容易的，但我们应当如何来说明法院为什么以不同

[42] 法院在有限几个案件中也曾使用财产权概念和诽谤法处理某些开除案件，特别是那些涉及社会团体的开除案件。

[43] 劳埃德（Lloyd），“同业公会所作出的剥夺资格决定——法院的司法管辖与自然正义”（Disqualifications Imposed by Trade Associations—Jurisdiction of Court and Natural Justice），《现代法律评论》（*Modern Law Review*），第 12 卷，第 661 页起，见第 668 页，1958 年。

于对待合同解释的方式来对待学校当局在将校规适用于一项被指控为违规的行为时所作的解释？在当事人对一项合同条款的意思发生争议的时候，法院一般不会采纳任何一方所作的解释，而会不偏不倚地对两者做出评判。当然，通过假定这里的合同是一种特殊合同，其特殊性在于所有偏离普通合同法的安排都可以被理解成是当事人默示同意的，所有这些以及我未曾提到的其他一些难题都可以迎刃而解。但是，当我们迈出这一步的时候，“合同”就变成了一项空洞的虚构，它只相当于一个方便的架子，任何被认为适合于各种特殊情势的结果都可以挂在上面。

我反对合同论的理由在于，正像任何法律拟制一样，它倾向于搅浑此类案件中涉及的真正问题并且延误了我们直面这些问题的时机。我认为我们所讨论的这种法律基本上是宪法的一个分支，它大体上是在我们的成文宪法框架之外恰如其分地发展起来的。之所以说它是宪法，乃是因为它涉及如何在我们社会的各种机构之间分配法律权力(legal power)，也就是制定规则并作出将被认为对相关当事人有适当约束力的裁决的权力。至于说这种宪法是
129 在我们的成文宪法之外成长起来的，我们不必为此而担心。我们第一部成文宪法的起草者们可能根本无法预见自他们的时代以来所发生的丰富多彩的制度发展。此外，18 世纪末的智识氛围可能尚不足以使人得以清楚认识到：当人们组成志愿性社团的时候，不同的权威中心因此形成。[44] 基于这些考虑，我们不应当为发现自

---

[44] 怀赞斯基(Wyzanski)，“敞开的窗户与开放的门扉”(The Open Window and the Open Door)，《加利福尼亚法律评论》(*California Law Review*)，第 35 卷，第 336-351 页，见第 341-345 页，1947 年。

已拥有一套不成文宪法而感到困扰，就像英国人不必为发现自1931年《西敏寺法》(Statute of Westminster)以来他们已经拥有了一套与他们的不成文宪法相安无事的成文宪法雏形。

一种试图根据维续法律的活动、而不仅仅是法律权威的形式渊源来理解法律的观点有时可能会建议以违背语言之正常预期的方式来使用语词。我认为，这种观点使我们得以看到基本相似点的能力抵消了它所导致的这种不便。它帮助我们看到：一个工会或一所大学的不完全成形的法律系统时常会深刻地影响到一个人的生活，其影响之深可能远甚于任何针对他而做出的法院判决。另一方面，它也帮助我们认识到：任何法律系统，不论是小是大，都会存在相同的弱点。法律所能取得的成就永远也不可能超越引领它前行的人类见识。对机构内部纪律措施的司法审查在矫正明显不公之时便发挥了它最显著的作用；从长远来看，如果它帮助在机构和社团组织内部营造出一种令自己变得没有必要的氛围，它便起到了最伟大的作用。[45]

我现在来考虑对我在这里所阐明之观点的第四项批评 130
就我自己所了解的范围而言，这也是最后一项批评。这便是：它无法充分区分法律与道德。道德也致力于借助规则来控制人的行为。它同样也要求这些规则必须清楚、相互保持协调并且能够为

㊺　下面这篇评述对相关法律作了总体性考察，其分量相当于一部不太长的教材："相关法律发展——对私人社团行为的司法控制"(Developments in the Law—Judicial Control of Actions of Private Associations)，《哈佛法律评论》(*Harvard Law Review*)，第76卷，第983-1100页，1963年。最好的一般性介绍仍然是查菲(Chafee)的那篇可读性很强的文章："非营利组织的内部事务"(The Internal Affairs of Associations Not for Profit)，《哈佛法律评论》，第43卷，第993页起，1930年。

那些应当遵守它们的人们所理解。一种似乎将法律与道德分享着一系列共同关注点视为法律之特征的观点自然很容易导致人们批评它混淆了一项基本区分。

我认为，这项批评掩盖了若干截然不同的问题。其中一个问题出现在我们提出这样一项设问的时候：当我们面对一套规则的时候，我们应当如何来确定这个规则系统是一个法律系统还是一个道德系统。对于这个问题，我们的惟一答案包含在“事业”这个词里面，而这个词的意思包含在我的这项主张当中：如果把法律理解成有目的的人类努力的一个方向，那么它便存在于“使人类行为服从于规则之治的事业”当中。

我们可以想象一个小群体——比如一个移居到热带小岛上的群体——只拥有某些共享的行为准则，但却成功地生活在一起，这些准则是通过经验和教育以各种间接和非正式的方式塑造而成的。当这样一个社会选出一个委员会来起草一份对既定行为准则的权威表述的时候，所谓的法律经验便第一次来到这里。这样一个委员会将发现自己事在必然（*ex necessitate rei*）地开始了一项法律事业。准则中先前潜伏起来而未被注意到的矛盾必须得到解决。认识到除非改变某些准则的含义、否则无法实现对矛盾之处的澄清，该委员会不得不担心它的表述中所提出之准则的溯及既往性适用会带来的严酷后果。随着这个社会逐渐发展出其他我们熟悉的法律制度工具，比如法官和一个立法会，它会越来越深地卷入到法律这项事业当中。或者，这个社会在法律事业上迈出的第一步不是尝试起草一份对行为准则的权威表述，而是任命某个人
131 作为法官。在我看来，这个社会的成员或一些成员参与到我所称

的法律“事业”之中的具体方式不会对我们这里讨论的主题发生任何影响。

虽然我们可以说法律与道德分享着某些关注——比如规则必须清楚明确，但是，当这些关注逐渐变成一项明确责任的对象时，一套法律系统便诞生了。例如，一般性(generality)在道德中被视为当然，而且很难被称为一个问题。不过，当一位法官判令将一个人收监，但却无法表达出任何一般性原则来解释或正当化这项判决的时候，一个紧迫的问题便产生了。

当然，我的这些看法仍然未能准确回答一套法律系统究竟在哪一个关节点上可以被认为已然诞生。我认为，当现实呈现为灰色暗影的时候，我们没有必要假装看到黑白分明。显然，我们没有必要在这种情况下给出某种定义式的断言，比如说，只有当法院存在的时候，我们才能认为法律存在。

我们刚才赶走的这个问题虽然在法理学文献中得到连篇累牍的讨论，但在实践中并不具有太大的意义。真正的难题在于界定这两者之间的恰当关系：一方面是一套已经明显确立并持续运转的法律系统，另一方面是一般性的道德准则。在处理这个问题的时候，我不认为本书所表达的法律观点会在任何意义上混淆或扭曲这些基本问题。

相反，我认为法律的外在道德与内在道德之分可以提供一项有用的澄清。我们可以用一位法官在解释一部制定法时所面临的问题来作为例子。就这部制定法的外在目标而言，法官职务的品格(ethos)要求他在人力所及的限度内保持中立，中立于这部制定法在离婚、避孕、赌博或私产充公这样一些问题上所采取的道德 132

立场。

但要求法官在涉及法律之外在目标的问题保持一种中立态度的同样一些考虑因素又要求法官信守法律的内在道德。例如，如果一位法官在一项能够使守法保持在普通公民能力范围之内的法律解释与一项使普通公民不可能遵守法律条文的解释之间保持中立，他便是在玩忽职守。

当然，法律的外在道德与内在道德之间的区分只是一件分析工具，我们不应当认为它可以取代判断。我曾经煞费苦心地说明：在这两种道德所占据的光谱上面，在某些特定的应用场合，可能出现一个两者发生重叠的中间地带。[46] 这两种道德无论在何种情况下都会以我将在最后一章加以分析的那些方式来发生互动。[47] 现在我只需指出：一位面临两种同样看似有理的法律解释的法官可能理应偏向那种可以令该项法律条文吻合于获得普遍认可的对错原则的解释。虽然这一结果可以借助某种假设的立法意图而得出，但它也可以根据这样一个理由来赢得正当性：这样一种解释不可能使制定法成为无辜者的陷阱，这样便将这个问题带入了同法律的内在道德相关的考量之中。

关于“立法道德”的讨论可以说是历久而常新。最近人们围绕着法律与性行为，尤其是同性性行为之间的关系问题争论得异常

---

[46] 尤请参见我对一般性（本书第55-57页以及第181-184页）、矛盾（本书第82-83页）以及守法之可能性（本书第79页）的讨论。

[47] 参见本书第179-193页。

激烈。[48] 我必须承认我发现这场争论对双方而言都是没有结果 133
的，因为它立基于争论本身并未挑明的初始预设。不过，我丝毫也不觉得主张法律不应将成年人基于同意而在私下发生的同性性行为规定为犯罪有什么困难。我得出这一结论的理由是：这样的法律明显无法得到实施，而它在纸面上的存在为敲诈勒索提供了机会，于是导致字面上的法律与实际施行的法律之间出现巨大的鸿沟。我认为许多相关的问题都可以用类似的分析方法得到解决，而无需我们在其中涉及的实质性道德问题上达成一致。

哈特的法律的概念

到这里为止，我一直没有谈到本章的题目所借自的那部重要的近著。H. L. A. 哈特的《法律的概念》[49]无疑是一部作出了重要贡献的法理学文献，这样的力作我们已经很久没有见到过了。它不是伪装成一本书的论文集。它也不是一部通常意义上的教科书。相反，它力图简洁地道出作者自己对于法理学主要问题的解答。

这本书在很多方面都堪称卓越。它行文优美，充满灵光一闪的洞见。我从其中学到了许多东西。不过，对于其中关于法律之

---

[48] P. A. 德夫林(Devlin)，《道德准则的强制执行》(*The Enforcement of Morals*)，1959 年；《法律与道德》，1961 年；H. L. A. 哈特，《法律、自由与道德》(*Law, Liberty and Morality*)，1963 年。

[49] 哈特，《法律的概念》，牛津大学出版社(Oxford University Press)，1961 年。

概念的基本分析，我是完全不同意。

在本书的最后一章，我将对哈特处理我所称的法律的内在道德的方式提出批评。简单地说，我在那里所提出的批评是：哈特的整个分析是在系统地排除对我在本书第二章尝试分析的问题作任何考虑的情况下进行的。

在目下的语境中，我打算批评的对象是“承认规则”，这个概念
134 似乎被哈特看成是他的著作的主题以及它的主要贡献。在推演这个概念的时候，哈特首先区分了确定义务的规则和授予法定权力的规则。对此我没有什么不满。这是一项常见的区分，尤其是在美国，它曾经充当过霍菲尔德式分析的基石。[50] 显然，在一项说“你不应杀人”的规则和一项说“如果你想订立一份有效的遗嘱，就将它写下来并当着三位证人的面在上面签名”的规则之间存在一种重要的差异。

应当注意的是，这种在某些情况下有助于澄清问题的区分可能被误用，以至于将最简单的问题混淆到难以挽救的程度。关于这一点，我们在以霍菲尔德式分析为基础的某些作品中找到充分的证据。

让我们用两个例子来帮助揭示出隐含在这项区分当中的含混

---

[50] 参见：霍菲尔德（Hohfeld），《基本法律概念》（*Fundamental Legal Conceptions*），1923年。霍菲尔德式分析体系的最佳导引是科宾（Corbin）的“法律分析与术语”（Legal Analysis and Terminology），《耶鲁法律杂志》（*Yale Law Journal*），第29卷，第163-173页，1919年。霍菲尔德式分析分辨出四组基本的法律关系：权利—义务，无权利—特权，权力—责任，以及无能力—免责。不过，在这四组关系中，第二组和第四组仅仅是第一组和第三组的否定。因此，这整套分析体系所赖以为基的基本区分是权利—义务和权力—责任之分，这种区分完全契合于哈特所采用的那种区分。

之处。在第一个例子中,让我们想象自己面对着清楚阐释这样一项规则的难题:“如果一位受托人从自己的口袋中拿出钱来支付了信托财产理应缴付的费用,他有权利从他所占有的信托基金中获得偿还”。“权利”一词的使用意味着信托的受益人负有相应的义务,但受托人没有必要令这项义务得到履行;通过一种合法的自助行为,他可以简单地完成一项法律上有效的转账,即将资金从信托基金转移到自己的账户上。因此我们可能得出结论说:我们在这里所面对的是一项授权规则,而不是一项确定义务的规则。但是,假设创立此项信托的那份文件还授权受益人在达到一定年龄后将信托财产转归自己名下。再假设,受益人在受托人尚未找到机会从信托基金中报销自己的费用之前便行使了这项权力。显然,受益人在这种情况下便有了一项偿还受托人的法定义务。不过,在两种情况中,基本的原则都是一样的,即:受托人有权从受益人那里得到补偿;至于他是被授予了一项自助的权力,还是获得了一项针对受益人的权利(受益人因此负有相应的义务),则只是一个何种方法最适宜于获致此种结果的问题。

我的第二个例子涉及一项关于减轻损失的常见规则。A 和 B 签订了一项合同,根据这项合同,A 将为 B 制造一部特别设计的机器,而 B 则应在这项工作完成后支付一万元给 A。当 A 开始制造这部机器之后,B 提出悔约。毫无疑问的是,B 有责任支付赔偿金,其中应该包括对 A 到毁约之时为制造该机器而支出的费用的补偿以及对 A 在完成整件工作后所可能获得的利润的补偿。关键的问题在于,A 是否可以不顾 B 的悔约而继续制造这部机器并且在工作结束后收取原定的全部价款。法律规则是,他无法从 B

那里获得B悔约后他继续履行合同而导致的费用；不论他是否继续履约，他获得补偿的限度就是他在B悔约后停止工作而有权得到的数额。法院表达这种观点的方式通常是说A在B悔约的情况下负有“一项减轻损失的义务”，具体做法就是停止制造那部机器，其中包含的观念便是他无法收回因违背这项义务而导致的成本。

这种观点被严厉批评为混淆了确立义务之规则与授予或剥夺法定权力之规则之间的区分。如果A在B表示不打算履行合同之后仍然愚蠢地继续制造那部机器，B缺乏诉由来起诉A，要求其履行某种“义务”。这项名不副实的义务所面临的惟一强制手段便是，如果A继续工作，他无法从B那里收回这样做的成本。在B悔约之前，A享有一项法律权力，根据这项权力，他可以通过日复一日的持续工作增加B对他的可能义务。如今他失去了这项权力。这种情况与《反欺诈法》的通过所导致的情况可有一比。在这

136 部法律通过之前，人们有权力口头缔结有约束力的合同；在这部法律通过之后，这种权力就某些特定类型的合同来说被取消了。立基于霍菲尔德式分析的一项论辩如是主张。[51]

这一论式似乎很令人信服，直到我们对上述机器案这样的案件进行反思：在该案中，法院的起点是这样一项推定——A应该停止工作，因为如果他继续下去的话，他就将自己和社会的资源浪费在了某种不再服务于任何需求的事情上。法院说A有义务减轻损失，指的正是这个意思。B没有任何可能去诉A违反这项义

[51] 科宾(Corbin)，《合同》(*Contracts*)，卷五，§1039，第205-207页，1951年。

务，因为他不必为自己悔约之后的工作付钱，他个人没有因 A 的继续履行而受到损害。相反，《反欺诈法》并没有说人们应该用书面形式来缔结合同，它只是说，如果某些合同是用口头形式来表达的，它们将不具有法律上的可执行力。熟悉该法律之条文的缔约方事实上可能故意不去签署一份书面的契约，以便使他们的合同保持“君子协议”的姿态。

在机器和《反欺诈法》这两个事例中，所谓的“以无效来制裁”(sanction of nullity)被用来实现截然不同的目的。在一个事例中，他通过断绝 A 获得偿付的可能性来令他做应该做的事情；在另一个事例中，它被用来确保签订合同的权力在特定的条件下得到行使，以防止欺诈和错误的记忆。

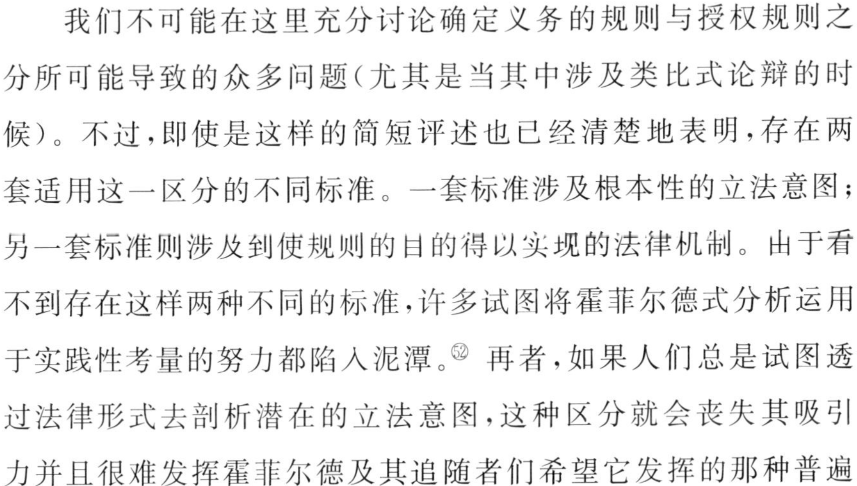

我们不可能在这里充分讨论确定义务的规则与授权规则之分所可能导致的众多问题（尤其是当其中涉及类比式论辩的时候）。不过，即使是这样的简短评述也已经清楚地表明，存在两套适用这一区分的不同标准。一套标准涉及根本性的立法意图；另一套标准则涉及到使规则的目的得以实现的法律机制。由于看不到存在这样两种不同的标准，许多试图将霍菲尔德式分析运用 137
于实践性考量的努力都陷入泥潭。[52] 再者，如果人们总是试图透过法律形式去剖析潜在的立法意图，这种区分就会丧失其吸引力并且很难发挥霍菲尔德及其追随者们希望它发挥的那种普遍

[52] 一项突出的例子是库克(Cook)的“法理学在解决法律问题方面的效用”(The Utility of Jurisprudence in the Solution of Legal Problems)。这篇文章刊登在纽约市律师协会出版的《法律问题演讲录》(*Lectures on Legal Topics*)第五卷，第 337-390 页，1928 年。

深入的澄清作用。霍菲尔德式分析的令人失望的表现，反衬着人们起初对它的热情，令我有些怀疑哈特所提出的那种区分是否当得起如此评价："对于许多困扰着法学家和政治理论家们的问题来说，(这是)一项最有力的分析工具"。(《法律的概念》，第95页)

当哈特的"承认规则"出现的时候，这种怀疑变成了坚定的质疑。让我用一个可能具有令人奇怪的简单性的例子来表述一下我所理解的这种规则的含义。一个小国处在雷克斯国王的统治之下。在这个国家之内，人民一致同意雷克斯拥有最高的法律权力。为了使这一点足够明确，我们可以假设每一位成年公民都欢欣且真诚地签署了这样一项声明："我承认在我的国家雷克斯是惟一和最终的法律渊源"。

现在已经很明显的是，在这个王国存在一项公认的规则，根据这项规则，雷克斯有权最终决定什么应当被视为法律。哈特建议将这项规则称为"承认规则"。这一提议本身想来不会引起什么争论。但哈特进一步坚持将授权规则与确定义务规则之分适用于这种规则。他宣布，承认规则应当被视为一项授权规则。这又像是一条自明之理。

但哈特似乎进一步赋予了这种定性以某种特别的含义，即：这项规则中不能包含任何使它所授予的权力因滥用而得以被收回的明示或暗示条款。对于那些处心积虑想杜绝无政府状态的人们来
138 说，这种观点显然很有道理，而霍布斯的确曾经大费周章地论证过这里面的道理。但哈特似乎认为自己所面对的是一种逻辑思维的必然性。如果人们想要保持确立义务规则与授权规则之间的严格

区分，我们就有理由反对任何认为在承认规则授予了立法权之后仍有可能收回这种权力的建议。如果雷克斯开始将他的法律向人民保密，并且因此失去了王位，我们不应提出这样一些愚蠢的问题：他是因为违背了一项隐含的义务而被逼退位，还是因为他超越其权力的隐含限度而导致其职位的自动丧失，也就是因为“以无效来制裁”？换句话说，如果一项规则一方面授予了一种权力，另一方面又明示或暗示地规定这种权力可能因滥用而被收回，它便在自己的限制条款中纳入了一项混淆确定义务规范和授权规范之分的约束。

于是，一个必然结果便是，为了维护他的关键区分，哈特被迫推定立法权不能被合法地撤销。在我看来，从他对承认规则所作的整个分析来看，哈特已经落入了一个所有法理学研究者都避之惟恐不及的陷阱。他试图将一项法学区分适用于促生并支持着一个法律系统的心态，而这种区分在这项适用中没有什么意义。毫无疑问，对一个法律系统的最终支持来自于认为它“正确”的心态。不过，这种实际上来源于潜在预期和认可的心态显然不能用义务和能力这样的术语来表达。

让我们从维特根斯坦那里借用一个著名的例子。假设一位将子女留在家里而去欣赏音乐演出的母亲对保姆说：“在我出门这段时间，教孩子们玩儿一种游戏”。这位保姆于是教孩子们掷骰子赌钱或者用厨房里的刀叉来打斗。这位母亲在对此事作出裁断的时候是否应当自问：这位保姆是违背了一项默示的承诺，抑或只是超越了授权？我认为她不大会关心维特根斯坦认为她会关心的那个 139
问题：在她从未想到过她的子女可能被教以这样的游戏的情况下，

她能否诚实地说,“我的意思不是这样的游戏”? 在人与人之间的关系中,明确表示排除某些结果是十分荒谬的。至少在现代社会,如果一个议会竟然忘记了它的公认职能是制定法律而开始从事一些别的活动,好像它曾被授权拯救灵魂或宣布科学真理似的,情况便是如此。而且,如果作为议会权力之基础的预期和承认将这种权力限定在立法上面,难道这不意味着进一步的限制吗? 例如,难道不能推定议会不能聚众饮酒作乐,因为人们认为只有到午夜仍保持清醒的议员才能享有制定法律的权力? 难道我们不能走得更远,乃至推定存在这样一项共识:议会不能将其立法向那些应当遵守这种法律的人们保密,也不能故意用难以理解的语句来表述法律?

哈特试图将法律的概念从将法律等同于强制性力量的观念中挽救出来。他指出,一套法律制度不是“扩大了的持枪威胁情形”。但是,如果承认规则意味着获得授权的立法者称之为“法律”的任何东西都被视为法律,那么公民所面临的困境恐怕在某些方面还糟过被人拿枪威胁的受害者。如果一名持枪歹徒说:“要钱还是要命”,一个明确的预期便是:如果我把我的钱给他,他就会饶我一命。如果他拿过我的钱包后又给我一枪,我有理由认为他的行为不单会被道德家们谴责,也会受到头脑健全的强盗们的鄙视。从这个意义上讲,即使是一次“无条件投降”也并非真正不讲条件,因为投降者一定存有一项期待,那就是他不是在用快速的死亡换取慢慢的折磨。

哈特自己在“持枪威胁情形”与一套法律制度之间做出的区分(《法律的概念》,第 20-25 页)并没有包含任何关于潜在互惠性的提议。相反,这种区分完全是用形式或结构性的语句来表述的。持枪威胁者在一次性的面对面情境中发出他的威胁;而法律则通常表现为可能被公布的常规性和一般性的命令,它并不构成立法 140
者与有守法义务者之间的直接交流。通过一般性规则来行事是"法律运作的标准方式,哪怕仅仅因为没有任何社会有能力聘用足够多的官员来正式地单独通知每一位社会成员,告诉他/她在法律要求下应当做的每一件事"(第 21 页)。这项分析中的每一步似乎都旨在排除这样一种观念:公民们可能有一些正当的期待,而这些期待可能被立法者违背。

我不打算详细分析哈特将承认规则适用于一套复杂的宪政民主制度的过程。我只需指出,他承认在这种情况下,不只是存在一项承认规则,而是有一整套复杂的规则、惯例和习俗体系来确定如何选举立法者、法官的任职资格和权限以及所有在任何一个给定案件中对确定什么是法律、而什么不能被视为法律的判断发生影响的相关事务(第 59,75,242 页,以及全书各处)。他还承认,"相当一部分——可能是大多数普通公民——对法律的结构抑或它的效力标准都缺乏一般性的认识"(第 111 页)。最后,他还承认,在普通法律规则与那些授予立法权的法律规则之间有时很难划出一条明显的分界线(第 144 页)。但他似乎仍然坚持:尽管存在所有这些限制,将法律上的最高权力(legal sovereignty)赋予议会中的女王(Queen in Parliament)的那一项承认规则可以通过某种方式总结和吸收使法律人能够在无数不同的特殊背景中辨认出法律的所有次级规则。他似乎还进一步主张,这种观点不是一项无中生有的法学建构,也不是对议会解决系统内部发生的任何可能冲突

的政治权力之信心表达，而是某种在他的政府的日常实践中能够找到经验证明的东西。

我很难理解这怎么可能。“议会”毕竟只是一个机构的名字，在若干个世纪中，这个机构的性质已经发生了许多翻天覆地的变化。其中一个关于这种改变的记忆还留存在一个迄今仍然
141 被人时常说起的温文尔雅的说法当中：不是议会在立法，而是“议会中的女王”在立法。在我看来，把某种变化无常的东西说成是一项承认规则就好像是说，在一个国家里，承认规则总是将最高立法权赋予伟大的 X，而 X 在某十年间意味着一位选举产生的官员，在下一个十年间意味着上一位 X 的长子，在第三个十年间则意味着军队、神职人员和工会各自抓阄产生一名成员而组成的三头同盟。

于是，依照哈特的理论，指向法律渊源的承认规则可以在很大的范围内游移而不会迷失目标。这一游移幅度可以有多大？不去过分挑剔地追问这个问题的准确答案可能是一项事关政治智慧的事务。在对一个国家的过去进行考察的时候，我们可能会发现即使是在被当时的人视为革命的场合也存在连续性。但是，当承认规则被用作一项“强有力的分析工具”的时候，知道这个词在某一特定时间到底意指什么以及它会在什么时候从意指 A 变成意指完全不同的 B 便是十分必要的了。

我认为，哈特对承认规则的整个分析中都渗透着一项基本的方法错误。他自始至终都想要在承认规则的帮助下为那些基本上属于社会事实领域的问题找到齐整的法学答案。对承认规则的这种误用最明显地表现在他对所谓的“法律的持续性”（the persistence of law)问题的讨论上(第 60-64 页)。

一位极权君主,雷克斯五世,在其父雷克斯四世去世之后继承了王位。尽管法律的人的渊源(human source of law)发生了变化,但雷克斯四世制定的法律仍被一般性地认为是继续有效的,而且,除非雷克斯五世宣布对它们作某些改变,它们一般仍保持不变。这就是哈特试图解释的社会事实。博塔利早在一个半世纪以前就对这种事实作了这样的描述:“经验证明,统治权比法律更加易变”。[53]

哈特对这项经验事实的解释是说,承认规则并非指向人,而  142
是指向职位,并且其中包含着合法继位的规则。哈特认为,我们可以用同样的方式来解释为什么议会于 1735 年制定的一部法律到 1944 年仍然是法律。

但是,让我们假设在上面那个例子中,继雷克斯四世之后登上王位的不是他的儿子雷克斯五世,而是布鲁特斯一世,他丝毫也不顾及“名正言顺”地夺走了雷克斯四世的王位,公然违反了既定的继位规则。在这种情况下,我们是否可以说:这一事件的一个必然结果便是所有先前的法律——包括财产法、合同法和婚姻法——都会失效?哈特的分析必然会推出这样一个结果,但它有悖于历史的经验。在这种情况下,哈特大概不得不诉诸这样一种论式,比如说,由于布鲁特斯一世没有在这个问题上说什么,因此他默示性地重新颁布了先前的法律——这正是哈特自己在批评霍布斯、边

[53] “导论”(Discours préliminaire),参见洛克(Locré),《法国立法考》(*La legislation de la France*),1827 年,第 251 页。

沁和奥斯汀时所反对的一种主张，也是哈特的分析想使之变得没有必要的一项主张。

这里可能存在一项反讽：老派的、非意识形态化的军事政变体现着最明显的“承认规则”变化的模式，但却可能对“法律的持续性”最无威胁。现代的意识形态革命通过对法律形式的操纵而巧妙夺取权力，但它却恰恰代表着那种最可能使人们怀疑先前的法律（比如豁免教会的纳税义务的法律）能否继续保持效力的变化。作为对法律的持续性作出的一项解释，承认规则恰恰错误地估量了这种情况。

在我看来，当哈特试图用承认规则来解释一个原始社会如何以及何时“从前法律社会进入法律社会”（第 41 页）时，他又为我们提供了一项同样拙劣的应用实例。一个生活在前法律世界的社会只知道初级的义务规则，也就是确定义务的规则（第 89 页）。这样一套规则系统存在多方面的缺陷：它无法提供任何机制来解决疑
143 难和矛盾或者促成精心谋划的变动；它的规则之有效性依赖于分散的社会压力（第 90-91 页）。当一个社会第一次认识某项规则可以授予一项权力来制定或改变义务规则，并将这种观念适用于它的实际事务的时候，迈向“法律世界”的转型便发生了（第 61 页）。这一发现“对社会来说是一项与车轮的发明同样重要的进步”（第 41 页）。

在我看来，这一基本上属于奥斯汀学派的观念又一次提供了一项实例，说明法学区分如何被错误地适用于一个不会支持它们的背景。首先，在一个普遍相信魔力并认为可以借助咒语来支配自然的社会，显然不可能存在“自然”力量与“法律”力量之间的明确区分。个人魅力型的立法者不是在任何人造的承认规则的授权

下立法的。相反，他在社会中享有的权威来自于一种信仰，即人们相信他拥有某种特殊的能力，能够辨识出并且宣布法律。[54] 如果我们要谈论像明确的承认规则这样的东西的产生，就必须看到这个过程经历了许多个世纪，而且涉及一项渐进式的转变，也就是从权力作为权力享有者的禀赋的观念转变到权力来自于某人被分派的某一社会角色的观念。早在这项转型完成之前，我们就已经离开了那种可以被称为社会的原始状态的阶段。实际上，我们可以说，这一转型永远也不能保证我们不会再次陷入某些更原始的观念。个人崇拜至今仍然在一定程度上伴随着我们。

进一步说，原始社会是否为某种类似于现代义务概念的观念所主宰，这也是值得怀疑的。至少值得一辩的是，在权力和义务这两个概念中，权力似乎代表着更加原始的观念。我们如今称为“刑罚”的那种东西，在原始社会中普遍采取的是施魔法于忤逆者的形式，目的在于清除社群中的不洁。类似的清洗也可能通过贝壳放 144
逐法的广泛应用来实现。在原始社会中，我们能够发现的恐怕不是一种一般性的义务概念，而是哪些行为被允许，哪些不被允许；哪些行为妥当，哪些欠妥；哪些行为合乎天理（*fas*），哪些有违天理（*nefas*）。最早的法律程序往往不是采取对罪责作出司法裁定的形式，而是采取仪式化的自助形式。每一项错误行为都需要一项独特的、量身定做的救济方式来补救。只有当人们将几种不同的

[54] 参见：马克斯·韦伯（Max Weber），《经济与社会中的法律》（*Law in Economy and Society*），席尔斯（Shils）和瑞因斯坦（Rheinstein）翻译，第73-82页。中国哲学对人治（government by men）和法治（government by laws）作出的区分也值得我们注意，因为它可以在一定程度上中和韦伯对“克里斯玛”（Charisma）的非理性品质的坚持。另参见：埃斯卡拉（Escarra），《中国法》（*Le Droit chinois*），1936年，第7-57页。

救济方式适用于同一种违背义务的行为，或者用某一种救济方式来强制履行多种义务的时候，我们才能够说：一种一般性的义务概念可能已经出现。只要一项错误行为的后果仍被等同于为补救它所必需的形式步骤，我们所面对的便是权力观念，而不是义务观念。

用一个在相当晚近的现代时期实现这种转变的原始民族的实际经验来检验一下哈特关于向“法律世界”转型的猜想也许十分有意义。这里所提到的这种经验就是玛格丽特·米德所记录的阿德米勒尔蒂群岛上的马努斯人（Manus people）的经验。[55]

第二次世界大战之后，马努斯人从他们的澳大利亚治理者们那里了解到：世界上存在一种他们先前一无所知的纠纷处理方式。他们自己固有的纠纷解决方式很不令人满意，主要由“械斗、突袭以及随后的短暂的媾和仪式组成，这种媾和仪式往往包含着赔偿金的支付”。如今他们认识到一项纠纷可以用这样的方式得到裁决和处理，即把它交给一位独立的仲裁者。于是出现了对审判的真正热衷，他们当中的长者被分派或主动承担了一项陌生的社会角色，即法官的角色。有意思的是，如此展开的司法是一种黑市商品，因为解决纠纷的“法官”在澳大利亚政府那里不具备任何法律上的资格；他们的权力缺乏任何承认规则的支持，而只得到马努斯人自己所表达的一种非正式的、流动的支持。

145 米德小姐是这样来描述土著人对这项创新的态度的：

> 对于新几内亚的土著——他们的心中燃烧着一团刚刚被

[55] 玛格丽特·米德（Margaret Mead），《古老者的新生》（*New Lives for Old*），1956年。正文当中的引文选自该书第306和307页。

> 点燃的欲望之火，也就是使自己的社会“整齐有序”的欲望之火——来说，整个法律制度显得新鲜而美丽。他们视之为一项华美的发明，就像飞机一样神奇，于是，非法的“法院”制度正迅速散布到新几内亚的真正腹地。

如果米德小姐的描述准确无误的话，马努斯人当中的承认规则主要不是指向一个由这种规则授予立法权的机构，而是指向一种程序。显然，如果人们提到一项可以同车轮或飞机相比的人类发明，我们更容易想到一种程序而不是一项简单的授权。

法律作为有目的的事业和法律作为社会力量的表现事实

本章所考察的多组对立观点可以说是在不同的语境中反映出一种单一的、根本性的分歧。这种根本性分歧可以表述为：我坚持认为法律应当被视为一项有目的的事业，其成功取决于那些从事这项事业的人们的能量、见识、智力和良知，也正是由于这种依赖性，它注定永远无法完全实现其目标。与此相反的观点认为，法律被视为社会权威或社会力量的表现事实，对它的研究应当关注于它是什么、已经做了些什么，而不应侧重于它试图做什么或正在变成什么。

在讨论这一根本对立时，让我首先来考虑一下在我看来导致了我所反对的那种观点的各项考量。由于我没有权力代表对方说话，我对这些考量的表述只能采取假设的形式。不过，我将尽力将其表述得具有说服力。

146 这样的一项表述可能首先会承认目的在解释个别法律规定的过程中可以扮演适当的角色。一部制定法显然是一件有目的的东西，服务于某一目标或一系列相关目标。需要反对的不是将目的赋予特定的法律，而是说法律作为一个整体具有某种目的。

有人可能会说，将某种目的或目标分派给一整套复杂的制度体系的做法在哲学史上有着非常不好的先例。它使我们想起德国和英国唯心主义的极端形态。人们认为，一旦我们开始谈论法律的目的，我们最后就会说起国家的目的。即使我们认为黑格尔精神卷土重来的危险不大可能出现，我们这里所谈到的这种观点也还有其他令人不安的关联因素。例如，它使我们想起托马斯·杰弗逊和他的追随者们在美国哲学协会就“沼泽的目的”(Purpose of Swamps)进行的严肃讨论。[56] 有人也许会说，天真的目的论已经被证明是对客观真理进行科学探求的努力所能遭遇的最坏敌人。

即使它的历史关联不是那么令人烦恼，任何试图大笔一挥地为一整套制度赋予某种目的的尝试仍具有某种内在的不可能性。制度是由各种各样的人类行动所构成的。这些行动中有许多是习惯使然，很难说有什么目的。对于那些有目的的行动来说，行动者们所追求的目标可以说是千差万别的。即使对于那些参与制度创制过程的人们来说，他们对于自己所造制度的目的和功能也可能有着相当多样化的理解。

为了回应这些批评，我首先要提醒大家注意：我所认为的法律

---

[56] 布尔斯廷(Boorstin)，《托马斯·杰弗逊的隐秘世界》(*The Lost World of Thomas Jefferson*)，1948年，第45-47页。

制度的目的是一种很有分寸的、理智的目的，那就是：使人类行为服从于一般性规则的指导和控制。这样一种目的很难走向黑格尔式的极端立场。其实，将这种目的赋予法律似乎是一种无害的自明之理，如果其寓意既非深奥难解，也非无足轻重——我相信我在 147
第二章里已经证明了这一点。

在自我剥夺最节制地畅游于我所提倡这种目的论之中的权利之前，我们应当仔细思考一下这种剥夺的代价。这种代价中最重要的一项因素在于我们事实上会完全丧失界定合法性的标准。如果法律仅仅是权威或社会力量的一项表现事实，那么，虽然我们还可以谈论个别立法的实质正义或非正义，我们却不能再讨论一套法律制度作为一个整体在多大程度上实现了合法性的理想；例如，如果我们要忠实于我们的讨论前提的话，我们就不能宣称 X 国的法律制度比 Y 国的法律制度取得了更高程度的合法性。我们可以谈论法律中的矛盾，但我们却没有任何标准来界定什么是一项矛盾。我们可以对某些类型的溯及既往型法律表示不满，但我们甚至无法解释一套完全回溯性的法律系统究竟错在什么地方。如果我们观察到法律的力量通常是在适用一般性规则的过程中得到表达，我们也想不出更好的解释，而只能说：最高的法律权力享有者负担不起在每一条街道安排一名下属来告诉人们如何去做的成本。简言之，我们既无法表述、也无法回答我在第二章所致力于回答的那些问题。

或许可以这样说：如果这些问题事实上无法以一种使我们能够回答它们的方式来表述，我们就应当勇敢地直面这一事实，而不应该用虚构来欺骗自己。在这一点上，上述难题最尖锐地体现出

来。问题不再是哪种观点最令人感到舒服和安心,而变成哪种观点最忠实地反映着我们必须面对的现实。在本章的其余部分,我将试图表明:那种作势要避开法律的目的并且简单地将视为社会力量的表现事实的观点无法得到任何支持,除非是通过歪曲它声称要立基于其上的现实。

148 我正在批评的这种观点认为可以在一个确定的立法权威这一事实中看到法律的现实。被这一权威确定为法律的东西便是法律。在这一确定行为中不存在程度的问题,我们不能将“成功”或“不成功”这样的形容词适用于它。在我看来,这正是我在本书中所反对的那种理论的要旨。

我认为,只有当我们系统性地将两项要素从这种理论打算描述的现实中剥离出去的时候,它才可能站得住脚。第一个要素存在于这样一项事实当中:告诉我们什么是法律的那个确定权威本身也是法律的产物。[57] 在现代社会中,法律通常是由团体行动(corporate action)所创制。团体——比如议会——的行动只有借助采纳和遵循程序规则才有可能进行,这些规则使得一群人得以合法地发出一种声音。这些程序规则可能在任何法律系统都会面对的八条航道中的任何一条上触礁。因此,当我们宣称在英国议会有权最终决定法律为何的时候,我们其实已经默默地假定至少有一项法律事业取得了某种程度的成功,这项法律事业旨在赋予议会一种团体权力,使其得以“说”出些什么。这些对于成功的假定在具有悠久的议会制传统的国家通常是相当有道理的。但是,如果我们

[57] 在讨论议会至上的时候,我已经谈到过这个问题;参见本书第 134 页。

忠实于我们打算描述的现实，我们便应承认：议会制定法律的能力本身也是一项有目的努力的成果，而不仅仅是一项自然事实。

对现实的第二项扭曲在于无视这样一桩事实：一套形式化的权威结构本身通常有赖于某种并不为任何法律和命令所要求的人类努力。韦伯曾经指出：所有形式化的社会结构——不论它是镶嵌在一种传统还是一部成文宪法之中——都可能包含着一些裂缝，但它们并不会明显呈现出来，因为它们是被恰如其分的行动填补上的，而行动者在做出这些行动时通常并没有意识到还另有选择。[58] 换句话说，人一般不会去做将令其所从事的整个事业功亏 149
一篑的蠢事，即使他们所依循的形式规则允许这种蠢事。

我们可以在美国宪法中找到形式结构中出现裂缝的一个很好的例子。法律应当被公布可能是合法性的最明显的要求。这也是一项最容易被化约为一项正式宪法条款的要求。但美国宪法恰恰对法律的公布只字未提。尽管存在这项疏漏，我还是不相信任何议员会想到这样一种讨好纳税人的办法：向纳税人承诺不公布法律以便帮他们省钱。人们当然可以辩称：公布法律的宪法要求可以通过解释得出，因为不然的话反对某些回溯性立法的条款便没有多少意义。但要点在于：那些从一开始就将“法律应当被公布”视为当然的人们事实上从未进行过此种解释。

学者可以拒绝将法律看作一项事业而仅仅将其视为社会力量

---

[58] 韦伯(Weber)，《经济与社会中的法律》(*Law in Economy and Society*)，第31-33页。韦伯写道：“事实上，最具‘根本性’的问题往往被法律规制所忽视，即使是在本来已经完全理性化的法律秩序当中。”他继续说，人们通常会如此行为，以至于令“荒谬但在法律上可能的情形”不会在实践中出现。

的一种表达。但那些其行动构成这种力量的人们却认为自己从事着一项事业，而且他们一直做着为它的成功所必需的事情。由于他们的行动必须受见识(insight)而不是正式规则的指引，取得成功的程度差异是不可避免的。

哈特所提出的“法律的持续性”问题——雷克斯四世所制定的法律在雷克斯五世继位后如何继续成为法律？——是另一个例子，说明确定的形式结构中出现的裂缝在实践中不一定呈现为裂缝。法律不随政府更替而保持恒定的需求是如此明显，以至于每个人通常都会将这种连续性推定为当然之事。只有当一个人试图
150 将法律界定为正式权威的一种表达并且将人的判断和见识排除在它的运作之外的时候，法律的连续性才会变成一个问题。

理论倾向于异常强调准确界定最高法律权力的重要性，这一点无疑表现出一种担心：在这一点上含混不清可能导致作为一个整体的法律系统的瓦解。再一次，人们忘记了：没有任何一套来自于上级的指示可以无需受目的感指引的明智行为而自行。即使是最基层的治安法官，虽然他可能无法从总体上理解限定其司法管辖权的那一套语言，但他通常也能洞见到自己的权力来自于一项职务，而这项职务是一个更大的系统的组成部分。他至少有审慎从事的判断力。一个法律系统中各要素之间的协调不是一件可以简单地强加的事物；它必须被实现。幸运的是，一种适当的角色感，再加上一点点智识，通常便足以矫正形式系统中的缺陷。

我认为，在拒绝赋予作为一个整体的法律以任何目的(不论这种目的是多么适度和有限)的各种观点中存在一种奇怪的反讽。没有任何一种思想流派曾经冒险宣称它可以理解现实而不必从中

辨识出结构、关系或模式。如果我们被一系列无形式的、具体而毫无关联的偶发事件所包围,我们就无法理解或谈论任何事情。如果我们将法律视为一种“事实”,我们必须推定它是一种特殊类型的事实,具有能够使其区别于其他事实的可界定的品质。事实上,所有的法律理论家都无法简单明了地告诉我们它究竟是何种事实——它不是“放大了的持枪要挟的情形”,它通常涉及将一般性规则适用于人类行为,等等。

这种发现和描述使法律成其为法律的那些特征的努力通常会取得一定程度上的成功。为什么会这样?其原因一点儿也不神秘,它存在于这样一项事实当中:在几乎所有的社会中,人们都能看到使某些类型的人类行为服从于规则之明确控制的需要。当他们开始从事确保这种服从的事业之时,他们就会逐渐看到这项事

业包含着某种自身的内在逻辑,也就是说,如果它的目标要得到实 151

现,它就必须强加某些必须被满足的要求(哪怕有时这些要求会造成相当程度的不便)。正是因为人们总是能够在某种程度上理解并尊重这些要求,法律制度在本来千差万别的不同社会中呈现出某种相似性。

因此,正是因为法律是一项有目的的事业,它才呈现出法律理论家们能够发现并且将其视为给定事实情境中的一致因素的结构恒定性。如果他们能够认识到自己的理论所赖以建立的基础,他们就不会再如此倾向于将自己想象成在无生命的自然界中发现规律的科学家。但是,可能正是在反思自己的学科的过程中,他能够获得对自己的研究对象的新的尊重,并且能够认识到:不只是电子才会留下可辨识的模式。

152 四　法律的实体目标

但守法的学者们写道，

法律实在是对错难辨。

——W. H. 奥登

我们不能指望一部由品德优良的人士制订的宪法必定是一部好宪法，反之，因为有了一部好的宪法，我们才能指望出现一个由品德良好的人士组成的社会。

——伊曼纽尔·康德

霍姆斯的法律哲学中包含着一个核心观念，那就是：在法律与道德之间划出一条严格的分界线是十分必要的。但在“法律的道路”中，他写道：

我并不否认存在这样一个更加广阔的视域，从那里望去，法律与道德之间的区分会显得不再重要，就像所有的数学上的差异在面对无限的时候都显得微不足道一样。[①]

因此，当我们的考察进展到目前这个阶段时，我们有必要看看是否存在这样一些语境(contexts)，在其中，先前我们所坚持的区

---

① 霍姆斯，“法律的道路”(The Path of the Law)，《哈佛法律评论》第 10 卷(10 *Harvard Law Review*)，第 457-478 页，见第 459 页，1897 年。

分可能变得不再重要。大家或许还记得，到目前为止我们的讨论 153
所赖以为基的两组主要区分是义务的道德与愿望的道德之分以及法律的内在道德与法律的外在道德之分。

法律的内在道德相对于实体目标的中立性

在表述我对法律的内在道德的分析时，我所坚持的一个观点便是：从涉及面十分广泛的一系列问题上看，法律的内在道德并不关心法律的实体目标，并且很愿意同等有效地服务于各种不同的实体目标。一个如今得到热烈讨论的伦理问题便是避孕法的问题。现在已经相当清楚的是：合法性原则（principles of legality）本身是无法解决这个问题的。同样十分清楚的是：无论一个法律系统的规则是被设计来禁止还是鼓励避孕，这个系统都有可能维持其内在正直性（internal integrity）。

但是，认识到法律的内在道德可能支持并赋予功效给多种多样的实体目标并不等于相信任何实体目标都可以在无损于合法性的情况下获得接受。即使是采纳像通过法律来禁止避孕这样的一个目标在某些情况下也可能损害法律的内在道德。正像在某些时候真正发生的情况那样，假使禁止出售避孕用品的法律作为一种象征性举措而停留在纸面上，而人们都知道它们不会也无法得到执行，法律的道德在这种情况下便会受到严重影响。没有任何途径可以将这一病源隔离起来，防止它传染到法律系统的其他部分。不幸的是，这样一种政治技巧已经成为人们司空见惯的现象：通过一部制定法以取悦某个利益集团，然后又通过不执行这部制定法来讨好另外一个利益群体。

目前这一章的任务之一就是从总体上分析法律的内在道德与外在道德发生互动关系的方式。在展示这一分析之前，我们有必
154 要先将 H. L. A. 哈特教授在《法律的概念》一书[②]中所表达的对立观点呈现给读者。在“法律与道德”这一章里，哈特写道：

> 如果（通过法律规则的）社会控制要真正发生作用，这些规则就必须满足某些特定的条件：它们必须是可以被理解的，并且必须使大多数人有能力去遵循，而且它们在一般情况下不能溯及既往，虽然在个别情况下允许有例外……显然，借助规则进行的社会控制中所包含的这些特性与被法律人称为合法性原则的那些司法要求之间存在紧密的联系。实际上，有一位实证主义的批评者在规则之控制的这些面向中看到了某种足以证明法律与道德之必要关联性的东西，并且建议将其称为“法律的内在道德”。再一次，如果这就是法律与道德之必要关联性的含义，我们也许不会反对。不幸的是，它可以兼容于非常严重的不公。[③]

可以肯定的是，再也没有比这个段落中的最后一句话更加明显的对法律之内在与外在道德之间可能存在的互动关系的否认了。我必须承认我对这段话感到困惑。哈特的意思难道仅仅是说：通过尽情发挥想象力，我们可能设想出这样一种情形——一个

---

② 这本书先前已经得到过比较详细的讨论，请参阅本书第 155-168 页。

③ 参见《法律的概念》，第 202 页。这段话中未被指名道姓的这位“实证主义的批评者”就是我本人。

邪恶的王国追求最为不公的目标，但却总是能够保持对合法性原则的真正尊重？如果是这样，那么这样一种意见似乎不应该在一部旨在使“法律的概念”更加贴近于生活的著作中出现。或者哈特的意思是说历史实际上已经提供了足够的例证来说明忠实地坚守法律的内在道德的确可以同残酷地无视正义和人类福祉结合起来？如果是这样，我们会很感激地期待他能提供这样的例证，从而为有意义的讨论提供基础。

哈特认为合法性问题不值得认真和专门的思考，这一观点绝不仅仅展现于我刚才所引用的这段话中，而是贯穿于他的整部著

作中。在他关于他所称的“自然法学说中体现良好判断力的理论硬核”的讨论（第 189-195 页）中，他所关心的仅仅是实体性目的，而对优良的英国“基本法”（fundamental law）传统却不予置评，这一传统所涉及的主要是可以成为“合法性法则”（the laws of lawfulness）的东西。[④] 当他开始研究“一个法律系统的病理学”（《法律的概念》第 114-120 页）的时候，他所讨论的问题基本上可以简化为俗语所说的“谁是这儿的领导？”最后，在谈到战后德国试图清理纳粹所留下的道德和法律残迹时所面临的困境时，他仍然没有讨论希特勒统治时期发生的法律道德（legal morality）的严重败坏（第 204 页）。简言之，虽然哈特顺带性地承认可能存在某种可以被称为法律的内在道德的东西，但他似乎认为这种东西对法理学所应关注的更严肃问题来说并没有什么重要意义。

针对哈特的这种在现代法律思维当中并非另类的观点，我在

---

④　参见本书第 116-119 页。

下面的讨论中将试图恢复在我看来可能将合法性的问题同法律哲学中的其他重要问题联系起来的智识渠道。

作为有效性之条件的合法性

我认为我不需要在这里重复隐含在整个第二章之中的一个论断，即：法律的内在道德不是某种添附或强加到法律的力量之上的某种东西，而是那种力量本身的基本条件。如果这一结论得到承认，那么我们需要提出的第一个论点便是：法律是良法的前提条件。我们可以设想：一位技艺精湛并将自己的工具保养得十分顺手的尽责的木工师傅在为盗贼打造巢穴和为孤儿修建收容院的时候可能会同样的竭尽全力。但这一点始终是真实的：要修建一所

156 孤儿院，我们需要一位木工师傅，或需要一位木工师傅的帮助，而且，如果我们能得到一位配备有使用得当且保持良好的工具的能工巧匠的帮助的话，一所更好的孤儿院就能够被建造起来。

如果我们找不到任何木工师傅的话，非常明显的是，我们的当务之急并不是绘制收容所和孤儿院的设计草图或者讨论良好设计的原则，而是去招募并培训木匠。正是从这个意义上讲，如今世界上的许多地方更急需法律，而不是良法。

值得回味的是，在《独立宣言》所提出的那些指控当中，乔治三世不仅被谴责为强立恶法，也被谴责为目无法律。

> 他拒绝批准对公共利益最有益和最必要的法律……他禁止他的总督们批准最为迫切而又极为重要的法律……他一再解散代表人民的立法机构……在解散代表人民的立法机构之

> 后,他又长时间拒绝另选新的民意代表……他拒绝批准确立司法权力的法律,从而妨碍了司法……他宣布我们不在他的保护范围之内,并对我们宣战,从而遗弃了这里的政府。

当这些文字被记载下来的时候,美国人正踏上他们的"非殖民化"道路。非常幸运的是,我们从我们的英国老师那里学到了一些东西,知道了法律以及保持法律之完整性和效力的必要性。如今世界上的许多渴求正义的国家并没有经历过类似的言传身教。在人类历史上再也找不到任何一个时代,如此明显地昭示了这样一种观点的空洞性:法律只是单纯地表述着正当性社会力量(legitimated social power)的资料(datum)。同样,历史上也再难找到这样一个时代,在其中,将这种观点当真会是如此的危险。

要不是因为这个命题在最需要被清楚阐明的语境中往往被忽略过去的话,我本来应当为强调如此明显的道理而道歉:对法律之道德性的最低限度的坚守是保障法律之实践有效性的基本条件。我认为,这种忽略的一个最显著的例子发生在哈特教授对"一 157
个法律系统的病理学"的讨论(第114-120页)中。他在这样一个标题之下讨论的所有情形要么涉及终极权威之冲突,要么涉及"在面临无政府状态或无意于作出政治伪装的贼党统治时,有序法律控制的简单崩溃"。在这里,正像在哈特书中的其他部分一样,对法律的设想完全是根据它的形式渊源,而不是将它视为一种能够取得不同程度成功的复杂事业。在其中找不到对这样一种可能性的认知:某处存在一种对某一单个法定权力渊源的公共认可,但这种权力被如此误用或滥用,以至于一种有效的法律制度并未得到实现。同样缺失的还有这样一种认识:所有的法律系统,包括其中那

些最堪称表率者，都有着某种程度的“病理”(pathology)。纵使一个人只感兴趣于在不同的法定权力的正式渊源之间打转，如果他将法律的道德性的问题排除在外的话，也无法作出符合现实的评述。在历史上，合法成立的政府在法律的名号下被推翻的例子屡见不鲜。非法革命的威胁会使得一个真正致力于维持合法性的政府很难在其行动中始终保持遵守法律。这些充满矛盾的现象充斥着实际上演的历史戏剧，但它们却消失在一种理论中，这种理论满足于简单地说出相当于这种效果的话：“首先有法案一，随后有了法案二”。

合法性与司法

合法性与司法之间存在的深刻的亲和性经常为哈特本人所谈及并且事实上得到他的明确承认(第 202 页)。这种亲和性的纽带存在于两者所分享的一项品质之上，即：它们都是借助众人所知的规则来行动的。法律的内在道德要求有规则，这些规则为公众所知以及它们在实践中得到那些负责司法的人士的遵循。就法律的外在目标而言，这些要求也许看起来具有伦理上的中立性。但是，正像法律是良法的前提一样，根据已知的规则来行动也是对司法作出任何有意义评价的前提条件。纯粹以难以预测和毫无范式的
158 表现方式来干预人类事务的“一种不受法律约束的无限权力”只有在这样一种意义上才可以说是非正义的：它不遵照已知的规则来行动。除非我们能够发现指导其干预的隐含原则，我们便很难在任何更加具体的意义上称之为不义。一套被认真建构出来并得到尽责管理的法律秩序的美德(virtue)在于它将自己赖以行动的规

则置于公众审视之下。

如今，人们大概已经忘记纳粹是通过什么样的诡计躲开公共监督的。在纳粹统治期间，在德国的许多商店的窗户上都贴着一张标签，上面写着“犹太人企业”（Jüdisches Geschäft）。没有任何要求张贴这种标签的法律获得过通过。它们只是在纳粹党徒的“要求”下贴上的，这些党徒四处巡视，将这些标签分发给那些他们认为应当打上这种记号的店铺。在德国公民中流行的关于这种措施的解释认为，纳粹认为一部正式而公开的法律会招致来自国外的批评。这种诡计实际上取得了部分成功。在预期会有许多外国人来到的时候，比如在一场商业展览会期间，这些标签就会在纳粹党的要求下暂时被取下。在柏林，由于每时每刻都有大批的外国人来来往往，这种标签就根本没有派上用场。取而代之的办法是，犹太店主们在纳粹党的“要求”下用一种特定颜色的油漆来涂染他们的商店展示窗的窗框。偶尔来到的外国游客可能会注意到这种颜色的使用频度，但一般来说不会知道这意味着什么，也不会知道这种颜色的使用是基于对一项从未公开颁布过的规则的服从。

在我们自己这个国家，政府机构的活动受不成文和不公开的规则之约束是一件很平常的事情。有时这些规则就其实质内容而言是相当无害的，但缺乏对它们的了解却可能会妨碍公民有效地同这些机构打交道。在另一些场合，这些未经宣布的规则远远不是无害的。这种规则的一个非常残酷的例证最近在波士顿被揭露出来。事情是这样的：当一个被拘捕的人需要被整夜羁押的时候，有一项惯例是要求他签署一份文件，申明免除警方因拒捕和扣留他而可能导致的任何民事责任。签署这份文件是他被解除拘留的 159

一项条件。毫无疑问,许多警官都是在从未对这种做法进行过任何反思的情况下,秉持着认真执行标准操作程序的精神来适用这项惯例的。我们很难想象任何立法者会愿意通过一项公开颁布的规则来授权这样一种做法。

到这里为止,我所谈的好像是表明,合法性与司法之间的亲缘关系仅仅在于这样一个事实:一项得到明确表述并获得公开的规则使得公众得以能够判断其公正性。但是,这种亲缘关系其实有着更深的根基。即使一个人只需要对自己的良心负责,如果他被迫清楚地表达出自己据以行动的原则的话,他也会更加尽心地负责。许多有权有势的人在同其下属的关系中会背叛可以被称为不成文规则的那些行为规矩。那些通过他们的行动来表达这些规矩的人自己也不一定清楚地意识到了这些规矩。有人说,这个世界上大多数不义不是通过拳头、而是通过肘子来造成的*。当我们使用我们的拳头时,我们用它们来达到某种明显的目的,而且我们需要为这种目的而对他人和自己负责。我们可以毫不费力地设想:我们的肘部依循的是一条难以捉摸的轨迹,即使我们的邻居可能痛苦地意识到他被有步骤地挤出自己的座位。对合法性原则的强烈信奉促使一位统治者对自己负责,不仅是对自己的拳头负责,而且要对自己的肘部负责。

---

* 原文是:“It has been said that most of the world's injustices are inflicted, not with the fists, but with the elbows”。如果用中国人熟悉的表达来意译的话,应该是“明枪易躲,暗箭难防”。——译者注

法律的道德性与针对所谓无法被界定之罪恶的法律

“法律规则必须用易于理解的语言来表述”这一简单要求从表面上看似乎中立于法律所可能为之服务的实体性目标。如果法律的道德性中有任何原则像哈特所说的那样“兼容于非常严重的不义”，这条原则似乎便符合这种描述。然而，如果一位立法者试图消除某种罪恶，但却又无法明确表达出他的制定法所针对的目标，他便显然很难使他的立法变得清晰明了。我已经以旨在防止 160
“旧式沙龙的回归”的那些法律为例尝试说明了这一点。[⑤] 不过，在那一实例中，我们所注意到的是立法者的愚蠢，而不是任何涉及不公的因素。

试图令法定权利取决于种族的法律则是另外一种情况。如今，人们普遍认为：南非政府一方面致力于严格依法办事，另一方面又制定了一系列严苛和不人道的法律。之所以会产生这样的观点，是因为人们习以为常地混淆着对权力机构的服从和对法律的忠诚。只要对维持种族歧视的南非立法进行一番考察，我们便会发现：这些立法严重偏离了法律的内在道德的要求。

下面的这段文字摘自对南非联邦颁布的种族法的一项认真而客观的研究：

> 立法中充斥着各种不规则因素，以至于同一个人根据不

⑤　参见前文第104-107页。

> 同的制定法可能被归入到不同的种族类别中去……内政部部长在1957年3月22日声称有大约十万件被认为是“临界案件”(borderline cases)的种族归类案件正在等待人口普查与统计局局长处理……正如本项研究已经揭示的那样,对种族分类缺乏统一或科学的根据是导致定义不统一的主要原因……我们的最终分析表明,立法机构正在试图定义不可定义的东西。[⑥]

对于一位南非法官来说,即使他在私人生活中分享着对他有义务加以解释和适用的那些法律产生决定性影响的那些偏见,只要他还尊重自己的天职(calling)所固有的精神品质(ethos),他就必定会深切反感这种立法对他提出的进行武断操纵的要求。

161 我们不应该认为,只有在南非,为种族上的差异赋予相应法律后果的制定法才会导致解释上的严重困难。1948年,在佩雷兹诉夏普案[⑦]中,加州最高法院宣布一部制定法无效,这部法律规定“不得颁发结婚证来授权一位白人同一名黑人、白黑混血儿、蒙古人或马来人之间的婚姻”。裁定这部法律无效的部分理由在于:它未能满足这样一项宪法要求,即“法律必须明确,其含义必须能够为那些权利和义务受其影响的人们所确知”。

我们的入籍法现在明确规定“一个人成为一位入籍公民的权

---

⑥ 苏兹曼(Suzman),“南非联邦立法中的种族分类和定义,1910-1960”(Race Classification and Definition in the Legislation of the Union of South Africa, 1910-1960),《法学研究》(*Acta Juridica*),第339-367页;这里所引的文字摘自第339、355和367页。

⑦ *Perez v. Sharp*, 32 Cal. 2d 711.

利……不应当由于种族原因……而遭否定”。[8] 最高法院于是得以免于陷入自己在1922和1923年所作的解释而不能自拔。在奥扎瓦诉美利坚合众国一案[9]中，最高法院解释了一项将入籍的可能性限定在“白种人”之中的法律条款。法院指出：“显然，单纯根据每个人的肤色来作为检验标准是很不切实际的，因为即使是同一种族的人在肤色上也可能有很大差别”。为了获得某种具有科学上的准确性的标准，法院宣布“白种人”应该被解释为高加索(Caucasian)人种的人。就在这项判决做出之后几个月，最高法院就一个案子听取了法庭论辩，在那个案子中申请公民权的是一位高等种姓的印度人。[10] 他的律师提出了令人信服的证据说明，根据人类学家们对“高加索人”这一术语的理解，他应当被归入这一人种。法院指出：高加索人这一术语并不为那些在1790年起草这部入籍法的人们所知，而且，“从其在人种学中的应用来看，这一语词的含义并不是十分清楚，而且，用这个词的科学含义来取代法律中所使用的白种人一词……仅仅意味着用一种含混来

取代另一种含混……这个词在日常语言中的含义，也就是该法律 162
的原起草者们所采用的含义，旨在仅仅包括那些被他们理解成白人的人”。

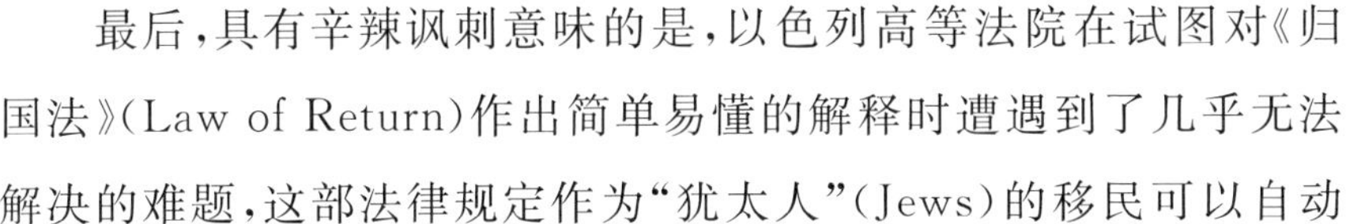

最后，具有辛辣讽刺意味的是，以色列高等法院在试图对《归国法》(Law of Return)作出简单易懂的解释时遭遇到了几乎无法解决的难题，这部法律规定作为“犹太人”(Jews)的移民可以自动

⑧ USCA, Tit. 8, § 1422.

⑨ *Ozawa v. United States*, 260 U. S. 178 (1922).

⑩ *United States v. Thind*, 261 U. S. 204 (1923).

取得公民权。在1962年12月6日，该法院在意见严重分歧的情况下判定一位罗马天主教修道士不是这部法律所称的“犹太人”。他的律师辩称：根据犹太教法（rabbinical law），由于他出生于犹太人家庭，所以仍然应该算是犹太人。法院承认这是一个事实，但却指出：这不是一个宗教法上的问题，而是一个以色列世俗法上的问题。根据这种法律，由于他改信了基督教（Christian religion），所以不再是一名犹太人。⑪

法律的道德性中隐含的关于人的理解

我现在进入最为重要的一个话题，其主旨是：对法律的道德性之要求的遵循可以服务于更为广泛的人生目标。这一要点来自于法律的内在道德中所蕴含的对于人的理解。我已经反复指出：法律的道德性可以被说成是在一系列的伦理问题上具有中立性。但它不能在关于人本身的理解上保持中立。要开展使人的行为服从于规则之治的事业，必然需要信奉这样一种观念，即：人是或者能够变成一个负责的理性行动主体，能够理解和遵循规则，并且能够对自己的过错负责。

每一个偏离法律的内在道德之原则的事件都是对作为负责的理性行动主体的人之尊严的一次冒犯。根据未公开的或溯及既往的法律来判断他的行为，或者命令他做不可能的事情，这些都是在

⑪ 参见1962年12月7日的《纽约时报》第1版和第15版，以及1962年12月8日该报的第13版。

向他表明：你完全无视他进行自我决定的能力。反之，如果我们接受这样一种观点：人没有能力作出负责任的行动，那么法律的道德 163
性就失去了它的存在理由。根据未公开的或溯及既往的法律来裁断他的行为不再是一种冒犯，因为没有什么东西可以被冒犯——实际上，就连“裁断”这个动词本身在这种语境中都显得不合时宜；我们不再裁断一个人，我们只是对他采取行动。

如今，一整套复杂的态度、实践和理论似乎正在把我们引向一种这样的观点，它否定人是或者通过有意义的努力能够变成负责任的、自我决定的中心。造成这种趋势的原因是极为多样的；就其动机而言，可以说是包罗了最卑劣的和最高尚的。

有一股影响力是来自于科学，而且更具体地说是来自于社会科学领域内的某些教条主义的学派。在这一点上，我应该请著名心理学家 B. F. 斯金纳自己来表达自己的观点：

> 如果我们要在人类事务的领域采用科学方法，我们就必须假定行为是合乎规律并且已经被决定的。我们必须期待着发现：一个人的所作所为是一些可被指明的条件的结果，而一旦这些条件被揭示出来，我们就能够预测并且在某种程度决定他的行动。这种可能性会使许多人感到不愉快。它对立于一种将人视为自由行动主体的悠久传统……任何人，只要他是西方文明的产品，（在接受关于人类行为的科学观点之前）都需要经历一番思想斗争。
>
> 自由的、负责任的个人这一概念镶嵌在我们的语言中，也弥漫于我们的习惯、法典和信念之中。随便给出一个人类行为的例子，大多数人都会马上套用这一概念来对之作出描述。

> 这种习惯是如此的自然，以至于它极少获得审思。相反，一种科学的表述则是全新的和陌生的。
>
> 我们不会让人对其条件反射——比如在教堂里咳嗽——
> 164 负责。我们会让他们对其主动行为——比如在教堂里吹口哨或者在咳嗽时仍然留在教堂里——负责。但是，有一些变量既决定着吹口哨、也决定着咳嗽，而且在发生两种作用时都同样无情。如果我们认识到这一点，我们就可能完全放弃责任这一概念，同时也放弃作为一种内在动因的自由意志这一理论。这会在很大程度上改变我们的实践。个人责任这一学说涉及某些控制行为的技术——比如激发“责任感”的技术或者指明“对社会的义务”的技术。这些技术相对来说都不太适应于它们的目的。⑫

像我们刚才引用的这段话中所体现的这些观点体现出“科学”的过度扩张，并且是基于一种最为天真的认识论，⑬但这似乎并没有减弱其吸引力。虽然没有人(包括斯金纳教授本人)会真正地如此相信这些观点，以至于把它们作为行动的稳定基础，我们还是需要承认它们表达了一种片面的真理。由于过分强调这种真理并且对它的适当限度不予界定，他们鼓励了一种对责任概念之衰落漠不关心的态度，这种衰落体现在法律中的诸多发展动态之中，其中

---

⑫ 斯金纳(B. F. Skinner)，《科学与人的行为》(*Science and Human Behavior*)，1953年；引文来自于该书的第6-7、10和115-116页。

⑬ 斯金纳的思维中贯穿着两个主题：(1)目的必须被排除在科学解释之外，因为它涉及一种想象的未来状态，这种状态支配着现在，而公认的科学信条则认为过去控制着现在；(2)人类行为在可能的范围内必须根据“外在于”机体、而不是在其“内部”发生作用的原因来解释。

大多数变化显然并不适合于斯金纳教授所为之努力的那些目标。

为了对斯金纳教授公平,我们应当注意到:他并不只是简单地怀疑责任概念的有效性;他还进一步建构出了一种替代性的社会控制模式。用非常简单的话来说,他提议:与其告诉人们要做好人,不如设定条件迫使他们变成好人。不论这种计划的优点或缺点是什么,它都完全不同于这样一位不堪负荷的检察官的盘算:为 165
了简化自己的工作,他寄望于某些法律,这些法律使刑事责任不依赖于任何过错或意图方面的证据。

我提到过"高尚"的动机也曾经在混淆法律责任概念的过程中扮演过角色。一个显著的例子就是教育改造(rehabilitative)理想在刑法中的滥用。正像弗朗西斯·艾伦已经证明的那样,[⑭]对这种理想设计的错误适用可能会使刑法变得更加残酷,尽管其目的本来是想使之变得更加人道。例如,当教育改造被当作是刑法的惟一目标的时候,所有对于正当程序以及何为犯罪的明确定义的关注都会消失。如果被告可能遭遇的最坏情形只是获得一个机会利用公共经费去进行自我改造,为什么还需要担心公正审判的问题?

自从艾伦教授发表他的文章之后,他在其中所表达的担忧已经从克拉克大法官在鲁滨逊诉加利福尼亚一案[⑮]中表达的司法意见中得到了证实。在那个案件中,最高法院的大多数法官都认为

⑭　弗朗西斯·艾伦(Francis Allen),"刑事司法、法律价值与教育改造理想"(Criminal Justice, Legal Values and the Rehabilitative Ideal),《刑法与犯罪学杂志》,第50卷(50 *Journal of Criminal Law and Criminology*),第226-232页,1959年。

⑮　*Robinson v. California*, 370 U. S. 660 at pp. 679-686 (1962);此案中的多数派意见已经在前面讨论过,请参见第123-124页。

争议点(issue)在于成为一个吸毒成瘾者这种状况能否合乎宪法地被规定为犯罪——这种状况可能是在当事人没有过错的情况下发生的。法院的多数派认为答案是否定的。在表达对这项判决的异议时,克拉克大法官指出:接受审查的这部法律可以被视为一项矫治性的措施。因为大家都承认一个州可以通过民事程序将一名瘾君子送入医院以便接受治疗,他认为没有理由反对将这种瘾君子送到监狱里关上六个月,在那里,可以推定他是接触不到毒品的。

从这种刑法观出发,合法性原则同鲁滨逊诉加利福尼亚一案中所涉及的这种法典还有什么相关性呢?矫治性措施还需不需要受到正式规则的限制和约束呢?这些措施以及它们适用于其上的
166 那些案件的性质需不需要公布呢?矫治性措施能否适用于它们被正式采纳之前所发生的状况呢?

我们有许多理由相信我们用来处理吸毒成瘾问题的方法是错误的,通过医疗和康复手段可能比通过刑法更能获得良好的效果。但是,这样一种改革计划要想取得成功的话,就需要先创设实现其目标所必需的机构。它不能突兀地插入到具有完全不同目标的机构当中去;你不能通过把监狱叫做医院而使它变成医院,也不能通过把一场刑事审判伪装成体检而真正使它变成体检。

法律领域还存在其他一些趋势,也在致力于混淆公民作为自决的理性行动主体的角色。其中比较重要的一个趋势就是税收越来越多地被用来作为法律的万能女佣(legal maid-of-all-work)。近来,税收成了服务于多种间接目的的手段。新增税种被用来控制商业周期、识别出职业赌徒、分配经济资源、抑制酒精的使用、令化妆品零售商同政府分享他们从女性愿意为其非自然美支付的高昂价格中所获利润、阻碍旅行、扩展联邦司法管辖权——谁知道还有些其他什么目标？与此同时，检察官们也发现税法为他们提供了一种便捷的途径，使他们可以比较容易地确保在其他基础上很难获得的定罪。

于是，不足为奇的是，税法的适用对象和受害者们有时会变得非常困惑并且开始对明天会发生什么感到迷茫。已经深为自己的贪吃感到罪过的肥胖公民可能会开始担心政府会对他的多余磅数做些什么。可以肯定的是，他大可不必担心政府会因为他超重而对他处以罚款。但他能不能肯定自己明天不会被课以一种特别税，而这一税种的理据是：政府补贴的航空公司需要花费高出平均成本的经费才能把他运来运去，尽管他从未搭乘过飞机？而且，他难道可能不为“税与罚款究竟有何区别”而感到困惑？即使他不幸

地知道最高法院的一位著名大法官曾经坚持认为这两者没有区 167
别，他的沉默的绝望情绪也不可能有丝毫的改善。

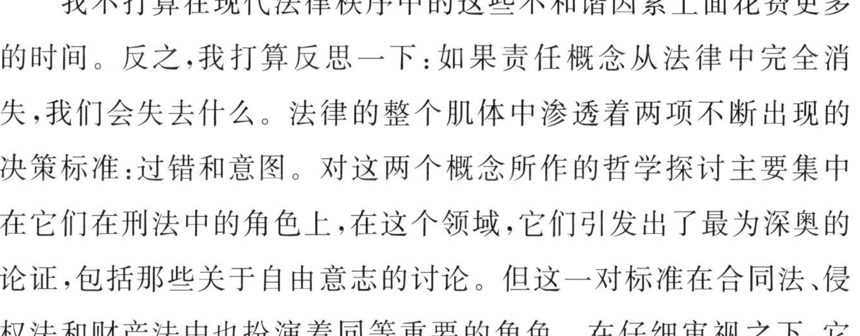

我不打算在现代法律秩序中的这些不和谐因素上面花费更多的时间。反之，我打算反思一下：如果责任概念从法律中完全消失，我们会失去什么。法律的整个肌体中渗透着两项不断出现的决策标准：过错和意图。对这两个概念所作的哲学探讨主要集中在它们在刑法中的角色上，在这个领域，它们引发出了最为深奥的论证，包括那些关于自由意志的讨论。但这一对标准在合同法、侵权法和财产法中也扮演着同等重要的角色。在仔细审视之下，它们在其出现于其中的每一个法律领域中都表现为复杂和难以理解的概念。但是，如果没有它们，我们就没有线索来指引我们走出迷

宫。当其中的一项标准失败的时候，我们达到最接近于它的那个地方。当我们找不到明确的意图的时候，我们就会问：如果当事人预见到后来发生的这种情况，他们会有什么样的意图。如果所有当事人似乎都不能直接被谴责为有过错，我们就会问：他们当中谁最有机会防止损害的发生——换句话说，就是谁离过错最近？

让我们来看一看当这两项标准以及与它们最接近的那些标准完全失灵时会发生什么样的情况。当一项合同的履行遭遇障碍或者它的意义因某种外部事件而发生转变（比如加冕礼的取消）时，这种情况就会发生。在财产法中，当自然力量介入并发挥主宰作用的时候，我们熟悉的标准便会失效，比如一条河流改道，令A的土地减少了20英亩而使B的土地增加了25英亩。在这样的案件中，诉讼当事人不是作为负责任的理性行动主体出现，而是作为外部力量的无助的受害者。我们不再能够问：谁应当受责？他们的意图是什么？因为我们通常的正义标准不再能够为我们提供帮助，我们无从知晓正义的要求是什么。如果我们在整个法律当中都找不到人作为一个负责任的行动主体的观念，所有的法律问题就会变得像我刚才所指出的情况那样。

168 ## 有效法律行动的限度问题

在这一章里，我到这里为止一直在试图证明，法律的内在道德的确应当被称为一种“道德”。我希望我已经证明：对这种道德的接受是实现正义的必要但非充分条件；如果有人试图通过法律规则来发泄盲目的仇恨，这种道德本身便遭到了违背；最后，这种特殊的法律道德表述并向我们呈现了一种人性观，这种关于人性的观点不论对法律还是道德都是不可或缺的。

现在是时候转向法律道德的局限性并分析这种道德如果适用于其上会不恰当和有害的一种情形了。

但是，我们首先需要澄清一项对我们的主题构成威胁的混淆。让我来给出这种混淆的一个历史例证。在《论自由》中，密尔写道：

> 本文的目的在于主张一项简单的原则，它有资格绝对统摄社会通过强制和控制来对付个人的各种情形，不论其中采取的方式是表现为法律制裁的物理性暴力，还是公共舆论的道德强迫。这项原则就是，……权力只能出于一种目的而被正当地施行于一个文明共同体中的任一成员，不管他的意愿如何，这种目的就是防止对其他人的伤害。他自己的好处，不论是物质的还是精神的，并非一项充分的保障。[16]

在他对密尔作出的著名回应中，詹姆斯·菲茨詹姆斯·斯蒂芬试图借助这样一个反例来驳斥密尔的“一项简单的原则”，即：英国公民都处在一项征税权的控制之下，这项权力所抽取的税款可能是用来支持大英博物馆，这个机构显然不是被设计来保护公民 169
免于伤害、而是为了提升公民素质。[17]

这里所例示的是对通常意义上的针对公民的行为规则与一般意义上的政府行为的混淆。密尔所主张的是“表现为法律制裁的

⑯ 引文见《论自由》的第一章。

⑰ 詹姆斯·菲茨詹姆斯·斯蒂芬（James Fitzjames Stephen），《自由、平等、博爱》（*Liberty*, *Equality*, *Fraternity*），1873年，第16页：“强迫一位不情愿的公民出钱来支持大英博物馆就像宗教迫害一样显然是对密尔先生的原则的违背”。

物理性暴力"本身不应当被用作提升公民素质的直接工具。他当然无意主张政府永远不能用税收款项——在必要时，可以通过强制措施来征收——来提供能够帮助公民自我提升的设施。

斯蒂芬在他与密尔的争论中引入的这项混淆为我们提供了这一类混淆中相当微妙的一个例证。一项更加彻头彻尾的混淆出现在一位著名人类学家的以下文字当中：

> 法律一直以来都被用作立法全能(legislative omnipotence)的一项工具。曾经有过一项利用法律来使整个民族变得更加理智的尝试。它失败了。(在这一点上，我们可以说，这样讲也未尝不可。)在纳粹德国，整个民族通过法律以及其他工具被转变成了一群嗜血的世界匪徒。我们希望，这也将再次失败。意大利的独裁者正在试图将他的聪明、愤世嫉俗并热爱和平的人民转变成勇敢的英雄。原教旨主义者们试图在这个联邦的某些州通过法律使人民变得敬畏上帝并崇拜圣经。而一个伟大的共产主义联邦则试图废除上帝、婚姻和家庭，也是通过法律。[18]

这种将法律同每一种可以想象出来的官方行为混为一谈的做
170 法已经变得如此通行，以至于当我们发现一位作者打算讨论庞德的著名说法所讲的"有效法律行动的局限性"时，我们可能无法确定他所谈论的主题会是正在筹划中的对同性恋的法律压制还是政府试图将帕萨玛科蒂的潮水能量转化成电能的那个项目的失败。

---

⑱ 马林诺夫斯基(Malinowski)，"法律(尤其是原始法)解释的一项新工具"(A New Instrument for the Interpretation of Law—Especially Primitive)，《耶鲁法律杂志》(*Yale Law Journal*)，第 51 卷，第 1237-1254 页，引文见第 1247 页，1942 年。

法律的道德性与经济资源的分配

我们为了智识上的预防而做的铺垫就到此为止了。现在我将直接转向法律的内在道德超越其恰当领地的情况。

你可能还记得，我在第一章曾经借助过一把标尺的比喻，这把标尺的起点一端是为社会的存续所明显必需的义务，而终点一端则是人力所及的最高、最难的成就。我还提到了一枚看不见的指针，它标示着义务的压力消失而追求卓越的挑战开始发生作用的那条分界线。我认为去找那枚指针的准确位置是社会哲学的一道基本难题。如果它被定得过低，义务的概念本身便会在只适合于较高层次的愿望的道德的那些思维模式的影响下解体。如果这枚指针的位置被定得过高，义务的严苛性就会升高到窒息追求卓越的强烈欲望的程度，并且用真正有效的行动替换了常规性的尽义务的行动。

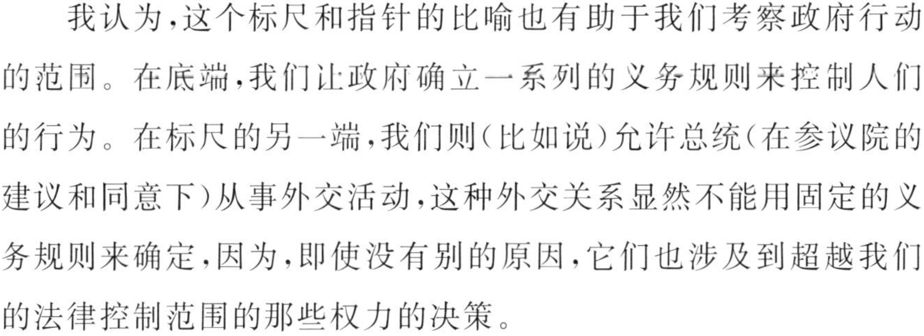

我认为，这个标尺和指针的比喻也有助于我们考察政府行动的范围。在底端，我们让政府确立一系列的义务规则来控制人们的行为。在标尺的另一端，我们则（比如说）允许总统（在参议院的建议和同意下）从事外交活动，这种外交关系显然不能用固定的义务规则来确定，因为，即使没有别的原因，它们也涉及到超越我们的法律控制范围的那些权力的决策。

我在第二章曾经指出，法律的内在道德本身基本上是一种愿
望的道德。与此同时，它的特定品质来自于它涉及创设和实施法 171
律义务这一事实。换句话说，法律的内在道德不是、也不可能是一种适合于每一类政府行动的道德。军队是法律的造物，而军官

从某种意义上讲也是政府官员。但是，我们显然不能由此推出：每一项军事命令的发出都必须服从适合于（比如说）司法职能之履行的那些约束。

我刚才所指出的这些自明之理主要是在经济领域最常被人忽视。需要提醒大家的是，我在第一章曾经指出，私人经济活动乃是发生在一个由财产权和契约的法律与道德所设定的约束框架之内。与此同时，这种活动无法、也不应当依照某种类似于法律的内在道德的标准来进行。这种活动只听从一项一般性原则，那就是从有限的资源中获取最大限度的回报。即使当环绕在经济计算四周的约束条件被扩展到包括（比如说）支付最低工资、提供某种形式的工作保障以及将解雇员工的决定提交仲裁等义务的时候，情况仍是如此。这样一些义务只是缩紧了经济计算在其中进行的那一框架；它们并未改变这种计算的基本属性。

当政府本身直接从事经济活动的时候，这种计算的属性也不会发生变化。社会主义经济有史以来一直面临着如何发展出一套有意义的定价系统的难题。如果没有这样一套系统，边际效用原则的适用就会变得十分困难，并且只能是基于揣测。但这一原则本身仍毫发无损，无论何时何地，只要人们试图最有效地处置他们控制的资源，这一原则都必定一如既往地发生作用。而且，十分明显的是，这项原则不能通过既定的义务规则来实现。

如今，当我们试图在我们的混合型经济中通过审判形式来完成基本上相当于经济分配的那一类任务时，我刚才所列出的所有这些考虑因素都被忽略了。这种情况最明显地发生在民用航空委
172 员会和联邦通讯委员会这两项个案中。就其性质而言，审判必须

通过公开宣布的规则或原则来进行，而且，它赖以进行的根据必须呈现出不随时间而变的连续性。如果缺乏这些条件，争点合并(joinder)就变得不可能，而所有环绕在司法决策周围的常规保障(比如禁止诉讼当事人与纠纷裁断者之间的私人会晤的常规)也都失去了意义。

要采取明智的行动，经济管理者必须将每一种同他的决策相关的情况都纳入考虑，而且他自己必须主动采取行动去发掘那些情况是相关的。当情况发生变化时，他的决策必须被撤销或改变。相反，法官以那些按照公布的决策原则事先被认定为相关的事实为根据来采取行动。他的决策不只是简单地引导资源和能量的流向；它宣布权利，而权利只有以某种于流变的情境中保持不变的尺度为基础才会有意义。因此，当我们试图借助审判形式来完成经济管理任务的时候，一项严重的搭配不当便会出现所采用的程序与有待解决的问题之间。

这种思想在亨利·J.弗兰德利的霍姆斯讲座——《联邦行政机构：我们需要更好的界定标准》[19]——中所举的一个例子里得到了最有效的表达。弗兰德利法官提到国会分派给联邦通讯委员会的任务所具有的“令人沮丧的性质”。他接着说道：

> 国会交给这个委员会的工作就像是要求大都会歌剧协会在公开听证之后并在由严格推理支撑的意见的基础上裁断：如果让泰巴尔迪、萨瑟兰或某一位获得过多项美国大奖的歌

[19] 亨利·J.弗兰德利(Henry J. Friendly)，《联邦行政机构：我们需要更好的界定标准》(*The Federal Administrative Agencies: The Need for Better Definition of Standards*)，哈佛大学出版社，1962年。

> 手来担任开幕夜上的女主角,……公共便利、公共利益或公共需要是否会因此而得到满足。将这项任务扩大数百倍;加上
> 173 一个看起来令局面变化无常的因素:任何被选中出演这一角色的歌手都可以将角色转让给任何其他够资格的候选人;禁止该委员会获取许多最能够提供帮助的人士的建议;进一步假定决策者们知道他们的行动有可能取悦或激怒那些有权决定他们能否留任的人士,而这些人士在决策过程仍在进行之中的时候偶尔也会表明他们的态度——这个时候,你便会对该委员会的难题有一种更加同情的理解(第 55-56 页)。

在这个段落中得到如此有效的表达的这种“同情式理解”在弗兰德利法官讲座的其余部分似乎并未体现出来。他对联邦行政机构的抱怨是说它们没有充分尊重我们这里所称的法律的内在道德。在列出行政机构为什么应当清楚界定它们据以行动的标准的原因时,弗兰德利法官提出了一些非常近似于、并且在某些方面有益地补充了被我视为法律的道德性的基本成分的因素(第 19-26 页)。但他将这些因素毫无差别地适用于整个行政过程,基本上没有尝试区分可能被分派给某一行政机构的不同类型的经济任务。

我在这里提出的反对观点是:经济分配的任务无法在法律的内在道德所设定的限度内得到有效地履行。通过审判形式来完成这类任务的尝试必定会导致无效率、虚伪、道德混乱和挫折。

我认为,这一反对观点在弗兰德利法官讲座中呈现出的断裂里得到了证实。他的最严厉批评所针对的两个目标分别是联邦通讯委员会和民用航空委员会,这两个机构的主要任务显然是分配性的。他赞扬全国劳资关系委员会,因为它清楚地界定了不公平

的雇佣实践，换句话说，因为它行使权力的方式更接近于刑法手段，而不是接近于任何类似于一种管理性的资源分配的方式。从总体上看，在弗兰德利法官的整个讲座当中，赞誉和谴责乃是循着 174
一条紧密关联于分配性职能与非分配性职能之分的路径。不过，无论是赞扬还是谴责，当它们乃是针对个人的时候，它们显然找错了对象；它们应当针对的是一个机构履行分派给它的任务的制度设计的妥当性。

为了缓解对如此之多的行政机构造成不利影响的程序与任务之间的不协调，赫克托[20]和雷德福[21]以各自略有不同的方式提议区分宣布一般性政策的职能与对特定个案做出日常决策的职能。雷德福的建议显然未能获得弗兰德利法官的“同情式理解”；实际上，他断然拒绝了这项建议：“非常简单，我认为很难找到更糟糕的提议”（第 153 页）。但是，这项单独履行宣布一般性政策之职能的建议代表着一项认真而且明智的尝试，它抓住了调整机构的制度设计以适应它们所承担的经济任务这一问题。例如，我们可以想象一项增加煤产量的全国性政策。没有人会认为这样一项政策应当通过一套限定在自身的规范局限性之内的司法程序来制定。当然，这样一项政策在特定的背景中将提出什么样的要求，这应当根据具体情况来作出具体决定。在这个方面，赫克托和雷德福的建议具有宝贵的经济意义。但是，他们并没有解决分配性机构的制

---

⑳ 赫克托（Hector），“民用航空委员会与各种独立规制委员会的问题”（Problems of the CAB and the Independent Regulatory Commissions），《耶鲁法律杂志》，第 69 卷，第 931-964 页，1960 年。

㉑ 雷德福（Redford），《总统与规制委员会》（*The President and the Regulatory Commissions*），1960 年。这是一份提交给总统的政府组织顾问委员会的报告。

度设计与它们所承担的任务之间的不匹配问题。裁定一项一般性的经济政策在特定情形下有什么要求仍然是一项难以应付的司法作业。例如，一项增加煤产量的全国性政策不会告诉一个裁定机
175 构是应当关闭还是应当补贴一个亏损的煤矿。在这个问题上的明智抉择只有在对这样一些情况进行调查之后才能做出：对关闭煤矿后释放出来的人力资源可以被安排到哪些别的用途上面？对煤矿的补贴还可以用到哪些项目上面？

在强调分配性任务之特殊意义的时候，我当然无意于暗示分配性任务与非分配性任务之间的区分是一刀切的。即使是一项宣布某一税目违宪的司法判决也可能起到将投资引向先前受这一税目影响之领域的作用。在理论上，这项分配性的副作用往往被忽略不计，因为它与判决本身不相关。同样，一个行政裁判所也可能依据不理会其裁决之分配性效果的准则来行事。当一个等级评定机构以某项特定投资能否获得充分回报作为标准的时候，情况也是如此。但是，如果这个机构采纳一种标准是为了确定这样一种评级体系，以便吸引充分的资本流入作为一个整体的被规制行业，它的分配性职能就变得更加明显，但这种性质可以通过这样一项假定来掩盖：这一行业要求维持“常规”的资本流入量。不过，只要对经济作更为宏观的考察，可能就会发现这一假定是错误的。情况的变化可能使原本只是偶尔具有分配性的任务变得更加直接地具有分配性。当铁路运输开始面临来自公路运输和航空运输的竞争的时候，州际贸易委员会便发生了这样的变化。值得注意的是，弗兰德利法官表扬了州际贸易委员会的一些早期决定(第 27—35 页)，但却批评该委员会的更为晚近的决定(第 106—140 页)。

找出政府控制经济的最合适的制度设计长期以来一直是一个令人头疼的问题。我认为，这个问题将来必定会变得更加紧迫和普遍。我们需要将像铁路这样的不可缺少的设施从它们的经济困境中解救出来，就铁路这个例子而言，这种困境是由政府向竞争性的交通运输形式发放补贴的分配性效果所导致的（对此，没有人来 176
承担明确的责任）。在劳资关系领域，许多先前不屈不挠地反对强制性仲裁的经验丰富的仲裁员都开始变得更愿意接受它，有些甚至认为它是不可避免的。几乎是在不经意——一场涉及数以亿计金额的不经意——之间，我们发展出一种新型的混合经济，在其中，相当一部分工业依赖于同军队之间的合同。由于这种新型的产业被归类到“私人”领域，它逃过直接的政府经营所应当接受的严格审查。与此同时，认为它严格受制于市场的规训也是很傻的。倘若我们的军备开支严重削减，大量的军工设备便都需要置换。最后，逐渐发展的自动化所导致的混乱现在仍然没有得到直接的面对。

如果这些未来景象的征兆是可信的，我们便显然即将面对在规模和重要性上都史无前例的制度设计问题。法律职业群体难免会在解决这些问题方面扮演重要角色。最大的危险是我们会不假思索地将那些已经被证明在设计上存在缺陷的传统制度和程序搬进新的状况当中。作为法律人，我们自然倾向于将政府的每一项职能“司法化”。审判是一种我们所熟悉的程序，而且可以使我们的特殊才能得到最有利的发挥。但我们必须面对这样一项显著的事实：对于经济管理以及经济资源分配中的政府参与来说，审判是一项缺乏效率的工具。

有人也许会反对说：如果没有审判程序所赋予的保障，政府权力可能会遭到严重的滥用。这种担心恐怕低估了一种信任感，这种信任感伴随着被委以一项有意义的工作并被允许用明智的方式来完成这项工作。如今，贪婪和对权力的渴求所找到的最常见的发泄渠道是利用不再受任何明确的目的感鼓舞的制度形式的场
177 合。无论如何，在寻找防止权力滥用的制度保障的时候，我们没有必要固守严格意义上的审判程序，而可以考虑这样一些制度安排所代表的模式：法国参事院（Conseil d'État）*、斯堪的纳维亚半岛诸国的调查官（ombudsman）、英国的行政裁判所委员会（British Council on Tribunals）以及美国某些州曾经设立的监察员委员会（boards of censors）——这些监察员的职能不是监管私人作风，而是警觉地监督政府部门的权力滥用和工作上的缺陷。

法律的道德性与制度设计的难题

在讨论法律的道德之局限的过程中，我到这里为止一直在试图说明：有效的经济资源分配无法在这种道德所施加的约束条件内得到履行。这一点又转而表明这样一种分配无法通过审判程序

* Conseil d'État 的通常译名是"法国最高行政法院"。这个译名其实并不准确，尤其是将其用来指称 1872 年以前的 Conseil d'Etat 的时候。因为这一机构直到那一年才获得行政审判权。在此之前，它一直是一个立法和行政咨询机构。在此之后，它也一直承担着行政审判和政府顾问双重职能。如今，这个机构的业务部门分为四个行政部（分别负责财政、内政、公共工程和社会事务）、一个诉讼部和一个 1985 年设立的调研部。其内部行政事务由秘书长领导下的办公厅负责。在这些部门中，只有诉讼部是负责审理行政案件的。因此，本人将其译为"法国参事院"。——译者注

得到满意的履行。值得注意的是，我为了支持这些命题而提出的那些考虑事项绝不仅仅关系到严格意义上的经济学领域。从广义上讲，经济计算是我们的生活当中无所不在的一项成分。没有任何创造性的人类努力的方向可以完全避免它。

一个民主社会所特有的两种基本的决策程序是：由不偏不倚的法官来决策，抑或是由一个选民群体或一个代表机构通过投票来作出决策。需要强调的是，这些决策过程本身并不能解决涉及大量可能方案的复杂问题。因此，当基督教会学院[*]的教师们为一座新钟楼的最佳设计而争论不休的时候，即使是像查尔斯·道奇森[**]这样的数学天才也无法设计出一种投票方法来解决他们之间的分歧。[22]审判和多数票决策在这种情况下都有赖于某种能够将选择范围缩小的预备性程序。这种程序通常涉及那些可能受最 178
终决策影响的人们之间的相互迁就和妥协。

法律制度和程序的框架性设计显然不能通过审判式决策来确定。正是由于这个原因，最高法院明智地认为实施保障各州拥有共和型政府的宪法条款不在自己的权限范围内。一个如此行为的法院既不能起草宪法，也不能履行对宪法实施的一般管理性监督

---

* 基督教会学院（Christ Church College），牛津大学的学院之一，创办于1525年。——译者注

** 查尔斯·道奇森（Charles Dodgson）（1832-1898），英国著名数学家、小说家和诗人。他在从事文学创作时所用的笔名是刘易斯·卡罗尔（Lewis Carroll），这个名字作为《爱丽丝漫游奇境记》的作者更为一般公众所知。他曾长期担任牛津大学的数学讲师，并因率先使用数学方法来研究集体决策过程而成为公共选择理论的先驱。——译者注

㉒ 布莱克（Black），《委员会和选举的理论》（*The Theory of Committees and Elections*），1958年，第20章，“尊敬的C. L. 道奇森（刘易斯·卡罗尔）是在什么情况下写下了他的三部小册子”，第189-213页。（这个妙趣横生而又略带弗洛伊德笔法的章节讲述了道奇森如何因讨厌他的院长——现实生活中的爱丽斯的父亲——而变成了数学化的选举理论的先驱。）

职能。

贝克诉卡尔案[23]的判决代表着一场博弈，在其中，法庭之外的政治协调和妥协剪裁出了一项似乎可以为法院所消化的争议点。我认为，为了履行其在这个案件中做出的承诺，最高法院将发现自己不得不踏上一条艰难的中间路线。一方面，如果它确立起过于严格和详尽的标准，这就将会抑制不可或缺的审前调整和妥协程序。如果它的标准过于宽松，这些程序又无法产生出最高法院可以接受的答案。

制度设计作为一项如何有效利用资源的难题

有一项假定隐含在这些最后的评论以及全书当中：正像人可以做什么受到物质性的自然所给定的限制条件之约束一样，他在安排其社会生活形式方面的选择也受到类似的约束。在这里，正像在任何场合一样，他面对着稀缺性问题，并且被迫采取技巧并抱持审慎的态度来安排可得的资源。

冒着重复说明显而易见之事的风险，让我用一个纯粹假设的案例来说明这个要点。让我们假设有这样一所文法学校（gram-
179 mar school），在那里上学的孩子们的家长开始对学校让某些学生留级的做法感到担忧。家长们的不满在于两个方面：(1)他们不能肯定学校在这个事项上的决策是否正确——实际上，有传言说学

---

[23] *Baker v. Carr*, 82 Sup. Ct. 691 (1962).

校有偏袒和粗心大意地对待学生档案的嫌疑；(2)家长们认为，不论如何，不能升级被过分地解释成一项失败，而留级被贴上了不成比例的耻辱标记。为了应对第一项不满，家长们要求评分老师的所有不予升级的建议都应提交给一个资深教师委员会，该委员会将依照审判式程序来作出最后决定，在这个程序当中，相关学生的家长将被允许出席，并且得以查阅所有的相关档案。为了应对第二项不满，家长们要求通过一致努力来减小不能升级的耻辱感，所有参与讨论留级个案的老师都应当尽力削弱留级决定的影响。

非常明显的是，在这个计划中存在着彼此难以兼容的因素。运作这个计划的技巧和策略可以减小这种冲突，但这一点一般来讲总是正确的：防止错误和偏私的程序越是有效，留级生所遭到的指指点点就越是确定无疑。一场公共审判可以保护他免于遭受不公，却也剥夺了这样一种想法可能带给他的安慰：那些不让他升级的人可能并不清楚自己在做什么。

类似的权衡成本的难题在我们的法律和政治生活中随处可见。例如，如果有人提出这样一个问题："为了确保没有任何无辜的人被判定为有罪，应当付出多大的努力"？答案很容易会滑向极端，甚至会有人指出：在涉及基本人权的场合，一个带有如此低俗的计算性特征的问题根本不应该被提出。但是，如果我们想到：为了确保一项判决正确无误，我们必须消耗时间这种稀缺资源，而且，一项姗姗来迟的正确判决对被告造成的损害可能大于一项很 180
快作出的错误判决所造成的损害，这个问题就会呈现出不同的面目。这时我们就会看到，即使是在这样一种案件中，我们也不得不做出一项具有广义的"经济"属性的计算，尽管金钱成本完全不在

考虑范围之内。

将设计和管理我们的制度的问题看成好像只是一个权衡不同的实体性目标的问题是一项严重的错误。因为各种制度有其自身的特定完整性，如果这种完整性得不到尊重，它们就不会有效。在讨论法律的内在道德的时候，我已经对这一要点进行了详尽的阐述。在下面这个段落中，亨利·M.哈特将这个要点恰当地扩展适用于一般意义上的制度和程序：

> 在刑法中，正像在所有法律中一样，采取何种行动的问题并不是在一片制度真空当中呈现出自身的。相反，它们是在某种既定的、专门的决策程序中出现的：在制宪会议上，在立法机构中，在检察官办公室，在负责确定有罪、无罪的法院，在量刑法庭，在假释委员会，等等。这意味着每一个决策机构都总是必须考虑自己在制度系统中的位置，同时也考虑到维持整个系统的完整性和良好工作状态所必需的那些因素。换句话说，有一套复杂的机构目标需要得到满足，同时还有一套复杂的实体性社会目标需要得到实现。不证自明的是，每一个决策机构都应当作出由它在制度结构中的位置决定最适合由它来作出的决策。[24]

虽然哈特教授在写下这段文字的时候所特别针对的是刑法，但他很清楚地表明，他所提出的问题遍及于整个政制当中。我认181 为，出于我们已经讨论过的原因，这些涉及我们的法律机构的正确

㉔ 亨利·M.哈特(Henry M. Hart)，"刑法的目标"(The Aims of Criminal Law)，《法律和当代问题》(*Law and Contemporary Problems*)，第23卷，第401-441页，引文见第402页，1958年。

设计和协作的问题在未来的岁月里还会变得更加紧迫。对这些问题的解决有赖于那些有能力理解它们的人们之间的通力合作。某种类似于《联邦党人文集》之精神——一种既刨根问底、又具有建设性的精神——的东西变得至关重要。

不幸的是，在我们当下的智识氛围中，这种精神似乎很难寻觅。一方面，有一些很有能力的学者似乎完全否认制度设计问题的存在。他们的计划似乎是最大限度地利用政府权力来实现在某一特定时间显得重要的任何目的，而完全不去探究政府权力的道德源泉。另一方面，还有一些人则把这些问题交付给我所称的义务的道德，而不是愿望的道德。他们否认这样一项提议：要解决这些问题，就需要进行某种经济计算，或者是适用边际效用原则。从这一固执的立场出发，他们很可能认为那些与他们的意见不一致的人不仅是错误的，而且是不讲原则和不道德的。

幸运的是，展开争议的战线并不像我刚才所描述的那样可怕。人们可以期待各种极端立场之间的沟通会在将来得到实现，因为设计出足以解决自身问题的制度和程序的能力可能是一个文明社会的首要标志。无论如何，这种能力是文明得以希冀在一个急剧变化的世界中生存下去的主要依靠。

界定道德共同体的难题

在我们到这里为止的讨论中，一个基本问题被忽略了。这个问题便是：人们在其中相互担负义务并有意义地分享着他们的愿望的那个道德共同体中到底包含着哪些人？或者换成浅显直白的现代表达方式：哪些人可以被视为圈内人？

182 这个问题困扰着所有的道德哲学家。在一个被共同利益的纽带绑缚在一起的功能性共同体中，起草一部道德法典的任务并不难。在这样的情形中，辨识出在这个共同体中满意地生活以及共同体作为一个整体取得成功所必需的约束与合作规则是比较容易的。但是，这种道德判断方面的自信是有其代价的，因为，如果缺乏理性的原则在确定谁应当被包括在这个共同体中，内部的道德法典本身便是建立在一个随意选择的基础之上。

这一难题有没有解决方案呢？如果有，它不能从义务的道德中获得，因为这种道德基本上是一种圈内人的道德。它假定人们彼此之间有着活生生的接触，或者是通过一种明显的互惠，或者是通过体现在一个有组织社会的种种形式当中的隐含的互惠关系。

不过，人们或许可以从愿望的道德中找到一种解决方案。对这种可能性的最雄辩的表达出自于《圣经》。《旧约》中阐明的义务的道德包括这样一项命令：你应当爱邻如己。《新约》记述了一位律法师同耶稣的对话，话题便是这项命令。这位律法师看到这项命令当中包含着一个难点，于是便想以此来考验耶稣的解释能力。他问："那么谁是我的邻人？"

在这个场合，耶稣并未如此回答："你的邻人是每一个人；你应当去爱世界上的每一个人，甚至你的敌人"。相反，他讲述了善良的萨玛利亚人的寓言。[25] 某人被强盗所伤，奄奄一息地倒在路旁。他的两位同族弟兄从旁边路过，却没有提供任何帮助。然后，一位

---

[25] 《路加福音》，10：25-37。

受人鄙夷的萨玛利亚族的族人——显然是一位圈外人——为他包扎了伤口并且悉心照料他。耶稣最后提出这样一个问题：“你想，这三个人中，哪一个是这位受强盗所伤者的邻人呢？” 183

我认为，这则寓言的意思不是说我们应当把每一个人都纳入到道德共同体当中，而是说，我们应当有志于抓住每一次机会来扩展这一共同体，并且最终将所有抱有善意的人们都纳入这一共同体（如果可能的话）。

但这仍然留下了一项特定的难题。愿望的道德并非用命令式的语气来说话，而是表达为赞扬、善意的忠告和鼓励。难道就没有借以回答道德共同体的成员资格问题的更加牢靠的根据了吗？

我相信在一种情形中存在这样的根据。虽然这种情形绝不是虚构的，我会将它描述得比较抽象。在某一给定的政治社会中，人们通常被描述为属于不同的种族。这些人长期在一起共同生活。每一个群体都丰富着其他群体的语言、思想、音乐、幽默和艺术生活。他们一起创造出一种共同的文化。是不是没有任何道德原则可以强制性谴责在这些族群之间划出界线，并且不让一个族群接触为其幸福和有尊严的生活所必需的那些要素的做法？

我相信这样一项道德原则是存在的。在这种情况下，愿望的道德可以发出与义务的道德同样强硬的命令，因此，两种道德之间的区分在这一点上消失了。愿望的道德毕竟是一种人的愿望的道德。它如果不顾及人类的特有品质，便会陷入自我否定之中。

在《塔木德》（Talmud）中有这样一句话：“如果我不为自己，谁会为我？如果我只为自己，我是什么？”[26]如果我们用复数形式来重新表述这句话，就变成：“如果我们不为自己，谁会为我们？如果我们只为自己，我们是什么？”不论我们如何来回答最后一个问题，答案都必须建立在“我们首先是人”这一前提之上。如果我们不得
184 不通过在我们自己的名称前面加上某些生物学标签来限定我们的答案，那么，我们就在试图为否认他人的人类品性寻找理由的过程中否定了自己的人类品性。

一部实体性自然法的最低限度的内容

在试图了解是否可能从愿望的道德中推演出某种更具强制性的命令、而不仅仅是建议和鼓励的过程中，我已经得出这样一个结论：由于愿望的道德必然是一种人类愿望的道德，它无法做到否认拥有这种道德的那些人们的人类属性而不丧失自身的完整性。我们能否进一步推导出更多的命题呢？

这个问题也可以用另一种方式来表述。在本书第三章，我对我所称的法律的内在道德的处理方式是使它自身呈现为一种类型的自然法。不过，这是一种程序型或机制型的自然法，正像我在本章极力表明的那样，它影响并限制着可以通过法律来实现的实体性目标。我们能否从愿望的道德本身当中推演出某种实体性而不是程序性的自然法？

在《法律的概念》一书中，哈特提出了他所称的“自然法的最低

---

[26] 《劳作》(Aboth)，第一章，《密西拿》(Mishnah)，14。

限度内容”(第 189-195 页)。从人类生存这一单一目标——这一目标被认为是在某些外部强加的条件之下发挥作用的——出发，哈特借助于一套我毋宁将其描述为目的影射(purpose implication)的推理过程得出了一套相当详尽的、可以被称为自然法规则的规则体系。在他那很有意思的讨论中得到阐发的其实是一种最低限度的义务的道德。

就像任何义务的道德一样，这种最低限度的自然法无法回答这样一个问题：谁应当被包括在那个承认并试图协同实现生存这一共享目标的共同体中？更简单地说，就是：谁应当生存？哈特未曾尝试回答这个问题。他只是简单地说：“我们所关注的是为持续生存所必需的社会安排，而不是那些为一个自杀俱乐部所需要的社会安排。”

为了说明自己为什么将生存作为出发点，哈特提出了两种类型的理由。一种理由等于是说：生存是任何其他人类成就以及人类满足的必要条件。对于这个命题，大概没人会反对。 185

但是，除了将生存视为其他任何人类美好事物(human good)的前提，哈特还为他的出发点提出了第二套性质完全不同的理由。他声称：人们已经正确地看到，在“生存这一谨慎的目标”之中蕴含着“赋予自然法这一术语以经验上的良好判断力的毫无争议的核心要素”。他进一步主张，贯彻于所有道德和法律思维当中的目的论因素当中“隐含着这样一项假定：人类活动的根本目的是生存”。他指出：“绝大多数人都希望生存下去，哪怕是以可怕的悲惨状态为代价。”

我认为，在提出这些主张的时候，哈特踏上了更加不牢靠的基础。因为他不再只是主张生存是实现其他目的的必要条件，而是似乎在说：生存为所有人类奋斗提供了最核心、最关键的要素。我认为，这一点是不能接受的。正像托马斯·阿奎那在很久之前所说的那样，如果一位船长的最高目标是保护他的船只的话，他毋宁永远把船停靠在码头。[27] 至于说绝大多数人不惜以悲惨地生活为代价也要生存下去，这在我看来也是一项值得怀疑的命题。即使这是对的，我也怀疑它同道德理论有什么特殊的相关性。

哈特在人类努力当中寻找一项“无争议的核心要素”的尝试引出了这样一个问题：事实上，这种寻觅有没有可能取得成功？我相信，如果我们被迫选择一项支持并鼓舞着所有人类愿望的原则的话，我们会在保持与我们的同类的交流这一目标当中找到答案。

首先——让我们保持在哈特本人的论式所设定的限度内——人之所以能够生存到现在，是因为他的交流能力。在与其他物

186 种——这些物种往往比人更强壮，而且有时还具有更敏锐的感觉能力——竞争的过程中，人到今天已经是胜利者。他之所以能够取得胜利，是因为他能够获取和交流知识，也因为他能够有意识地、精心谋划地促成与其他人的通力合作。如果，在将来，人能够克服自己的自我毁灭能力而存活下来，这也必定是因为他能够与自己的同类进行交流并且达成相互理解。最后，我怀疑我们当中的大多数是否认为这样一种生存是可欲的：像某种植物一样的生存，无法与其他人类进行有意义的交流。

[27] 托马斯·阿奎那(Thomas Aquinas)，《神学大全》(*Summa Theologica*)，Pt. III，Q. 2，Art. 5。“因此一位船长不会把保护好被托付给他的船只作为最终目标，因为一艘船注定有着其他的目标，也就是航行”。

交流不只是一种生存的手段(a means of staying alive)。它是一种生存的方式(a way of being alive)。正是通过交流,我们得以继承过去的人类努力的成就。交流的可能性通过向我们保证我们所取得的成就将会丰富后代的生活而缓解了我们对于死亡的恐惧。我们完成彼此之间交流的方式和时间可能会扩展或缩小生活本身的疆界。用维特根斯坦的话来说:“我的语言的限度就是我的世界的限度”。

因此,如果有人要求我指出可以被称为实质性自然法的那种东西——大写的自然法——的无可争议的核心原则,我会说它存在于这样一项命令当中:开放、维持并保护交流渠道的完整性,借此人们可以彼此表达人们的所见、所感、所想。在这个事项上,愿望的道德所提供的绝不只是善意的忠告和追求卓越的挑战。在这里,它是用我们习惯于从义务的道德那里听到的那种命令式的语气在说话。而且,如果人们愿意倾听,便会发现这种声音不同于义务的道德所发出的声音,它可以穿越界限并跨过现在将人们彼此分割开来的障碍。

187

五　对批评者的回应

在决定添加这一章到本书中之前，我曾经历过一阵思想斗争，在此过程中，我清楚地认识到了强烈反对我这样做的那些因素。首先，据我观察，当作者们试图针对批评性的评论而为自己的著作进行辩护时，他们往往会遭遇事与愿违的结果。批评者们享有扮演着得到人们充分理解之角色的优势。读者们的预期使他可以放心大胆地充当盛气凌人的检察官。如果他能够保持合理的公允性并将自己的评论严格建立在证据的基础之上，他便可以获得放手批评的许可证，并且在人们眼中保持真理追求者的形象。

而为自己的作品辩护的作者却面对着一套完全不同的预期。他已经出版了他的著作，他已经在法庭上提出了自己一方的主张和证明，接下来他似乎应当保持被动的姿态，安静地等候聪明且同他没有利害关系的读者们的判决。而且，对批评性评论所作的任何回应都很容易变成一种愈辩愈乱的状态，其中混合着对错误解释的指责和对作者所声称的真正意思的重新表述、笨拙的申辩和对批评者的反攻，最后往往还辅以这样一项隐晦的暗示：如果不是由于篇幅的限制的话，本作者本来可以终结
188 性地证明批评者们是如何的完全错误。总而言之，自我辩护的

努力很容易变成一件让所有关注者都感到痛苦的事情。实际上，在本人的行业中有一种现成的说法，那就是：律师在为自己辩护时处境最糟糕。

在目前这一个案中，还有一项考虑便是：任何“对批评者的回应”都标志着哈特与我之间已经进行了十余年的讨论之延续。这场讨论始于哈特教授 1957 年 4 月在哈佛大学所作的霍姆斯讲座的发表。[①] 在那场讲座中，他试图针对我和其他人提出的批评而为法律实证主义辩护。第一次的反击尝试是我对这一讲座的批评性评论。[②] 第三回合以哈特的《法律的概念》的出版为标志；第四回合发生于本书第一版出版之时；第五回合则因哈特发表对本书第一版的评论而启动。[③] 这样一种交流应当在适当的时候终结。结束争讼符合公共利益（*Interest reipublicae ut sit finis litium*）。正像欧内斯特·内格尔在我们于 1958 和 1959 年间进行的一场讨论的第四和最后一个回合中所议论的那样：“一般来说，对回应的反驳的辩驳只能带来极少的智识增益”。[④]

最后一个阻碍性的因素乃是书评的惊人数量以及其中所反映的观点的多样性，[⑤]还不用说1965年4月2日的一次专门针对本

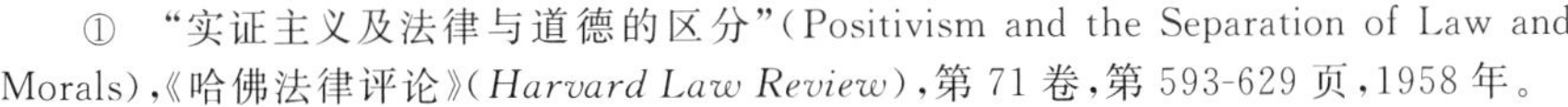

① “实证主义及法律与道德的区分”（Positivism and the Separation of Law and Morals），《哈佛法律评论》（*Harvard Law Review*），第 71 卷，第 593-629 页，1958 年。

② “实证主义与对法律的忠诚——回应哈特教授”（Positivism and Fidelity to Law—A Reply to Professor Hart），《哈佛法律评论》（*Harvard Law Review*），第 71 卷，第 630-672 页，1958 年。

③ 《哈佛法律评论》第 78 卷，第 1281-1296 页，1965 年。

④ “事实、价值与人的目的”（Fact, Value and Human Purpose），《自然法论坛》（*Natural Law Forum*），第四卷，第 26-43 页，引文见第 26 页，1959 年。

⑤ 到目前为止已经有 46 篇书评。参见第 280-281 页的书评目录。

189 书而召开的一次讨论会上的论文[⑥]以及一些涉及更宽泛主题的论文中所包含的对本书的附带评价。[⑦] 要想对这些书评和评论中所包含的所有要点做出允当的回应，一定需要很长的一个章节。

尽管存在刚才提到的这些顾虑，我还是决定撰写这新的最后一章，它不仅是我与哈特之间的讨论的延续，也是对其他一些批评者的回应。有若干因素促使我作出这一决定。

哈特的书评中所包含的某些论断是其中的一个因素。在这篇书评的第一段中，他谈到可能是因为“我们在法理学中的出发点和旨趣是如此的不同”，以至于他和我“注定永远无法理解对方的作

⑥ “法律的道德性——一次讨论会”(The Morality of Law—A Symposium)，《维拉诺瓦法律评论》(*Villanova Law Review*)，第 10 卷，第 624-678 页，1965 年。这次讨论会上的论文包括：默里(Murray)的“《法律的道德性》引介”(Introduction to the Morality of Law)，第 624-630 页；德沃金(Dworkin)的“难以捉摸的法律的道德性”(The Elusive Morality of Law)，第 631-639 页；科恩(Cohen)的“法律、道德与目的”(Law, Morality and Purpose)，第 640-654 页；富勒的(Fuller)的“对科恩教授和德沃金教授的一个回应”(A Reply to Professors Cohen and Dworkin)，第 655-666 页。此外还有几篇评论：小约翰・E. 默里(John E. Murry, Jr.)，第 667-670 页；E. 拉塞尔・诺顿(E. Russell Naughton)，第 671-672 页；弗朗西斯・H. 帕克(Francis H. Parker)，第 673-675 页；以及唐纳德・A. 吉亚内拉(Donald A. Giannella)，第 676-678 页。

⑦ 阿纳斯塔普罗(Anastaplo)，“自然权利与美国法律人”(Natural Right and the American Lawyer)，《威斯康星法律评论》(*Wisconsin Law Review*)，第 322-343 页，1965 年；德沃金(Dworkin)，“哲学、道德与法律——富勒教授的新主张所引发的思考”(Philosophy, Morality, and Law—Observations Prompted by Professor Fuller's Novel Claim)，《宾夕法尼亚大学法律评论》，第 113 卷(113 *University of Pennsylvania Law Review*)，第 668-690 页，1965 年；休斯(Hughes)，《1964 年美国法研究综述——法理学》(*1964 Annual Survey of American Law—Jurisprudence*)，纽约大学(New York University)，第 693-697 页；金(King)，“概念、思想与法律的道德性”(The Concept, The Idea, and The Morality of Law)，《剑桥法律评论》(*Cambridge Law Journal*)，第 106-128 页，1966 年；勒万(Lewan)，“朗・富勒的法律哲学”(Die Rechtsphilosophie Lon Fullers)，载《法哲学与社会哲学文献》(*Archiv für Rechts- und Sozialphilosophie*)，第 377-413 页，1966 年；斯特姆(Sturm)，“朗・富勒的多维度自然法理论”(Lon Fuller's Multidimensional Natural Law Theory)，《斯坦福大学法律评论》，第 18 卷(18 *Stanford Law Review*)，第 612-639 页，1966 年。

品”。随着对拙作的批评性评论的不断涌现，我本人越来越清楚地认识到这场讨论在一定程度上的确是建立在“出发点”的基础之上——也就是说，它并不取决于论辩者们说了些什么，而是取决于他们认为没有必要说出来的东西；默许的假定而不是明示的原则决定着这场讨论。因此，在我看来，我们有必要将这些潜在的预设明确表达出来——这是迄今为止论辩双方都未能做到的。

促使我着手开展这项澄清工作的另一项因素是哈特书评的结语——这几句话似乎明确表达了他所认为的我们之间在“出发点”上的根本差异：

> 最后我想要说明：这本书的优点和缺点在我看来是同出
> 一源。作者始终不渝地钟爱目的这一概念，而这一情愫正像
> 其他所有激情那样既可以启发一个人、也可能蒙蔽他的双眼。
> 我已经尝试表明它对本书作者产生了上述正反两种作用。这 190
> 种启发作用是如此的巨大，乃至我不欲打断他同这一主导理
> 念之间的持久结合。但我希望这一浪漫情缘能够转化为某种
> 较为冷静的关系模式。当这种转化发生之时，本书的众多读
> 者将会感到凉意顿生；但他们将会因光亮的相应增强而得到
> 充分的补偿。[⑧]

我承认这一恋爱比方是一种正当的文学修辞方式，尽管对于其比喻对象的口味来说它显得过于活色生香了。我理解哈特试图表达的意思可能是说我过于关注目的，而如果我能够降低“目的”在我的思维路数中所占的分量的话，我就可以做得更好一些。而

⑧　前注③，第 1295-1296 页。

在我看来，哈特过于不重视目的；他深受实证主义的幻觉之害，认为只有当我们尽可能地将某些有目的的安排看成好似并不服务于任何目的之时，某些无法说清、无从分析的收益才能得到实现。

另一项促使我写作这一“对批评者的回应”的进展发生在1966年11月，一篇文章宣布了一个被称为“新分析法学家”(New Analytical Jurists)的法哲学流派的诞生。[9] 这个思想流派的公认领袖是H. L. A. 哈特。这个学派本身被描述为比它的先驱“少了些实证主义”(less positivistic)，虽然它的大多数成员据说仍然是实证主义者，因为他们的核心信念仍然是这样一个命题：“实然的法律(law as it is)明显有别于应然的法律(law as it ought to be)”。对外行来说，这个命题可能显得过于浅白真实，以至于很难想象将一个哲学流派标签贴到它上面；而对于在解释问题上经验丰富的法律人来说，它又引发了许多萨默斯的论文所未曾提及的问题。

尽管萨默斯在其论文的结论部分声称“对新分析法学的专业
191 兴趣呈逐年增长之势”，但他似乎自始至终都未能明确表述出将这一新的思想流派统一起来的哲学信条。或许我在这方面倒是可以助他一臂之力。按照萨默斯的说法，这个新分析法学派的支持者包括哈特、罗纳德·德沃金和他自己。他认为哲学家马歇尔·科恩的思维和写作风格也十分接近于新分析法学家。这四位先生总共为拙著撰写了九十来页的批评性评论。我可以证明他们的反应

⑨ 萨默斯(Summers)，“新分析法学家”(The *New* Analytical Jurists)，《纽约大学法律评论》，第41卷(41 *New York University Law Review*)，第861-896页，1966年。

具有惊人的一致性；整个的段落可以从一篇书评搬到另一篇书评中而不致呈现出思想上的明显断裂。显然，我们在这里所要应对的也不是明确表述的理论，而是哈特所称的“出发点”。在接下来的文字中，我可能会比新分析法学家们更加清楚地界定出这些“出发点”。

分析实证主义法学的结构

在这里，我将尽力清楚表述出潜含在分析实证主义法学中的基本智识信念(intellectual commitments)。在使用“分析的”这个形容词时，我意在排除行为模式论的实证主义——在美国法律现实主义运动的巅峰时期，这种类型的实证主义主张将法律定义为“法官和其他官员的行为模式”。[⑩] “分析的”这一术语还适合于表达这样一种智识倾向：有些人可能更加满足于将事物拆开而不是看它们的组成部分之间如何配合并作为一个整体而运作；实际上，分析实证主义者们很少有兴趣去辨识那些(虽然总是有些不完美地)推动着我们并非偶然地称之为法律系统的那个机体之运作的暗地里相互关联的因素。

我所试图描述的这种思想结构乃是为约翰·奥斯丁、哈特和凯尔森所共享的。在展示这一结构之时，我将仅仅附带性地提及实证主义阵营内部的争论。将自己限定在形塑实证主义信条的基 192

⑩　拙著《自我探寻的法律》(*The Law in Quest for Itself*, 1940, 1966, pp. 53-57)中有关于行为模式论法律现实主义的参考文献目录。

本“出发点”上，我得以从中辨识出五个要点。

第一，分析实证主义将法律看成是一种单向度的权威投射，发端于一个权威源泉而强加到公民身上。它不认为立法者与公民之间的某种潜在的合作关系是建构一个法律体系所必备的要素；法律被认为是简单地作用于公民——无论它碰巧道德还是不道德、公正还是不公正。

第二，实证主义哲学不问法律是什么或做什么用，而仅仅关心它从何而来；它的基本关注点是这样一个问题：谁可以创造法律？法律实证主义学派的内部争论几乎全部都是围绕着如何确立分配法律创制权的惟一或多项原则而展开的。于是我们有了约翰·奥斯丁的“受到习惯性遵从的惟一或多项(原则)”(sovereign one or many enjoying the habit of obedience)、凯尔森所假设的“基本规范”(Grundnorm)以及哈特所称的有“经验”根据的“承认规则”(Rule of Recognition)。[11] 当然，实证主义可能承认某一得到授权的立法者或许缺乏制定某些特定法律的权力，比如一部宪法为立法权之行使设定了限度。但是，借用卡尔·卢埃林喜用的一个术语来说，没有任何现代法律实证主义者将“法律工作”(the law job)本身所包含的限度提升到其思想中的核心位置。

---

⑪ 我不打算在此处抑或别处对哈特的“承认规则”概念进行批判性赏析。对此有兴趣的读者可以参阅以下两篇文章：萨托利乌斯(Sartorius)的“法律的概念”(The Concept of Law)，《法哲学与社会哲学文献》(*Archiv für Rechts- und Sozialphilosophie*)，第161-190页，1966年；以及德沃金(Dworkin)的“规则模式”(The Model of Rules)，《芝加哥大学法律评论》，第35卷(35 *University of Chicago Law Review*)，第14-46页，1967年。这两篇文章都清楚地表明：“承认规则”这一概念并不像哈特所表述的那样简单。至于它为何是有“经验”根据的，而不像凯尔森的“基本规范”那样是假设出来的，迄今为止仍然基本上未能获得考证或解释。

第三，法律实证主义者实际上并不认为立法者担任着任何特定的职务、角色或职能。如果我们说他扮演着某一角色，这就意味着他的行为必定需要协调于其他关联角色——包括普通公民—— 193
的行为。任何这样的观点都会破坏将法律界定为权威之单向投射的企图。

第四，由于立法者不被认为是在扮演一个独特且有限的角色，所以任何可以被称作“角色道德”（role morality）的东西都不能被附加到他的职能之履行上。当然，普通律师必须服从于一套约束其针对客户、律师同行、法院以及公众之行为的职业伦理守则。这套守则并不是对一般性地约束人类行为的道德原则的简单重述，而是宣告着适用于一项特定的社会职能之履行的特殊准则。不过，在实证主义哲学中无法找到统摄立法者角色的类似伦理守则。如果立法者制定了哈特所称的“邪恶的”法律，他当然是犯下了违背一般道德的罪孽（sin），但是，适用于他的工作本身的特殊道德却并不存在。

我想我应该不需要再多费唇舌来说明刚才列出的实证主义信条的四个要素是相互依存的；从某种意义上讲，每一个要素都隐射着别的要素。我们或许可以用这样一句话来总结这些要素：实证主义者不承认在一个法律系统的运作中存在一个真正可以被称作“社会维度”（social dimension）的层面。实证主义者眼中只看到法律被立法者颁布出来的那个瞬间以及法律对其适用对象产生影响的那个瞬间。他看不到立法者与公民之间发生互动的过程，而且，由于这一疏忽，他也无法看到：在立法者与公民之间营造出有效的互动是法律本身的一项基本要素。

说到这里，我发现自己遗漏了实证主义信条中的第五项、也是最核心的信念。这一信念的基本内容是：除非我们能够明确区分投入到法律创制活动中的有目的的努力和经由这种努力而实际出现的法律，否则清晰的思维便是不可能的。实证主义哲学的这个面向——实际上也是它之所以得到这个名称的原因——看起来似乎与其他四个没有什么关联。其实，它与它们之间存在密切的关系。

194 正是在面对人际互动问题的时候，实证主义面对现实的姿态变得最难以维持。相反，每当人类行动有可能被视为一种单方面投射的时候，实证主义信念所面临的尴尬就会减至最少。如果 A 试图通过对一位没有反应的 B 采取某种行动来达到某种目的，那么我们或许可以在一定程度上成功地区分 A 的目的（他所试图获得的东西）以及他的行动的结果（外在世界的某种变化）。如果 A 是一位外科医生，正在给已经被麻醉的 B 做手术，我们可以说 A 正试图达致某种特定的结果，而且我们可以提出这样一个有意义的问题：他实际上达致了什么样的结果。可以肯定的是，如果我自己不是一位外科医生，在观察这一手术过程的时候，我可能无法理解正在发生的事情，除了非常粗略地知道一个大概；外科医生的手所做的某一特定动作、他所使用的工具以及其他细节可能无法为我所觉察和理解。所有这些细节对于一位见证着同一场手术的另一位外科医生来说可能都具有特别的意义，仅仅因为他能够了解并参与建构与正在发生的事情相关的体现人类目的的“为什么”。但是，如果将我对正在发生的事情的理解上的局限性忽略不计，我仍可以坚持认为自己作为一名外行人士至少能够一般性地理解这一手术背后的目的以及知道这一目的完全不同于这场手术的实际

结果，不管从这位外科医生所追求的目的来看它是成功的还是失败的。

然后，让我们假设 A 并不是单向地通过自己的行动作用于一
个没有反应的 B，而是同 B 发生着有意识的、积极的互动。例如，
A 和 B 可能彼此承诺开展某项共同的事业。他们尚未就合作的
条款达成协议，但随着这项合作事业的展开，他们通过明确表述的
言辞或默示性的行动而协商出某种规制彼此之间关系的宪章
(constitution)。每一方都根据他所认为的另一方认为合适的状
态、并且在一定程度上也根据他认为对方所以为的他认为合适的
状态来调整自己的言辞、表示和行动。在这里，从当事人的互动中
所生发出来的并不是某种可以抵消使其得以产生的那些目的的硬
性的事实材料。当事人之间正在生成的关系所具有的品质(quali-
ty)以及所遵循的条款(terms)——如果你愿意，也可以称之为“法 195
律”——构成了一项重要的社会现实，但这是一项由有目的的努力
所促生、并且因这种有目的的努力而保持活力的现实，也是一项通
过当事人双方对彼此目的的解释而生成并存续的现实。

我方才试图表达的这层意思已经在一部关于互动社会学(interactional sociology)的论著中的如下段落里得到了生动的表述：“因此，在这个独特的人类世界中，现实并非一种坚定不移的存在，而是流变的和不断接受裁断的——它是一种被讨论、被折衷、被立法的存在”。[12]

⑫　麦考尔(McCall)和西蒙斯(Simmons)，《身份认同与互动》(*Identities and Interactions*)，1966 年，第 42 页。

因此，我认为，为法律创造并赋予意义的那些互动因素被分析实证主义者搁置一旁并且基本上不予理睬绝不是偶然的。如果这些因素不是遭到这样的待遇，他们就很难维持其基本信条。

我之所以提出刚才这些论断，不是出于相信它们对于人们通常所称的事实—价值两分法构成了任何解决方案。我在这里所说的只是为了将该问题置入到同其他实证主义信条的关系之中。如果在这样做的时候我一般性地错误表述了实证主义的立场，或者是错误表述了特定实证主义者（尤其是其中被称为新分析法学家的那些人）的观点，我很乐意被纠正。清楚表述出其他人的隐含预设是一件危险的事情，但是，为了使有效的交流成为可能，在这方面做些尝试有时是非常必要的。

在更加直接地进入我的“回应”之前，我想先补充一下刚才的论述，因为我认为有必要提及对新分析法学家们产生重大影响并塑造了他们的思维方式的两个思想流派：一个是同J. L. 奥斯汀这个名字联系在一起的日常语言哲学；另一个是功利主义。

概括而言，日常语言哲学的实践在于挖掘并澄清镶嵌在日常语言习惯中的各种区分。无论在任何领域中，只要找到了这种区
196 分，似乎便存在一种假定认为它们可以被证明是有效和有用的，而一旦它们得到了足够清晰的表述，就没有必要再深入挖掘了。这种方法的一个例证就是哈特对“被迫”(being obliged)和“有义务”(having an obligation)之区别的浓厚兴趣。一些有用的洞见已经通过这种方法而被发掘出来；在日常言说的空隙中的确埋藏着许

多隐秘而精巧的智慧。但是，这种方法的实践者们倾向于将其本身视为一种目的，而不是将它看成是通向哲学思想的一条辅路。正像斯图尔特·汉普希尔所指出的那样，语言哲学家们似乎分享着这样一种假定——从日常演说中解脱出来的区分有一种独立于任何特定问题之语境的效用，而且这些区分可以被自由地从一个问题转移到另一个问题之上。[13] 我同意汉普希尔的看法：这是一个严重的问题。

我稍后将举出一些例证，用来说明日常语言学派的基本假定在我看来是如何误导了我的一些批评者。现在，请允许仅仅提及很能说明这种哲学之精神的一种表象。在本书第145-150页中，我指出，维持一套法律体系之完整性所涉及的那些问题不仅突出体现在州法和国法之中，而且影响着教会、俱乐部、大学和工会等社团组织的内部章程。因此，我宣布，就我的分析之目的而言，这些组织的内部章程也是“法律”。哈特称这种主张是“无所顾忌的”[14]，而萨默斯似乎被这个概念搞得心力交瘁，以至于找不到更好的词来形容它，只好说它是(他所认为的)我一生致力于从事的一项智识活动的又一例证，他把这项活动称为“醉翁之意不在酒”(axe-grinding)[15]。197
的确，在一项冷静的分析中，分析者应当有权指出“法律”

[13] 斯图尔特·汉普希尔(Stuart Hampshire)，“J. L. 奥斯汀与哲学”(J. L. Austin and Philosophy)，《哲学杂志》，第62卷(62 *Journal of Philosophy*)，第511-513页，1965年。

[14] “这一宏大的法律概念公然且无所顾忌地(admittedly and unashamedly)涵盖着俱乐部、教会、学校以及‘数以百计的其他人类组织形式’的规则。”见前注③，第1281页。

[15] 参见本书第280页所列出的萨默斯为本书所写的书评，第22页。在这篇书评里，萨默斯教授总共找到六次机会来将我书中的段落描述为“醉翁之意不在酒”。参见该书评的第15、18、19、20、22和24页。

这个词的通常用法既可能混淆、也可能澄清一些根本的相似性。

新分析法学派受到的第二种主要影响来自于功利主义哲学。人们通常认为功利主义的根本过错在于它的轻视目的(end)的倾向。不过,在我看来,它的更加基本的缺陷在于它对手段与目的之间关系的歪曲——所谓的规则功利主义(rule-utilitarianism)只是部分弥补了这一缺陷,但肯定没有根除之。功利主义哲学鼓励我们接受一种在智识上偷懒的观念,即:手段仅仅关乎便利,我们无法针对它们做出具有一般意义的分析。它使我们忘记:在一套法律体系中,以及在更加广泛的社会制度形式中,从一个角度来看是手段的因素在另一视角中每每呈现为目的,而手段和目的处在普遍、深入的互动关系之中。

对合法性原则的最低限度的尊重对于一套法律体系的存续来说是否必需

在本书第二章里,我指出:对我所列出的那些合法性原则的足够严重的偏离可能导致的不只是恶法,甚至根本称不上是法律。我的批评者们是否同意这一结论呢?就这一点而言,他们似乎是同意的。

在《法律的概念》一书中,在一定程度上是为了回应我在我们之间的1958年交锋中所提出的那些论点,哈特表示同意这样一个命题:为了使法律得以存续,必须存在某种对"法律所称的合法性原则”的最低限度的尊重。[16] 科恩也以类似的风格写道：“富勒的‘准则’(canons)是……一个不算太差的起点，由此出发可以创造出一套为一个(现代)法律体系之存在所必需的条件。……人们可以就富勒的清单进行讨论，但不容置疑的是，列出这样一种清单是 198
妥当之举。”[17]德沃金则是这样说的：“我同意富勒的如下结论：对他的八项准则的一定程度的服从对于创制(同样重要的，对于适用)任何法律、甚至包括恶法来说都是必需的。”[18]萨默斯则更加小心谨慎：“至少(富勒的)有些反对者不会否认，如果我们要有法律，我们必须确保对(他的)‘合法性原则’的一定程度的服从。”[19]

这样看来，我的四位批评者都没有接受凯尔森关于法律与国家之同一性(Identity of Law and the State)的学说。他们并不主张：任何东西——哪怕是一声咕哝或一声叹息——都是法律，只要它来自于确认规则(Rule of Recognition)所认定的某种渊源；他们都分享着这样一种观点：在来自于那一渊源的东西可以被称为法律之前，它必须符合使之得以在人类生活中发挥有意义功能的某些标准。

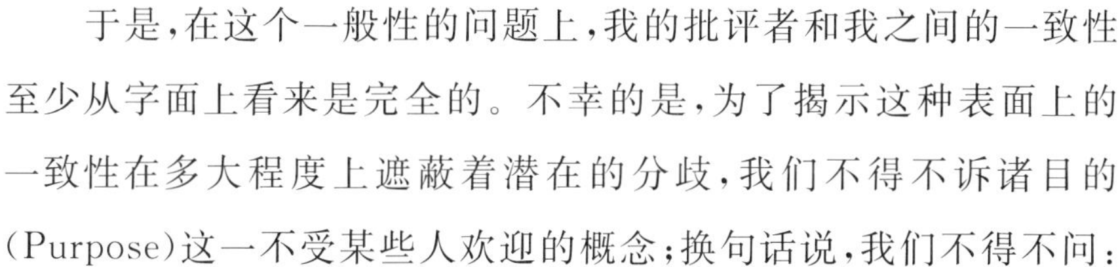

于是，在这个一般性的问题上，我的批评者和我之间的一致性至少从字面上看来是完全的。不幸的是，为了揭示这种表面上的一致性在多大程度上遮蔽着潜在的分歧，我们不得不诉诸目的(Purpose)这一不受某些人欢迎的概念；换句话说，我们不得不问：

---

[16] 参见该书第 202 页。

[17] 见前面注释⑥中所提到的科恩的文章，第 648 页。

[18] 见前面注释⑦中所提到的德沃金的文章，第 669 页。

[19] 见本书 280 页中列出的书评中萨默斯所写的那一篇，第 25 页。

法律是为着何种目的而被如此定义，以至于在缺乏对合法性原则的最低限度尊重的情况下它就不能“存在”？我担心，一旦开始着手回答这一设问，我们就会发现我的批评者和我对于这一“为什么”的回答会是非常不同。不过，我将暂时不去进行这项探究，而把它留到下一节，因为那里有更合适的语境。

在这段间隔时间，我想简短探究一下德沃金所提出的一个附带要点。这一要点存在于德沃金的如下主张之中：法律的存在与否不是一个程度问题。法律要么存在，要么不存在，它不可能半存在(half-exist)。“有些概念几乎总是关系到程度(秃顶就是这样一个例子)”，但法律不属于这种类型。如果我们想要谈论法律的存在和不存在，我们必须通过设定某种标志着法律与非法律之分

199 界线的“门槛”(threshold)来“将法律的概念调校到一定精度”。[20]当法律由于政府对合法性的尊重不复存在而越过了那个门槛的时候，它就立刻消亡；换句话说，法律不是慢慢隐退(fade away)*，而是摔门而去(goes out with a bang)。

德沃金并没有尝试解释为何如此——依他之见，为什么一个人可能是斑秃，而一个国家却不可能受制于一套半法律(half-law)系统？我怀疑德沃金所作的区分乃是未经明言地取材于日常语言习惯。在日常言说中，“法律”的确是一个非此即彼(either-or)的语词，在这个方面，它即使同它的近亲(比如“正义”一词)也是完全

---

[20] 见前面注释⑦中所提到的德沃金的文章，第 677-678 页。

* 富勒在这里当是暗引道格拉斯·麦克阿瑟将军(1880-1964)被解除联合国驻韩部队总司令职务后于 1951 年 4 月 19 日在国会作述职讲座时所说的那句名言：“Old soldiers never die; they just fade away.”(“老兵不会死；他们只是渐渐隐去。”)——译者注

不同的。例如，让我们来考虑一下这样两项陈述："你所提议的行动有点儿不义。""你所提议的行动有点儿非法。"第二个句子带有明显的讽刺意味，而第一个句子则没有、或至少没有如此明显的这种意味。我们习惯于认为正义是某种很难界定的东西；我们不会避讳公开承认正义的边界可能是隐晦不明的。相反，"法律"一词则带有一种内在的黑白分明倾向。由于法律是一种人造物，我们推定（这种推定影响着我们对词语的使用）：只要付出足够的努力，我们就能够精准地界定什么是合法的、什么是非法的。这种语言习惯实际上表达了在这个努力方向上永不止歇的决心。我们可能完全知道某部特定的制定法是如此的行文模糊，以至于人们不可能确定它的边界何在，但我们在这个问题上的说话方式仍然会继续保持非此即彼的习惯。而且，这种情况不仅存在于确定行为的合法与非法的事务中，也存在于确定一套法律体系作为一个整体是否存在的事务中。

为了对德沃金公平，我应当说：他似乎没有把自己的这个观点看得多么认真严肃，虽然他毫不犹豫地谴责我"错误"地忽视了秃顶与合法性之间的根本区别。无论如何，不管是日常语言的规矩 200
还是新分析法学的坚决主张都不一定会给我们造成任何严重的不便。如果一个人想要避免说 A 国的法律比 B 国的法律更像真正的法律，他只需要肯定 A 国政府比 B 国政府表现出对合法性原则的更大尊重就可以了。如果一个人面对的是一群由于受日常语言哲学的熏陶而变得对隐喻和矛盾修饰法缺乏耐心的听众，审慎的做法应该是选择第二种、也就是更常规的表达形式。

合法性诸原则是否构成一种“法律的内在道德”

本书第二章的标题——“道德使法律成为可能”——代表着一项我的四位评论者都觉得完全不能接受的论点。在尝试回应他们的批评的过程中，我将尽量避免扩大争论的范围，因为我在这个问题上面对的不满已经高到令人不安的程度了。“醉翁之意不在酒”、“荒谬”、“莫名其妙”、“怪异”——这些便是我的批评者们认为有必要用来形容我的论点的词汇，这个论点便是：法律的内在道德是存在的。

我的四位批评者认为，法律的内在道德这一概念暴露出对功效（efficacy）和道德（morality）这两个概念的根本混淆。要使法律有效，对八项合法性原则的某种尊重是必要的，但这并不意味着这些原则就其性质而言是道德的，就像把钉子扶正以便将其敲到位不是一件道德事务一样。如果你不把钉子扶正，你就不能把它敲到位；同理，除非你留意我所称的“合法性的原则”，否则你就无法获得一套有效的法律体系。这种通常的审慎作为同道德都没有什么关系。

这些就是我的批评者们的论式。不过，他们并不满足于敲钉子这样单调乏味的比方。作为替代，他们指出：如果存在立法和司
201 法的内在道德，那么，哪怕是最臭名昭著和最应受谴责的人类活动也必定有其内在道德。科恩提出了这样一个问题：如果一名未遂

的杀手忘记了给自己的枪装子弹，这是否属于一种道德沦丧？[21]德沃金也提出了一个类似的关于低能儿试图敲诈勒索的问题。[22]正像一直以来的情况一样，哈特是我的批评者中最雄辩和最直率的一位：

> 作者坚持将这些合法性原则界定为一种"道德"的做法对他和他的读者来说都是导致混淆的源泉……反对将这些法律上的良好实践技艺（good legal craftsmanship）之原则称为道德（尽管加上了"内在"的限定词）的主要原因在于，它混淆了本应区分清楚的两个概念，也就是目的性活动的概念和道德的概念。下毒无疑是一种目的性活动，而对其目的的反思可能显示出这种活动也有其内在原则。（"避免使用导致中毒者呕吐的毒药，不论它是多么剧毒"，或者，"避免使用其形状、颜色或大小容易引人注目的毒药，不论它是多么剧毒"。）但是，称这些下毒技艺之原则为"下毒的内在道德"只会混淆这样两个概念之间的区别：一个是实现某一目的的效率，另一个是涉及各种形式之道德的关于活动和目的的最终判断。[23]

我必须承认：我一开始觉得这一论式是如此的怪异，甚至有点像是故意找茬，以至于不值一驳。不过，稍后的反思使我相信我的最初印象是错误的。当我现在再来看这个问题的时候，我发现我和我的批评者之间所争论的所有要点都未能像这段话那样明确揭示出每一方带到讨论中来的前提预设；认真对待"所谓的法律的内

[21] 见前注⑥中所提及的科恩的文章，第651页。
[22] 见前注⑥中所提及的德沃金的文章，第634页。
[23] 见前注③中所提及的哈特的文章，第1285-1286页。

在道德仅仅是一个功效问题”这一论点不仅帮助我辨别清楚了我的批评者们未经明言的“出发点”，也使我更清楚地意识到了自己的“出发点”。

202 当我们注意到我的批评者们的立场所带有的彻头彻尾的朦胧感时，我们就会清楚看到：这里所涉及的绝不仅仅是关于“道德”一词的争吵。当他们提到“功效”的时候，他们头脑中想到的是什么？当你试图毒杀一个人的时候，功效的含义是显而易见的：如果他死了，你就成功了；如果他仍然活着，并且有能力反击，你就失败了。但我们怎样才能将功效这一概念适用于像一整套法律体系这样的复杂事物的创制和管理？让我来提供一个来自于苏联的最近历史的例子，透过它，我们可以看到回答这个问题所面临的一些困难。

在 1960 年代初期，经济犯罪（包括非法买卖外汇）的问题在俄罗斯发展到这样的程度，以至于苏维埃政权决定采取果断的对治措施。于是，在 1961 年 5 月和 7 月，相关的法规相继出台，规定对这类犯罪处以死刑。随后，这些法规得到溯及既往的适用，有些获罪的人因为在发生当时虽然并不合法、但不至于适用死刑的行为而被处死。

苏维埃当局的目的显然是想令人们停止偷窃国家财产。死刑的溯及既往性适用对于这一目的而言是否“缺乏功效”？刑法所欲解决的问题之一便是向潜在的犯罪分子传递这样一个讯息：你不是在玩儿空洞威胁的游戏，你会说到做到。还有什么比溯及既往地适用一项刑罚更能有效地传递这样一种讯息？这种做法严重偏离了常规这一事实恰恰表明了立法者的热忱。但是，许多俄国人对当局的这种做法感到不安，正像我的同事哈罗德·伯尔曼在以下这段话中所报道的那样：

> 我问一位苏联权威法学家："你能不能为我解释一下俄罗
> 斯加盟共和国最高法院溯及既往地适用七月法规的理由—— 203
> 在我看来，这种做法明显违背了 1958 年的《刑事程序总纲》。"他回答说："我们法律人不喜欢那样。"——这一陈述非常有趣，不仅是因为其中的"我们法律人"，也因为"不喜欢那样"。㉔

我认为，我们有理由推测：这位苏联法学家不是在宣称当局的行动是一种无效的打击经济犯罪的措施。他是在说：这种做法涉及对原则的损害和对法律之正直性(integrity of the law)的破坏。正像伯尔曼在评论这一对话的时候所说的那样："法律人可能最能理解法律的正直性和法律标准的普遍性，换句话说，他们最能理解：合法性所遭受的任何特殊违反都会威胁到总体上的合法性"。㉕

这个时候，我可以想象我的批评者们扯我的袖子："唉，你可误会了我们所说的功效的意思了。我们所讲的功效不是那种应付某种短暂的紧急状态的短期效果。苏联的做法损害了法律的功效，因为它导致公众对法律规则的总体信心的降低，也导致公众守法的激励减弱。它取得了短期的收获，但代价却是从总体上损害了

㉔　伯尔曼(Berman)，"苏联法学家反对回归斯大林恐怖时代的斗争"(The Struggle of Soviet Jurists Against a Return to Stalinist Terror)，《斯拉夫评论》，第 22 卷(22 *Slavic Review*)，第 314-320 页，引文见第 315 页，1963 年。

㉕　同上，第 320 页。

法律制度。”但是，非常明显的是，如果我的批评者们开始往这个方向上扩展功效的概念，他们很快就会发现已经越过了自己曾经煞费苦心地划定出来的道德与功效之间的界限。他们很可能陷入那些试图将所有的道德转换成明智的自私（enlightened selfishness）的人所陷入的那种困境，这些人最后得到如此之多的“明智”和如此之少的“自私”，以至于发现自己如果一开始就直截了当地谈论道德的话本可以省却许多的麻烦。

因此，我并不认为在讨论合法性问题的时候将功效对立于道
204 德有助于实现某种有益的问题合并。显然，我们找不到任何理由来认为在这个方面使用“道德”一词是头脑发昏的表现。事实上，“功效”一词的吸引力并不在于其含义的确定性，而在于这个词听起来好像很严格，而且富有实证主义的味道；它暗示着一位头脑敏锐并看重结果的观察者，他不会轻易被模糊的目的概念所蒙蔽。换句话说，我的批评者们偏爱“功效”而讨厌“道德”，这并非对某一特定问题进行理性分析后得出的结论，而只是体现着某种根深蒂固而且基本上无法明确表述出来的心智决定的影响。

因此，我所面对的是一项最费力不讨好的任务，也就是证明我的批评者们对法律的内在道德的拒绝乃是建立在他们自己在论述中未曾阐明的基础之上。不过，需要澄清的是，我并不打算去考察隐秘的感性偏见；我的努力集中于智识领域，旨在探寻影响我的批评者们的思想过程的隐含结构。如果他们的结论并未隐含着我归结到他们身上的那些前提，他们完全可以来纠正我。

那么让我们开始着手完成手边的任务。在我看来，我的批评者们对“法律的内在道德”的拒绝乃是建立在两项假定的基础之上

的。其一是这样一种观念：站在道德的角度来看，法律的存在与否是一个不值得关心的问题。其二是我曾经描述过的作为法律实证主义的一项一般性特征的假定。这项假定就是：法律不应当被看成是公民与政府之间的目的取向互动的产物，而是一种发自于政府而强加于公民的单向权威投射。

在法律实证主义的文献中，仔细探讨法律与道德之间的关系当然是一种标准的做法。就道德对法律的影响而言，经常被提到的要点包括：道德观念可能指导着立法，为批评既有的法律提供着标准，以及可能在法律解释中得到适当的考虑。对反方向影响——也就是道德对法律之影响——的探讨一般来说更加不足，205
主要限定在这样一项观察上面：通过某种文化调节，确立已久的法律规则倾向于被认为具有道德上的正确性。

这些评论当中普遍缺失的是对法律规则在使道德在人类的实际行为中得到实现方面所发挥的作用。道德原则不可能在一个社会真空或一切人对一切人的战争中发挥作用。过美好生活不仅需要良好的意图，哪怕这种意图得到普遍的分享；它需要得到人类交往的牢靠底线的支持，至少在现代社会中，只有健全的法律制度才能提供这种底线。

"勿取属于他人之物"恐怕是我们能够在书本上找到的最像陈词滥调的道德规则了。但是，我们如何来确定哪些东西是属于别人的？为了回答这个问题，我们只能诉诸法律而不是道德。在某些语境当中，我们当然可以有意义地谈论某人在道德上有权得到某样财物。例如，一位久病不愈的母亲有两个女儿。一个女儿放弃结婚，多年来一直专心照顾生病的母亲；另一个女儿则自私地拒绝接近自己的母亲，也未曾为照顾她做出过任何贡献。这位母亲未曾留下遗嘱便离开了人世。根据法律，这两位女儿对她微薄的遗产享有平等的继承权。在这里，我们可以说那位孝顺的女儿从道德上讲有权得到全部遗产，尽管法律会将这份遗产平均分配。实际上，在涉及我所描述的这种情况的法院判决中，我们往往可以辨识出司法过程中的紧张，而法官有时会沉湎于对事实和法律作出可疑的解释，以便给予那位应当得到奖励的女儿她所应得的部分。与此同时，非常明显的是，没有任何社会会在这样一项原则的基础上运作："让所有的财产都按照道德上的功过得到分配"。因此，"勿取属于他人之物"这一道德准则不得不依赖借自于法律的标准；如果没有这种来自法律的支持，它便无法在人类事务的运作过程中得到实现。

206 我想所有的人大概也会同意，婚姻制度有其道德含义——实际上，是有丰富的道德含义。但是，如果缺乏某些相当确定的规则来告诉我们婚姻状态何时存在，这种制度便很难在道德和法律上发挥作用。霍贝尔书中的一个章节——"爱斯基摩人：一个原始无政府社会的初级法律"[26]——在这方面为我们提供了一个极富教益的例子。在爱斯基摩人中间好像存在婚姻的概念，但却并不存在明显的标志来"界定一项婚姻关系的开始和结束"。由此导致的结果是，在一个人看来是公平竞争一位女士之好感的行为，在另一个人看来却是对他的家庭的通奸性的侵犯。用霍贝尔的话来说，

㉖ 霍贝尔（Hoebel），《原始人的法》（*The Law of Primitive Man*），第五章，第83-85页，1954年。

这里不存在“以能够摒除僭越者的方式来标示婚姻的文化设计”。因此，爱斯基摩人的社会为大量由性妒忌所导致的暴力争斗所困扰，而这些争斗转而又导致了很高的自杀率。显然，在这里，布道并不是一种有效的救济方式，只有采取某种明确的立法措施来界定和稳固婚姻关系才能解决问题。爱斯基摩人完全缺乏完成这项任务所需的社会机制，由此导致的不存在所需立法的状况可以说是严重恶化了他们的生活质量。

因此，当我们谈论“法律的道德中立性”的时候，我们不可能是说一套法律制度的存在和负责的管理同实现生活诸事中的道德目标无关。如果说对合法性原则的尊重对于创造这样一套制度来说至关重要的话，显然，认为这些原则构成附着于立法者和执法者职务之上的一种特殊角色道德（special morality of role）便丝毫也不荒谬。无论如何，这种职务所承载的责任值得某种更具赞扬性的类比，而不是被类比于一位工于心计且一丝不苟的下毒者的操作习惯——他从不忘记在将毒药递给受害者之前撕去瓶上的化学成分标签。

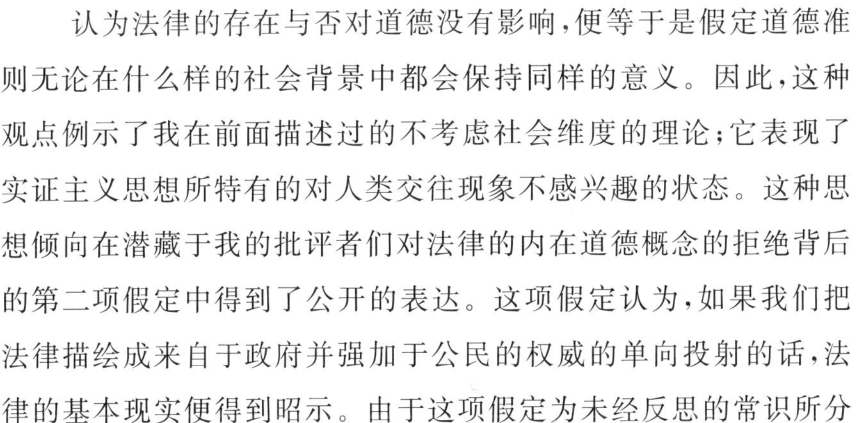

认为法律的存在与否对道德没有影响，便等于是假定道德准 207
则无论在什么样的社会背景中都会保持同样的意义。因此，这种观点例示了我在前面描述过的不考虑社会维度的理论；它表现了实证主义思想所特有的对人类交往现象不感兴趣的状态。这种思想倾向在潜藏于我的批评者们对法律的内在道德概念的拒绝背后的第二项假定中得到了公开的表达。这项假定认为，如果我们把法律描绘成来自于政府并强加于公民的权威的单向投射的话，法律的基本现实便得到昭示。由于这项假定为未经反思的常识所分

享，并且在日常的语言习惯中得到承认，我们有必要比较详细地分析一下它究竟错在哪里。

让我首先把两种经常被混淆在一起的社会秩序安排形式摆放在对立的位置上。一种形式是管理性指令（managerial direction），另一种形式是法律。两种形式都涉及对人类活动的引导和控制；两者也都意味着对权威的服从。大量的词汇为两者所分享：“权威”、“命令”、“控制”、“管辖权”、“服从”、“遵守”、“正当性”——这些只是在两种形式中都占有一席之地的所有术语中的一小部分，这些术语的双重身份是混淆之源。

如果要对这两种社会秩序安排形式之间的区别作一番概括和总结的话，我们大概可以这样来说：在一种管理性语境中发布的指令会得到下属的适用，以服务于上级所确立的目的。与此相反，遵守法律的公民并不是在适用法律规则以服务于立法者所设立的特定目的，他是在处理自己的事务的过程中遵守这些规则，而他遵守这些规则所服务的利益被认为是社会的一般利益。一套管理系统中的指令主要规制的是下属与他们的上级之间的关系，只是附带性地涉及下属与第三人之间的关系。与此相反，一套法律系统中
208 的规则通常主要是为了调整公民与其他公民之间的关系，而只是以附带的方式涉及公民与确立规则的权威之源之间的关系。（虽然我们有时认为刑法所确定的是公民对政府的义务，但它的主要功能是为公民之间的彼此交往提供一个健全而稳定的框架。）

我刚才所作的这些评论可以承受更多的扩展和限定，社会秩序安排的两种形式在现实生活中呈现为多种混合的、模糊的以及扭曲的形式。不过，为着我们当下的目的，我们将通过预先假定某

种可以被称为“理想类型”的形式来尽量澄清它们之间的根本性差异。我们的做法是先探寻合法性的八项原则(或与此对应之物)对一套管理性指令系统意味着什么,以便与它们对一套法律秩序所具有的意义相比较。

这八项原则中有五项在一种管理性背景中都显得很自在。如果上级想以下属为手段来确保自己想要的结果,他首先必须表达他的意愿,或者“颁布”它们(比如把它们写下来贴到布告栏里),以便让下属有机会知道它们是什么。他的指令还必须具有合理的清晰性,免于自相矛盾,能够被执行并且不会如此易变,以至于令下属们无法根据它们来采取行动。在这些事项上的粗心大意会严重损害管理事业的“实效”。

那么其他三项原则又如何呢？就一般性要求而言,它在一个管理性的背景中变成了一项事关便利与否的问题。在实践当中,管理性控制通常是通过一些常规性命令来实现的,从而免除了上级对其下属的行为进行一步步指导的麻烦。但是,如果在某一特定事项上上级命令下属偏离某项一般性命令所规定的程序,这位下属没有理由抱怨。这进而意味着,在一种管理性的关系中,不可能存在一项要求上级的行为符合他自己所宣布之规则的形式原则。在这种背景当中,“官方行为与公开规则之间的一致性”原则 209
失去了相关性。至于反对溯及既往的原则,与此相关的问题根本不可能产生;没有哪一位心智健全的管理者今天会命令他的下属昨天代表他去做一件事。

从我刚才所作的简短分析中可以看出,管理性的关系与一幅单向度权威投射的图景显然配合得天衣无缝。如果说合法性原则

（或者，可能应该说是合法性原则的管理性对应原则）在这里也适用的话，它们实际上是“功效原则”；它们是实现上级目的的工具。这并不意味着互动或互惠的因素根本不会存在于一项管理关系中。如果上级主管习惯性地让他的下属们超负荷工作，用变化莫测的指令来困扰他们，或者在他们忠实遵循指令的情况下错误地指责他们背离指令，他的下属们的士气就会受到不利影响，他们可能因此无法良好地完成他安排的工作；实际上，如果他过于不通情理，他们最终便会放弃为他工作或者通过公开反叛来推翻他。但这种默会的合理互惠与自我约束是命令发布者与命令执行者之间的基本关系的附属品。

对于一套法律系统来说，情况则截然相反，因为立法者与守法者之间的相对稳定的互惠预期正是运转正常的法律秩序这一概念本身的题中应有之意。我们考察这一点为什么以及在何种意义上是正确的，我们有必要继续考察这八项原则的含义，不过现在要转向它们对于一套法律系统所具有的意义。虽然合法性诸原则在很大程度上是相互依存的，但是，在使法律区别于管理性指令方面，最关键的原则是我所描述的“官方行动与公开规则之间的一致性”。

毋庸置疑，法治的精髓在于，在对公民采取行动的时候（比如将其投入监狱或者宣布他据以主张其财产权的一份契据无效），政
210 府将忠实地适用规则，这些规则是作为公民应当遵循、并且对他的权利和义务有决定作用的规则而事先公布的。如果法治不意味着这个，它就没有什么意思。忠实地适用规则转而又意味着规则必须采取一般性宣告的形式。例如，如果政府今天制定一部特别法

来规定琼斯应当被投入监狱，而明天又“忠实地”遵守这一“规则”而真将他投入监狱，这实在没有什么意思。进而，如果法律旨在允许一个人在担负一项遵守上级权威所设定的某些约束义务的前提下处理他自己的事务，这就意味着他不会在每走出一步的时候都被告知应当怎么做；法律为自我指导的行动提供了一个基准，而不是一整套实现某些特定目标的详细指令。

一般性与政府忠实地信守它自己宣布的规则这一对孪生原则不能被视为仅仅提供了出于便利考虑的忠告。这一点源自于法律与管理性指令之间的根本差异。与管理不同，法律并不是一项指导其他人如何去完成一位上级所安排的任务的事务，而基本上是一项为公民彼此之间的交往行动提供一套健全而稳定的框架的事务，政府在其中的角色只是作为一个维护这套系统之完整性的卫士。

我先前曾经说过，反对溯及既往型规则制定的原则在一个管理性指令的背景中是没有意义的，其原因很简单：没有任何神志健全的管理者会命令他的下属今天去做昨天的事情。为什么情况在一套法律系统中就有所不同？我相信，答案虽然有点儿复杂，但有助于我们进一步看清管理性指令与法律之间的区别。

第一个原因在于正当化这一概念。如果 A 打算向 B 发出命令，或者为 B 的行为确立规则，B 就可以要求知道 A 有什么资格主张这种指导其他人的行为的权力。这就是哈特在阐述他的“承认规则”时所想到的问题。这个问题为立法活动和管理性指令所共享，而且可以说是涉及一项外在正当化（*external* legitimation）原 211

则。但是,法治要求政府同时需要依照第二种“内在标准”(*internal standard*)来向公民正当化它的行动。这种标准要求,在法律所覆盖的整个领域当中,政府对公民作出的行动必须符合政府自己先前宣布的一般性规则(也就是得到这些规则的授权或确认)。因此,一个合法的政府可以说是借助它自己的立法权来对自己的行为完成了一项内部确认。如果一项对这种权力的事先行使可以实现这种确认,就很容易滑向这样一种信念:同样的确认也可以事后回溯性地实现。

刚才所说的这些可以解释溯及既往型的立法为什么不能直截了当地被斥为荒谬,但却无法解释为什么回溯性的立法在某些情况下实际上可以服务于合法性的目标。要明白为什么会如此,我们需要回想起:在法治原则之下,对公民行为的控制不是通过就事论事的指令、而是借助体现类似案件会得到类似处理这一原则的一般性规则来实现的。一个法律系统在其运作过程中所发生的偏差和灾难可能损害这一原则,并且需要溯及既往的法律来矫治。溯及既往型的法律不能充当公民之间彼此交往的准则,但可以帮助矫正对类似案件类似处理这一原则的违背。我在第二章已经提供了这方面的例证。作为一个进一步的例子,我们可以想象一部改变现有法律规则的新制定法获得通过,而关于这部制定法的通知已经传达到除 X 省的法院之外的全国所有法院,由于通讯上的失误,X 省的法院一直未能收到关于这一法律变更的通知。这个省的法院继续适用旧法;而国内其他地方的法院则根据新法来判决案件。类似案件类似处理这一原则因此遭到违背,而惟一的矫正方法(最多涉及在各种恶之间作出选择)可能在于溯及既往型立

法。[27] 显然，这一类的问题不可能出现在一个管理性的背景当中，212
因为管理性的指令从原则上讲不要求根据一般性规则来行动，并且没有必要通过表明具体命令符合于先前宣布的一般性规则来正当化它们。

我们已经谈到，在一个管理性的背景当中，坚持其他合法性原则——也就是那些要求规则和命令被公布出来、含义明确、无矛盾、可能被遵守以及不会经常变动的原则——的理由不外乎是为了便利。那些用管理性模式来思考法律问题的人们想当然地推定这五项原则对法律所具有的意义与它们对管理所具有的意义并无二致。这种推测对清晰性要求来说似乎尤为正确。有人可能会问：除了严重的懒散之外，还有什么可能的动机会令一位立法者使自己制定的法律含糊不清而且覆盖面不确定？

答案是：有许多很容易理解的动机都会驱使他这样做。政府希望自己的法律足够清楚以便人们去遵守，但它也希望保有一定的自由，以处理制定法律时还不太容易预见的情况。通过颁布一部刑事法律，政府所欲达到的目的不只是向公民发布一项指令；它也为自己设定了一部宪章，这部宪章约束着它处理某种特定类型的人类行为的权力。表述得不够严谨的刑事法律可能会使公民清楚了解这部法律期待他如何行为的可能性降低，但它同时扩大了政府处理其无法事先预见的越轨行为类型的权力。如果纯粹从实现政府目标的“实效”的角度来看待这个问题，人们或许会提到某

[27] 在《法律之剖析》(*Anatomy of the Law*, 1968)一书中，我曾经提供过一个用回溯性的(也是“特殊的”)立法来矫正一项对合法性的司法偏离的历史例证(第 14-15 页)。

种最佳立场，它介于过分限制政府裁量权的条文确定性与不仅无法阻遏避开某一被认为不当为的行为领域、而且使制定法不再具有赋予遵从它而作出的行为以有意义的正当性的能力的明显含糊性之间。

这种类型的对立动机在一个官僚制的背景中会变得更加明
213 显，在其中，人们常常面对面打交道。管理性指令常常与涉及纪律处分和特殊权益的微型法律系统相伴随或者相交织。在这样一种背景当中，社会学观察往往会发现那些把持权柄的人不仅时常抵制对规则的澄清，甚至有时还会拒绝有效地公布规则。对规则的了解和解释规则以使之适合手边案件的自由乃是重要的权力之源。这个领域内的一位研究者甚至得出结论说："对不法行为的包庇实际上增强着上级的控制权，尽管这听起来似乎很矛盾"。[28] 当然，这样做之所以能够强化上级的权力，是因为给予豁免可以帮助他赢得感激和效忠，同时又留给他足够的自由，以便随时可以依法严格惩处那些他认为需要教训的人。如果他不援引规则来为其行动赋予意义的话，他便无法享有这种颇受欢迎的行动自由。例如，除非有规则可以被违背，否则便谈不上宽恕违规行为。不过，这并不意味着规则必须避免含糊、得到广泛公布或者得到一以贯之的贯彻执行。实际上，这些条件中的任何一项都会限制掌权者的自由裁量权——从这种自由裁量权中，他不仅可以找到一种颇有权势的感觉，而且，可能并非完全不正当，他也可以找到一种为他作

[28] 布劳(Blau)，《官僚体制的动力学》(*The Dynamics of Bureaucracy*)，第二版，1963年，第215页。

为其中一部分的那项事业尽心尽力的感觉。

在一套全国性的国家法系统的更广泛、更非人格化的适用过
程中，看起来好像很难发现寻求刚才所描述的这种变通或妥协的
冲动。实际情况却并非如此。例如，我们应当记得，在任何制定
法——尤其是刑法和经济规制领域内的制定法——的起草过程
中，都可能发生两派之间的斗争：一派希望为政府保留范围较大的
行动自由，另一派的主要关注点则在于使公民们事先知道自己的
处境。在面对这一类问题的时候，存在一定的空间容许在类似案 214
件中出现真诚的意见分歧，但也可能发生触及法律适用过程之基
本诚信的良知难题。针对十分广泛的政府行动领域，一个甚至更
具根本性的问题可以被提出：如果政府假装是在按照先行确立的
规则来行事，而实际上其所行使的职能基本上属于管理性职能，而
且基于这一原因要求——并且在仔细的观察之下也的确表现
出——对不断变化的情况的不受规则约束的回应，这里是否存在
一种具有破坏性和腐蚀性的虚伪？

刚才所谈到的这些只提供了浮光掠影的一瞥，使我们得以窥见那些负责制定和执行法律的人们所面对的责任、困境与诱惑。立法者、法官、检察官、调查专员、保释审查官、建筑检查员以及一系列其他官员，首先包括执勤巡警，都一样面对着这些问题。将这些问题化约为“实效”问题的尝试其实是在将它们琐碎化到面目全非的程度。

那么，我的批评者们为什么如此着意地要维护这种观点，即：合法性原则只不过表述了为达致政府目标而设的效率准则呢？答案其实很简单。他们的分析要素根本不是取自于法律，而是取自

我在这里一直称为管理性指令的那种东西。我们在他们的作品中找不到任何对法治之基本原则——一个法律权力部门对公民作出的行为必须通过被带入到一套事先公布的一般性规则的约束范围之内而获得正当性。

这项遗漏在哈特的《法律的概念》中表现得十分显著。他对一般性原则所作的惟一一次稍微详细一点的讨论看起来明显是受到管理型模式的启发：

> 即使在一个复杂的大型社会——比如在一个现代国家——中，有时也会出现一位官员面对面地命令一个人去做某事的情况。一位警察会命令一位特定的司机停车或者命令一名特定的乞丐离开某一地点。但是，这些简单的情况不是、
> 215 也不可能是法律运作的标准方式，哪怕仅仅因为没有任何社会可能支持如此众多的官员，以保证每一位社会成员都能得到正式的、单独的通知，从而知道自己被要求去做的每一项行为。相反，这种特定化的控制形式是一般性指导形式的例外或增援方式，这些一般性指导形式不会指名道姓，不会专门针对特定的个人，也不会指明某一特定的需要去做的行为。(《法律的概念》，第 20-21 页。)

哈特对于一般性原则的其他评论，虽然不像这段话那么清楚明了，却也并未对这段话作出任何限定。(参见《法律的概念》第 38、121、202、236 等页。)所有的段落中都只提到提供“社会控制的工具”以及促使“社会控制运作起来”。

就我所称的要求“官方行动与公示规则保持一致”的原则而言，哈特的评论再一次提到实现对公民之行动的“有效控制”的问

题。这种控制的失败例子据说是刑法得到如此宽松的实施，以至于公众最后对它熟视无睹（参见《法律的概念》第 23、82 和 141 页）。惟一的偏离可以被称为管理型参照系的那种框架的评论（第 156 和 202 页）涉及正义理念与一套有效运转的法律系统之间的亲和性；据说两者都尊重“类似案件类似处理”这一原则。因此“我们在适用一项法律的一般性规则这一简单的观念之中至少可以找到正义的萌芽”。但这里并没有任何暗示表明政府对公民负有任何通过其制定和执行法律的方式来实现这种“正义之萌芽”的义务。哈特所欲表达的似乎只是：如果我们碰巧观察到一套运转良好的法律系统，我们便会在其中发现某种与正义形似的东西。

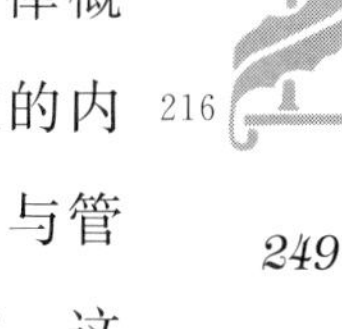

因此，我们可以看到，主要基于管理型模式[29]的哈特的法律概
念中不包含任何与“法律乃权力之单向投射”这一观念不一致的内 216
容。当然，这并不意味着立法者可以自行创造一套法律系统；与管理人员一样，他需要获得那些受其指导的人们的承认与合作。这一点得到哈特本人的明确承认并且以他一贯的妥帖语言得到表达：

[29] 在这一点上，似乎有必要简要提及一下一种可能的误解之源。一位一般性地了解哈特的《法律的概念》的读者可能记得哈特明确拒斥了约翰·奥斯丁的“法律的命令理论”。对于一位不甚了解这种拒斥意味着什么的读者来说，在否定命令论的时候，哈特似乎也拒斥了我在这里所描述的管理型的法律理论。但这是对哈特之论辩的一项误解。哈特拒斥命令理论的理由主要有两点：(1)命令理论认为法律的力量主要来自于强制力的威胁，而不是来自于对权威的认可；(2)约翰·奥斯丁的理论假定在立法者与法律所约束的人民之间存在直接的沟通。但是，有效的管理性指令显然比法律更加明显地依赖于人们对权威性指导的自愿接受。而且，管理性指令也不需要面对面地传达，它们实际上通常体现在某种类似于操作手册的东西之中，或者可能在布告栏中发布。使法律区别于管理性指令的要点在于：法律权威承诺在裁断法律主体的诉讼时遵守它自己宣布的规则。但我在《法律的概念》中找不到任何对这一基本观念的认同。

> 如果一套规则系统要通过暴力被强加给任何人，就必须存在足够数量的自愿接受它的人士。如果没有他们的自愿合作，并因此创造出权威，法律和政府的强制力就很难建立起来。(《法律的概念》第196页)

但他并没有提到公民的自愿合作必须有政府方面的相应合作努力来配合。哈特的分析并没有认识到维持一套法律系统的运转取决于相互交织在一起的责任的履行——既包括政府对公民的责任，也包括公民对政府的责任。

如果我们像我在这里所作的那样假定：一种立法者的承诺因素隐含在法律的概念之中，那么，我们便有必要简要地探讨一下这种承诺表现为何种形式。在一个被他的翻译者冠以"法律概念中的互动"这一标题的段落中，齐美尔指出：作为一套法律系统之基

217 础的是立法者与受法律约束的人民之间的一项契约。[30] 通过制定法律，政府对公民说："这些是我们要求你们遵守的规则。如果你们遵守它们，我们保证它们就是将会适用于你们的行为的规则。"这样一种理论建构中至少包含着这么多的真理：如果公民们事先知道政府在同他们打交道的时候不会注意它自己所宣布的规则，他们便不会有任何动力去遵守这些规则。规则的公布显然承载着这样一种"社会意义"：规则制定者自己将遵守这些规则。不过，任何设想法律系统立基于立法者与人民之间的一项契约的尝试都不仅会激发不便的历史联想，而且还包含着某种不协调的因素，特别是当我们想到在民主社会中同一公民可能既是立法者又是法律的

---

[30] 参见本书第46-48页对齐美尔著作的参引。

约束对象的时候。

有一个老派的法律术语或许可以帮助我们走出困境。这就是“真意”(intendment)这个词。我们的制度和我们正式的相互交往中都包含着某种可以被称为“真意”的相互锁定的预期,尽管这些潜在预期很少有机会被带入到意识领域。在一种非常真实的意义上,当我在一次选举中投票的时候,我的行为乃是受到这样一项预期的引导和影响:我所投一票将被算在我实际上投票支持的那一位候选人头上。这一点是千真万确的,即使我的选票会被扔进垃圾筒或者被错误地计算到别人头上等等可能性从来没有作为有意识注意的对象而进入我的脑海。从这个意义上讲,选举制度可以说包含着这样一项真意,即:选民们投出的选票将得到忠实的点算,虽然我可能不愿意说——除非是以修辞的口吻——选举当局同我签订了一份合同,承诺如实点算我的选票。

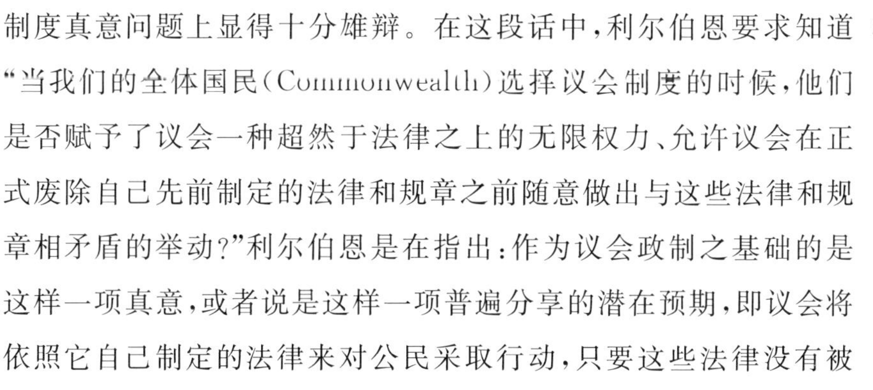

我在本书第二章开头所引用的利尔伯恩的一段话在目前这个
制度真意问题上显得十分雄辩。在这段话中,利尔伯恩要求知道 218
“当我们的全体国民(Commonwealth)选择议会制度的时候,他们是否赋予了议会一种超然于法律之上的无限权力、允许议会在正式废除自己先前制定的法律和规章之前随意做出与这些法律和规章相矛盾的举动?”利尔伯恩是在指出:作为议会政制之基础的是这样一项真意,或者说是这样一项普遍分享的潜在预期,即议会将依照它自己制定的法律来对公民采取行动,只要这些法律没有被正式废除。议会所作出的这样一项默示承诺被如此地视为理所当然,以至于除非事情出了什么岔子,否则人们便不会谈起甚或想到它。

我很清楚在如今谈论制度拥有或者包含真意可能很不符合时尚。或许有人会想方设法去搜寻更符合现代口味的语词标签，例如，有人可能会提到伴随着立法权之假定的“角色预期”。但是，不论我们用什么名字来称呼它，我们都不能忽视立法活动中所隐含的承诺这一现实，也不能忘记它在经验上可以观察到的社会过程中有所体现；它不是某位道学的旁观者附加到这些过程上的某种东西。

这种承诺之力量的无声证明可以在人们为了逃避它的控制而作出的不懈努力中找到。当我们听到某人说他将为别人“确立法律”的时候，我们倾向于认为他是在主张一项告诉别人应当做什么的相对来说不受约束的权利。因此，有趣的是，我们常常发现人们为了不“确立法律”而忍受的痛苦。当一位当权人士被请求在某一特定个案中“高抬贵手”的时候，他常常会坚持要求人们理解他的行动不能被认为是“确定了一项先例”。他所担心并试图逃避的是包含在法治之中的承诺：使自己针对被领导者采取的行动符合自己向他们明确或暗示传达的一般性规则。“下不为例”的约定在实
219 践中经常被证明是无效的，这进一步证明了人们倾向于在当权者的行为中读出的承诺所具有的力量。

针对被赋予权力行使的意义而展开的类似斗争也时常伴随着管理者在下属之间分配义务的活动。例如，一位雇主要求 A 去完成某些特定的任务，与此同时将一套不同的任务分派给 B。如果这种劳动分工持续了一段时间，任何对工作任务的重新分配都可能引起反感并导致一种伤害感。一位雇员可能会抵制分派给他的新任务，说“这不是我的工作”。反过来，他可能反对将自己已经习

惯履行的职能分派给其他人，因为这些职能属于他的“势力范围”。在这里，雇主认为自己是在履行一项纯粹管理性的职能，不用受附着于立法者角色之上的那些条件的约束。相反，雇员们倾向于在雇主的行动中发现一种类似于法律上的承诺的因素；他们试图将他的决策带入法治的范围。

因此，隐含在立法中的承诺并不只是存在于某人的“概念模型”中的一项因素，它是社会现实的一部分。我一直在强调：如果受规则约束的人们知道规则制定者本人不会把自己制定的规则当成一回事儿，遵守规则就会失去意义。这个命题的反面同样值得注意，如果规则制定者知道其规则旨在约束人们缺乏遵守这些规则的性情倾向或能力，他自己也会缺乏任何激励接受法治的约束；例如，试图用法律来调整一所精神病院里病人之间的关系就是一种不知所谓的举动。从这个意义上讲，一套法律系统的运作有赖于立法者与守法者之间的一项合作努力——一种有效的、负责任的互动。

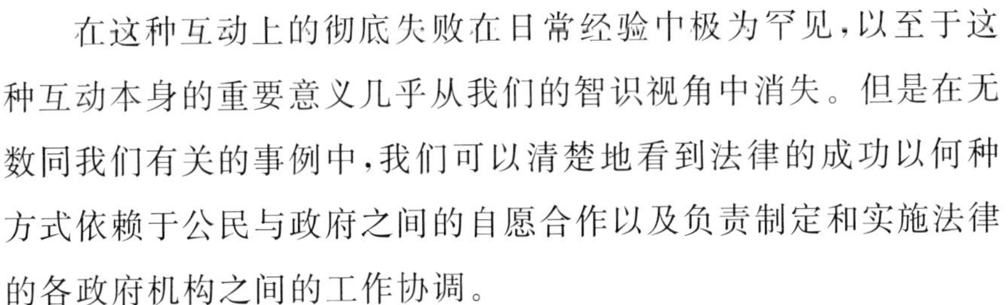

在这种互动上的彻底失败在日常经验中极为罕见，以至于这种互动本身的重要意义几乎从我们的智识视角中消失。但是在无数同我们有关的事例中，我们可以清楚地看到法律的成功以何种 220
方式依赖于公民与政府之间的自愿合作以及负责制定和实施法律的各政府机构之间的工作协调。

在交通管理中，法律对自愿合作的依赖常常变得显而易见。我将要给出的例子绝不是纯属虚构。在一座位于大西洋海岸的大学城中，交通拥堵现象在过去三十年间呈现为一项日趋严峻的问题。在某一特定的路口，情况的严重性在某些时候甚至达到危机的程度。在这个路口，直到最近都一直没有为行人设置过街信号，按照交警和行人都同样理解的关于这种情形的普通法，行人可以自行找机会穿越机动车流而过街，而当某一行人表现得过于愚鲁莽撞的时候，他就会受到当值交警的言语训斥。在三年之前，一项改革开始进行。行人过街信号灯被安装起来，而路边也有标语警告不守交通规则的行人，声称他们将被逮捕和罚款。

在短期之内，这项措施令情况得以改善。不过，情况很快又开始恶化，因为行人发现，在交通不繁忙的时段根本没有交警在场，所以他们开始在这些时段无视针对行人的交通信号。这种无视规则的现象后来又延伸到交通繁忙时段，而且很快达到这样一种规模，以至于任何对此加以制约的警方行动，只要还顾及最低限度的对“法律之下人人平等”原则的尊重，会要求逮捕人数无比众多的行人，以至于达到令交通法庭瘫痪的程度。尽管存在这种行人违法的流行病，机动车驾驶员在一段时期内仍坚持服从针对他们的交通信号。但是，随着时间的推移，情况恶化到这种程度，以至于被违规的行人阻挡而无法在绿灯亮起穿行的机动车司机也开始寻找机会在红灯亮起的第一时间抢行；而且，他们越来越频繁地抢占这种机会。最后，循规蹈矩的行人出于保护自己人身完整性的考
221 虑也发现更安全的做法是加入固执的违法者的方阵，而不是顺从地等待使过街合法化的信号，因为等到那个时候，他将不得不在缺乏保护的情况下独自穿行，可能还会面对一道抓住他们的第一机会过街的受阻已久的机动车流。

当一套法律控制系统遭遇这种程度的崩溃的时候，决定对哪

些人进行谴责或者辨识出哪些矫治措施可能有效都会变得十分困难。涉入其中的每一个人都会声称纠正自己行为的努力会因为无法得到其他参与者的配合而变得毫无意义。而且，值得注意的是，在刚才所描述的那个路口交通个案中，牵涉其中的人物可能远不止刚才提到的那些。根本性的困难可能导源于有关人士对整个城市的交通路线的错误规划，或者是导源于纳税人不愿缴纳相关的税款，以支持在人数和训练上都足以履行其任务的警察队伍，又或者是导源于交通管理部门对公共汽车站的一次位置调整，它使得现行的交通信号部署变得不再合适。甚至城市电工的工作也应当被纳入考虑。如果他未能使自动交通信号灯保持正常运转，并因此导致它们不规则地切换信号，那么行人、机动车司机乃至警察都会统统失去遵照交通信号来行动的激励；反之，如果电工知道即使信号灯的运转完全正常，交通信号也会被熟视无睹，他也会失去准确无误地做好自己的工作的动力。

不幸的是，成功地运作一套法律系统所涉及的相互依存性并不总是像交通管理中涉及的相互依存性那么显而易见。如果我们可以逐渐接受一种互动性的法律观，许多被现在流行的视法律为单向权力投射的那种观念所遮蔽的事情都会变得更加清晰。例如，我们将可以十分清楚地看到，对合法性诸原则的忽视将会对法律制度本身造成损害，即便它不会对任何个人造成直接的伤害。在德沃金为了反驳我所提出的“法律之道德包含着一项反对相互矛盾的法律的原则”这一观点而提出的修辞性问题中，这一点和其 222
他一些要点都被忽视了：“一个立法机构通过了一部制定法，其中包含着一项如此根本性的被忽视的矛盾，以至于令这部制定法成

为一个空洞的形式。这里面哪里有不道德，或者道德理想的崩溃？”[31]

首先，即使要想象出一个德沃金所提及的例子也需要一套奇异古怪的假定。例如，让我们假设有一部关于涉外离婚的制定法获得通过。在适用于某种特定事实情境的部分，这部法律似乎在一项条文中说 A 同 Y 的婚姻成立，而根据另一条文的规定，A 与 X 之间的婚姻似乎仍然有效。为了使这样一部法律变成一支无害的空弹壳，我们可能不得不假设：任何外行人士在不用聘请律师来提供建议的情况下都可以看出这部制定法中的相关条文是自我抵消的，任何司法上的灵活性都不足以将其从无效状态中挽救出来，随着这部法律的死尸被移出我们的视野，真正的法律状况就会立刻变得显而易见。不过，为了将就德沃金的论点，让我们放任自己在这些奇思妙想中纵横驰骋。这个案例于是就变成类似于这样一种情况：一个人向我讲了一个粗枝大叶的谎言，但并未使我受到任何伤害，因为，在我根据这个虚假信息采取行动之前，我碰巧自己了解到了事实真相。在这样一个事例中，虽然我可能并未遭受任何直接的损害，但我同这个向我说谎的人之间的关系显然已经受损，而我在将来打交道的过程中对他的信任显然已经受到不利影响。

如果我们将法律视为人际交往的路标，我们就能够看到：任何对合法性要求的违背都会破坏人们对法律的总体信任和尊重。在

---

[31] 德沃金（Dworkin），“哲学、道德与法律——富勒教授的新主张所引发的思考”（Philosophy, Morality, and Law—Observations Prompted by Professor Fuller's Novel Claim），《宾夕法尼亚大学法律评论》（*University of Pennsylvania Law Review*），第 113 卷，第 668-690 页，1965 年，引文见第 675 页。

这个方面，值得注意的是破坏边界标记这一古老罪名以及移动、损坏或涂抹官方设置的高速路标记这一现代罪名。这两项罪名都不要求犯罪人的行为对任何人造成直接损害。制定相关法律的部分理由在于，如果人们借以调整彼此之间的交互行动的物质性标志 223
受到足够严重的破坏，那些未曾遭到破坏的标志也会失去其意义，而人们在依靠它们的时候不会再感到安全可靠。如果当有人破坏本来设置正确的标记时尚且如此，我们又当如何来看待一开始就把标记放错地方的工程师或者将制定人们借以明确彼此之间的权利和义务关系的法律条文这一重要工作搞砸的立法者？

我的同事亨利·M.哈特为我们提供了一种全新的思路，帮助我们走出思考和谈论法律的惯常方式。他提醒我们注意：法律应当被视为一种帮助人们过满意的共同生活的设施（facility）。[32] 如果这种设施要服务于它旨在为之服务的受益人，他们就必须善用它。但是，那些其任务在于设计和安装这种设施本身的人负有一项更重的责任，那就是在一开始的时候就把工作做好。我试图用“法律的内在道德”这一术语来描述的正是这项繁重而且往往十分复杂的任务。

我的批评者所着重——如果不说是猛烈——抨击的也正是这样一种观点：这种道德有着可以理解的意义。我一直试图证明：我们之间在这个问题上的分歧导源于对于法律本身的不同理解。我试图通过区分将法律视为一种人际互动过程的观点和将法律视为

[32] 亨利·M.哈特（Henry M. Hart），“州法与联邦法之间的关系”（The Relations between State and Federal Law），《哥伦比亚大学法律评论》（*Columbia Law Review*），第54卷，第489页起，见第490页，1954年。

一种单向度权力投射的观点来表达这种不同理解。当然，我的评论者们还批评了我在本书中就许多具体问题所表明的立场，对此我并未提及，也没有在此为自己辩护。我相信，在这些次要问题上的观点分歧的根源在于我在这里详细讨论的出发点上的根本分歧。这一点在我的批评者们对我的这样一项观点的驳斥上显得尤为正确：我认为政府对法律的内在道德的尊重从总体上看有利于
224 导致对法律的实体道德或外在道德的尊重。有兴趣的读者可以参阅我在 1965 年 4 月发表的一篇文章中为我在这一问题上的立场所作的辩护。[33]

这场讨论的一些寓意

最后，我想简要考察一下新分析法学家们针对拙著所作的批评中并未直接提出的一些问题。我讨论这些问题的理由在于：我相信对它们进行一番考察将有助于进一步澄清潜含于我们的整个讨论背后的基本观点分歧。我打算讨论的第一个问题是解释。[34]

---

[33] 富勒(Fuller)，“对科恩教授和德沃金教授的一个回应”(A Reply to Professors Cohen and Dworkin)，《维拉诺瓦法律评论》(*Villanova Law Review*)，第 10 卷，第 655-666 页。

[34] 三篇最近发表的文章对解释问题进行了很有益的讨论：德沃金(Dworkin)，“规则的模式”(The Model of Rules)，《芝加哥大学法律评论》(*University of Chicago Law Review*)，第 35 卷，第 14-46 页，1967 年；戈特利布(Gottlieb)，《选择的逻辑》(*The Logic of Choice*)，1968 年；以及休斯(Hughes)的“规则，政策与决策”(Rules, Policy and Decision Making)，《耶鲁法律杂志》(*Yale Law Journal*)，第 77 卷，第 411-439 页，1968 年。(接下页)

这是一个我在本书第二章曾经详细讨论过的课题，在那里，我把它看成是维持“官方行动与已公布规则之间的一致性”这一任务中的一项内容。在总结我的讨论时（第 107 页），我写道：“带着它全部的复杂精微内涵，解释问题在法律的内在道德中占据着一个敏感的核心位置。它比任何其他问题都更能体现出维持合法性这一任务的合作性质。”

尽管解释对于法律事业的每一个方面都具有根本的重要性，但它却从来都是一个令分析实证主义法学感到难以应付的课题。这正是因为它明确表达出了“维持合法性这一任务的合作性质”。225
对解释问题的紧密关注同任何将法律想象成一种对人类行为的单向度控制的尝试都极不相称。

我将简要评述一下具有实证主义倾向的法学家们是如何处理解释问题以及如何尝试重新界定这一问题、以使之适应于他们的智识倾向的，因为这样做可以提供一些启发。在他 1957 年

（接上页）有一项影响解释的关键问题，我不打算在这里加以讨论，而德沃金和休斯的论文中也没有提及。这就是互动社会学家们所称的“定位”（defining the situation）。（例如，可以参见麦克修（McHugh），《定位》，1968 年。）当一个法院适用一项或一套规则来裁决一个案件的时候，我们可以区分出两项操作：（1）确定相关的事实；（2）确定相关规则对于这些事实所具有的意义。我们通常认为是关于规则的知识帮助我们筛选掉不相关的因素并且确定哪些是在法律上具有可操作性的事实。而在现实当中，我们对位势的界定总是受制于一套根本未曾出现在明示规则之中的默会假定。戈特利布的著作在这一点上提出了一些有价值的观点，主要是在第四章“事实”当中，尤其是在第 56-57 页，在那里他写道：“非法律的标准在一个关键步骤上（也就是在界定相关事实的时候）被注入到适用法律规则的过程之中。”

的讲座[35]中，哈特似乎主张，在通常的案件处理过程中，对一部制定法的适用是以基本上没有摩擦的方式受控于条文语句的通常含义或词典含义的。在这些寻常的或者常规的案件中，不存在对法律所欲推动的政策或者立法者意图作出推测的必要。只有在偶尔发生的临界性或边缘性情形中，探测立法目的的尝试才显得必要。在这一讲座中，哈特猛烈抨击了一种被他称为“迷醉于边缘”(preoccupation with the penumbra)的法理学思想疾病。他的主要论点似乎是：我们应当将法哲学的大厦建立在常规的或者普通的案件的基础之上，并且忽略“边缘”情形中偶尔呈现出来的难题，因为它们对于法律现象的基本分析并不具有相关性。在《法律的概念》一书当中，“解释”一词并未出现在索引里面，虽然霍姆斯讲座中的相关思想经过修改后出现在该书第120-132页以及第200-201页。书中的观点与讲座中的观点的主要区别在于前者表达得更不清楚明白。

与哈特一样，他的伟大前辈约翰·奥斯丁基本上将解释完全排除在其理论的基本结构之外。不过，与哈特不同的是，当约
226 翰·奥斯丁最终谈论到这一课题的时候，他的观点比较复杂，并且为某种内在紧张所困扰。他区分了制定法解释与适用“司法机构之法”(judiciary law)时所用到的“归纳”方法。[36] 他从未声称不能或者不应当参考立法者目的来适用一部制定法，虽然他

[35] 哈特，“实证主义及法律与道德的区分”(Positivism and the Separation of Law and Morals)，《哈佛法律评论》(*Harvard Law Review*)，第71卷，第593-629页，1958年，见第606-615页。

[36] 约翰·奥斯丁，《法理学讲义》，第二卷，1879年，第648-651页。

主张一部制定法的“字面含义”应当被视为立法者意图的“主要索引”。[37] 约翰·奥斯丁根本未曾放弃目的性的解释，他写道：“如果法律及其所创造的权利和义务的目标不明，法律本身就很难被理解。”[38]

在《法律的纯粹理论》[39]一书当中，凯尔森在全书结尾处简单讨论了一下解释问题，实际上，他认为，除非某种特定的结果可以被一部制定法的逻辑结构排除在外，司法解释纯粹就是一种形式的立法，影响法官立法的动机对于分析实证主义来说就像促使立法机构通过一种立法而不是另一种立法的动机一样无关紧要。简单地说，在凯尔森看来，解释根本就不是法律分析的一部分，而是属于政治学和社会学的领域。

格雷以及某些美国法律现实主义者采取了一种不同的套路来应对解释问题造成的窘境。因为一部制定法只有在其含义被司法部门确定之后才会变成“硬法律”(hard law)，格雷建议我们不要将制定法视为法律，而将它们看成仅仅是法律的渊源。[40] 通过这种策略设计，法律的定义被向下移动，以至于与法律在人类事务上的适用完全重合。不过，格雷的现实主义受到这样一项事实的阻碍：许多法律都是在缺乏司法指导的情况下由官僚、治安官、巡警以及其他人来适用的。于是，有些现实主义者建议我们将法律定 227

[37] 约翰·奥斯丁，《法理学讲义》，第二卷，1879 年，第 644-645 页。

[38] 同上，第 1113 页。

[39] 凯尔森，《法律的纯粹理论》(*The Pure Theory of Law*)，1967 年，第八章，第 348-356 页。(这是德文第二版的英译。)

[40] 格雷，《法律的性质和渊源》，第二版，1921 年，第四章，第 300-325 页以及全书各处。

义为“法官和其他政府官员的行为模式”。[41] 这种观点代表着最终的弃权，因为它留待旁观者自己去辨识和解释构成法律之终极现实的“行为模式”。

这些应对一种共同困境的不同方式表明在帮助界定这一问题的前提中存在某种根本性的错误。我认为，之所以会有这样的困难，是因为我们刚才总结其观点的所有这些作者都以这样一项假定作为出发点：法律必须被视为一种单向度的权力投射，而不是一项合作性的事业。如果我们将政府在裁断其人民之行为时遵守自己制定的法律的承诺视为法律的一项基本要素，那么解释在法律理论中就会占据它在我们对于法律的日常思考中一直占据的那种核心地位。这绝不意味着这个问题会因此变得更加简单；相反，它的潜在的复杂性会暴露出来，而我们将无法再假装它是一项可以留给未经反思的常识的一项边缘性事务。

为了寻找一种更加富有成效的解释方法，我们或许可以从对语言本身的某些观察出发。这些观察当中的第一项是：在人类活动当中，语言代表着最精华的交流现象，它的形式源自于并且依赖于交流。通过语词来进行交流并不像是把打好包的意义（meaning）从一个大脑搬运到另一个大脑；它涉及一项激发另一个心灵中的认知过程的努力，其目的在于使这一认知过程尽可能吻合于发出交流信号的那一方的认知过程。如果我在一种要求交流准确度的情境中向你传达某些语句，我将不得不问：我正在使用的这些语词在我看来究竟是什么意思？如果你使用一样的语词，你会

[41] 请参见本章注释⑩。

是在表达什么意思？在我们的关系背景中，你会认为我用这些语 228
词来表达什么意思？——还不用提某些甚至更加复杂的相互预期。

实证主义阵营的作者们普遍试图逃避我刚才指出的这一类复杂性，他们的方法不外乎是采纳一种简单化的语言观，我曾经将这种语言观描述为“一种指针式的意义理论”(本书第 99 页)。为了当下的讨论目的，我们有必要在此刻忽略语言问题的介入而导致的复杂性，而集中考虑当任务在于辨识行动而不是语词的含义时所发生的解释问题。

假设在某一商业活动领域中，某些类型的交易很长时间以来一直受默认的相互预期的引导，每一位参与者都根据这些预期来调整自己针对他人的行为。一种有些不同寻常的情况出现了，当事人之间就既定惯例对他们各自的权利所具有的意义发生了争议。一位仲裁员或法官受命解决这一纠纷。他的任务是解释既定惯例对于某一特殊的事实情境所具有的含义，这种事实情境先前并未参与塑造交易双方的预期。

现在十分明显的是，在这样一个案件中，仲裁员的裁决应当以一项在实证主义者关于解释的讨论中很少被提及的原则作为主要指南，也就是说，裁决的结果应当和谐地吻合于在过去的案件处理结果中得到表达的相互预期。问题不在于“逻辑上的”一致性，而在于所谓的“目的兼容性”；所提出的问题应当是，什么样的裁决可以最好地令既有的惯例继续作为“可以玩儿的游戏”？如果强加一种与既有的预期相抵触的结果，就会扰乱一套规制当事人之间的彼此关系的有效运转并得到公认的制度。显然，为了获致一种满

意的纠纷解决方案，仲裁员必须能够认识到并理解包含在现行惯
229 例中的隐含意义；如果他缺乏设身处地地设想他正在解释的人们之间过去的交往行动模式的想象力，他的裁决就不可能做到公正和妥当。

因此，在刚才所讨论的情境中，一项好的裁决应当具有两项相互关联的品质：对系统结构的尊重以及对社会背景的理解。现在我想指出，这些必要条件也适用于对成文法的解释。的确，如果将一部制定法设想为类似于一项军事命令，旨在控制那些没有机会了解宏观战略的人们的行动，那么，解释者的任务当然就是尽可能地揣度最高指挥部的意图。相反，如果法律的功能在于营造一种公民之间的有序互动，并且为自我导向的行为提供可靠的路标，那么，问题就会呈现出不同的面向，统辖文字解释的原则就不会被视为完全不同于适用于对互动行为之解释的那些原则。尤其值得强调的是，对系统结构的尊重以及理解情势需要的能力都应当被视为明智的成文法解释的必要条件。

有人或许会反对说，像刚才提到的那种取自于商业实践的例子，如果被用来作为分析的起点，就必然会使分析感染上一种隐蔽的偏见。说反对谋杀的法律旨在“为人际互动提供可靠的路标”，除非是在微弱的、关联不大的意义上，否则便会显得很不妥当。的确，正像我一直坚持认为的那样，解释问题的正确解决方案依赖于语境。但是，即使是在谋杀案中，与解释相关的关键问题也可能涉及像正当防卫辩护这样的因素。关涉这一问题的制定法条文很可能是模糊和宽泛的。那些解释法律的人（在这种案件中实际上包括法官和陪审团），如果想要把工作做好的话，就必须将自己放到

被告当时所处的情境之中，并且追问：我们能够合理地期待一个身处如此情境的人作出什么样的举动。对生存之道的理解，同情的能力，以及一种对何种规则能够为行动提供可行指导的感悟，都是 230
作出正确决策的必要条件。

我在本书第二章中曾经详细讨论过那些负责维护合法性的人们可能遭遇的“矛盾处境”。法律事业当中的某些失败往往会导致这样一种情况，在其中，我们很难避免对合法性的折中，因此，这时的主要任务变成缩小这种折中的范围。这种困境的最显著例子是这样一种情形，当其发生之时，诉诸回溯性立法似乎变成两害之中的较轻者。

这一类问题以非常微妙的方式渗透到法律解释之中。例如，假设一部刚刚通过的制定法的立法目的在于使某一类人际关系变得更有序。我们可以假设这部制定法从表面上看来具有合理的清晰性，但它具有一项根本性的缺陷，那就是：它乃是建立在对它打算矫正的情况的错误认识之上，从这个角度看，立法者就好像这样一位医生，他开出了治疗某种疾病的处方，而病人所患的却是另一种疾病。法院应当依据何种标准来解释这样一部制定法？如果大体上按其字面含义来适用这部法律，法院可以说是按照立法者意图的实际内容、而不是按照立法者了解到自己所犯错误后应当使其具有的内容来执行这种意图。进而，解释者必须考虑这样一种偶然碰到的公民的利益，作为这部法律所规制的情况的局外人，他可能按照字面含义来理解这部制定法，在这样做的时候，他毫无疑惑，而这正是因为他同立法者一样对这部法律所针对之情境的真实属性一无所知。另一方面，这部法律所主要针对的那些人，也就是实际生活于这部法律打算矫正的那种情境之中的人们，或许只能在其中看到含混、迷乱和反常。当他们根据自己对作为其生活之一部分的这种情境的更富理解力的界定来阅读这部法律的时候，他们可能会将这部法律视为非法。在这种情况下，法院便会遭遇十分棘手的问题。

刚才所假设的这一类案件只是提供了例子，说明当某一法院
231 不得不自问它在多大程度上可以自由地纠正立法者所犯错误的时候会遭遇什么样的困惑。一项明显的印刷错误可能不会造成什么难题。但是，让我们设想一下法院不得不在这样一些问题上作出决断：假设立法者能够更准确地表达其意图，它会怎么说？如果它未曾忽视它所制定的这一部法律与其他已经存在的法律之间的互动问题，它会怎么说？或者，如果它了解到最高法院正准备推翻一项相关的先例，它会怎么说？——诸如此类的问题可能会提醒我们注意到：成文法解释这一任务远不只是像单纯地“执行立法者的意图”这么简单。

刚才这些评论看起来似乎表明：对法律解释者的要求只是在自我约束与主动纠正上级权力部门的错误和疏忽之间保持平衡。但是，问题当然更为复杂。例如，解释者必须想到，他所采用的可辨识的解释标准可能会在那些受影响的人们中间创造出某些预期，而这些标准的突然转变将损害为实现和维持合法性所必需的合作努力。例如，让我们假设某一特定司法区域内法院在传统上一直采取一种严格的、咬文嚼字式的风格来解释制定法。一项这种惯例继续保持下去的预期几乎肯定会进入到立法机构的计算之中；法律起草者可能会这样来表述法律条文，以至于这些条文在经

过谨小慎微的司法解释之后变得恰好合适。如果法院突然转向采纳某种更加宽松的解释标准，这就会以一种相悖于立法者意图、甚至令所有相关人士感到困惑的方式改变立法的含义。

一种类似的情况出现在法院适用非本法域之法律的场合，这时，没有足够的信息来帮助法院了解法律的文本；这种文本必须以一种特定的方式来阅读，就像是其本法域的法官在阅读它一样，也就是说，对它的读解必须吻合于那些分享着某种默会假定的人们对它的理解，这些假定进入法律系统的运作之中，成为其中的组成部分。这种考虑在位于马萨诸塞州的美国联邦地区法院的一项判决中得到异乎寻常的清楚表达。对该案件的处理要求适用马萨诸 232
塞州法律而不是联邦法律。马萨诸塞州最高法院的几个先例适用于这一案件，而问题在于：如果这一案件是由该法院来审理，它会不会限定其先例的表述，而使手头这一案件成为例外。查尔斯·怀赞斯基(Charles Wyzanski)法官对此作出了否定的回答，他认为，关键在于不仅要看马萨诸塞州法院判决的文字，还要看作出这些判决的法院在判决时所秉持的一般性精神：

> 微妙婉转的变化和晦涩模糊的语句不是(马萨诸塞州最高法院)的特色。该法院向来以宽泛的、权威式的语句来宣布和坚持原则。重要的事情是遵循先例并坚守固有的方式，而不是创造新的诉由或者鼓励采用在别的不太保守的共同体中发展起来的新的司法救济。[42]

这种应用人类学思考在司法判决中并不常见。不过，它有助

[42] *Pomerantz v. Clark*, 101 F. Supp. 314, at p. 346 (1951).

于提醒我们注意：我们成文法中实际上包含大量的不成文因素；它帮助我们看到：要理解书本上的法律，就需要理解进入到它的制定和解释当中的共享假定。[43]

既然提到了人类学，便很容易转向我的下一个一般性论题，该论题涉及习惯法和国际法。与法律解释问题一样，这两个科目也无法在实证主义理论中找到舒适的容身之所。像对待法律解释一样，法律实证主义者们对待这两种形式的法律的态度在冷酷的拒斥与伤筋断骨的拥抱之间摇摆。在奥斯汀看来，习惯法和国际法压根儿就不是法律，而是一种应当被正确地称为实证道德的伪法
233 律。凯尔森的立场则截然相反，他改造了这两种形式的法律，以便使它们能够适应他的理论，但代价是如此地扭曲它们的根基，以至于它们本来的面目很难被辨认出来。

显然，法律作为一种单向度的控制人类行为的要求这一观念不太容易被适用于习惯法和国际法。法律的这两种表现形式被描述成平面式的秩序，而我们倾向于将一个国家为它的公民制定的法律想象成仅仅拥有一个垂直性的维度。换个方式来说，之所以会有人觉得很难将习惯法和国际法设想成名副其实的法律，主要原因在于这样一种观念，即法律的概念至少涉及三项因素：一位立法者和至少两位法律主体，他们之间的关系是通过立法权威为他们设定的规则而获得秩序的。造成麻烦的问题是：一个人、一个家庭、一个部落或者一个国家为自己设定的法律如何能够控制其与

---

[43] 在《法律之剖析》(*Anatomy of the Law*, 1968)一书中，我曾经试图追踪我在这里所称的“制定法”(made law)与“默示法”(implicit law)之间的互动(尤请参见第43-84页)。

别的个人、家庭、部落或国家之间的关系？与道德不同，法律不是一种自我设定的东西；它必须来自于某种更高的权威。

现在我想指出，只要我们认识到一个简单的、基本的现实，即：制定法本身也有一个前提条件，也就是统治权威自己必须承诺在进行统治时会遵守自己确立的规则。在这个意义上，实证主义者认为是自上而下地（垂直性地）设置的法律中也包含着一项平面性的因素。如果这项立法和执法的基本原则得到承认，那么，人们也就会看到：困扰着关于国际法和习惯法之讨论的那种尴尬其实也影响着“真正的”法律。例如，政府有义务遵守自己制定的法律，这种义务的基础是一项“法律上的”承诺还是一项“道德上的”承诺？如果这项承诺被认为是“法律上的”，那么，制定和废除法律的权力机构如何用法律来约束自己？如果这项承诺就其性质而言是“道德的”，我们又会面对一种不同的尴尬。在这种情况下，使法律区别于管理性指令、军事命令或者纯粹暴力的那种关键品质本身就
感染了一项道德因素，以至于法律与道德之间的严格区分不得不 234
做出致命的妥协。

但是，如果我们不去理会这些概念上的混乱状态，而放松我们的思想，使之设身处地参与到维护一个现代国家的“法治”所涉及的各项职责当中，我们就会看到：履行这些职责要求一种复杂的、合作性的努力，这种努力与习惯法和国际法系统所要求的努力在性质上并无二致。我们也将会看到，在据称完全被制定法所占据的法律系统中，我们也不得不处理习惯的角色问题。在习惯明显被当作一种决策标准的场合，这种角色变得十分明显，比如在美国的《统一商法典》中，处处都会发现对商业习惯的参照。但是，习惯

法(我们主要是指在人际互动中逐渐发展起来的默示承诺)不仅在成文法解释中,而且也在帮助填补任何制定法系统中都存在的空白中扮演中重要的、尽管往往是沉默的角色。

在不同的制定法系统中,一般不太显眼的习惯的角色会有显著的不同,但我们可以肯定地说,构成习惯法的那些默示预期总是会进入到实际实现合法性理想的过程之中。对法治的忠诚不仅要求政府遵守它所表述并公布的规则,而且要求它尊重它对不在明确公布之规则的控制范围内的情况作出的处理所创造出来的正当预期。更为明显的是,它要求政府按照执行成文规则的过程中被写入这些规则的获得普遍认可的注释来适用这些规则。当然,将所有这些复杂因素纳入考虑会阻碍整洁的法学理论的建构。但它将使这样一种法律思想转型变得更加轻松:也就是从仅仅关注国家制定的法典转向也同时关注国际法和习惯法所例示的看起来比较杂乱的法律表现形式。

在如今的世界,习惯法已经不再仅仅是一项引发理论兴趣的事物。非洲、亚洲以及其他地方的新兴国家都正在努力实现从部
235 落习惯法向民族国家的制定法系统的痛苦而且通常很危险的转型。来自西方国家、特别是美国的法律专家们在促进这种转型的过程中扮演着重要的顾问角色。履行着这种职责的那些人们通常都为自己未能通过更深刻地理解法律人类学来做好准备而感到遗憾。如果他们在这个学科上得到过更好的训练,他们就能够更好地理解习惯法对于那些生活于其中的人们所具有的意义。

我认为,同样需要的是一种关于我们自己的法律制度的更加充分的人类学。在本书第二章中,我反复提到法律是一项“事业”,

而我认识到这种表述可能令某些人感到不顺耳。但是，对于那些从未试过创造一套明确制定的规则系统或者生活于其中的人们来说，法律的确是一项事业，而且是一项非常危险的事业。在这样一种背景当中，法律实证主义的齐整的几何学不仅基本上毫无用武之地，而且变得具有确实的危险性。

我们不应当认为关于法律的理论在协助部落民众服从于一套颁布的法律制度这一实践性的事务方面起不到什么作用。显然，这种事务要求对其希望通过努力达到的目标作出界定。最近，有一部题为《非洲与法律——在非洲共同体国家发展法律》[44]的会议论文集刚刚出版。这部论文集中第一篇文章在其第一页上如此写道：

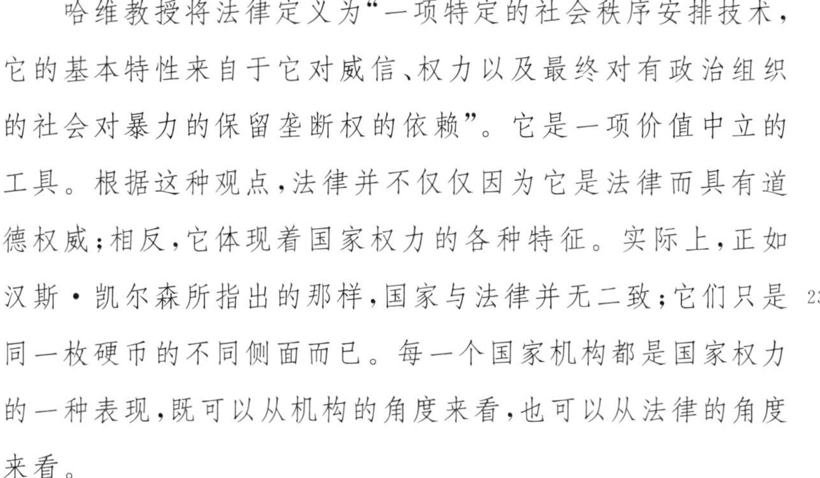

> 哈维教授将法律定义为“一项特定的社会秩序安排技术，
> 它的基本特性来自于它对威信、权力以及最终对有政治组织
> 的社会对暴力的保留垄断权的依赖”。它是一项价值中立的
> 工具。根据这种观点，法律并不仅仅因为它是法律而具有道
> 德权威；相反，它体现着国家权力的各种特征。实际上，正如
> 汉斯·凯尔森所指出的那样，国家与法律并无二致；它们只是 236
> 同一枚硬币的不同侧面而已。每一个国家机构都是国家权力
> 的一种表现，既可以从机构的角度来看，也可以从法律的角度
> 来看。

这种法律概念在其作者的思维中所扮演的准确角色是不太明

[44] 参见 T. W. 哈钦森编（T. W. Hutchinson, ed.），1968 年. 引自第 3 页罗伯特·B. 塞德曼的文章。

朗的。他最终得出结论说，无论是习惯法，还是已经经受住历史考验的英国法，都不足以满足新兴的非洲国家的需要。同时，我不得不说，对于刚才所引用的这段话中所表达的法律概念而言，再也没有比这更不恰当的语境了。（我相当清楚，我的那些属于新分析法学派的批评者们并没有明确表示支持法律与国家具有同一性的学说。但我仍想非常认真地问一下：他们的哲学中有哪一种信条，他们所阐述的哪一项原则或标准，提供了除这种终极归谬法（*reductio ad absurdum*）以外的实证主义观点的停泊点？）

在本国关于世界和平规划的那些人们中间，似乎存在着某种观念上的两极分化。一方倾向于支持尽早实现某种类似于世界法律秩序的安排，某种“自上而下的风格”。另一方则主张，通过努力来实现国家间的相互体谅才是确保和平的最稳妥方式，这种相互体谅可以采取明确订立的条约的形式，也可能通过默默进行的调适来发展，这种调适将会逐渐强化为法律。假使这种战略上的差异乃是基于对各种备选方案的坦诚而又现实主义的考量，它便是十分有益的，而关于它的讨论也应当继续进行下去。但是，我无法避开这样一个结论：争论者当中至少有一部分人只愿意看到这样一种世界，在其中，法律权威不受政治和社会现实的影响，而只受追求概念整洁性的冲动的影响，并且抱持着这样一种信念——没有任何不符合我们习惯接受的国内法定义的东西可以被算作法律。对那些定义的重新检视可能会为国际秩序的问题带来新的视角并且在一定程度上缓解目前的观念之争。

237 离开国际法和习惯法这一对课题而不提及一本最近的新书显然是不合适的，这就是迈克尔·巴昆的《没有制裁的法律：原始社会与世界共同体中的秩序》*(1968)。巴昆极富洞见地用实例说明了简单化的一般法律理论对他所关注的学域内的思维方式所造成的损害。他尤其令我们注意到当社会学家和人类学家们将他们的法律定义建立在那些在关于国内法的讨论中已经变得很流行的法律定义的基础之上时所涉及的危险：

> 尽管社会科学家痛恨将事实与价值混合在一起，他还是倾向于从公认的国内法视角来看待无政府社会，不论是国际社会还是原始社会。国内法无疑是他身处的环境当中的一个十分显著的部分。在这里，我们遇到一种无意识的文化偏见，通过它，(如我们通常所见的那样)似乎已经充分覆盖了法律领域的那种法律职业的理论框架已经毫无疑问地被移植到社会科学之中。但是，一旦我们接受这样一个前提：理论是被建构出来的，而不是在一片柏拉图主义的原型领域中被发掘出来的，这种不加批判的挪用便显得毫无理据。(第 11 页)

到这里为止，我一直在讨论我与新分析法学家们的争论对基本上属于"法律"性质的框架中发生的问题具有什么意义。现在，我打算简短地评述一下这场争论对道德的概念具有什么潜在的意义。

在这篇"回应"的开篇部分，我曾指出：分析实证主义法学"缺乏一个社会维度"。为了矫治这一缺陷，我推荐了"一种法律的互动理论"。我确信我的批评者们所采纳的道德概念至少在一定程

* 迈克尔·巴昆(Michael Barkun)，《没有制裁的法律：原始社会与世界共同体中的秩序》(*Law without Sanctions*: *Order in Primitive Societies and the World Community*)，耶鲁大学出版社，1968 年。——译者注

度上也有着同样的缺陷，并且可以从同样的治疗方法中获益。

在驳斥我的法律的内在道德这一概念时，哈特在某一场合似
238 乎提出，功利主义原则本身基本上能够接管我分派给合法性八原则的所有职能。哈特声称，这些原则之所以有价值，“只是因为它们有助于实现人类幸福以及法律的其他实体性道德目标”。[45] 在同一段落中，哈特还表示，溯及既往性的法律之所以受到普遍谴责，仅仅是因为它们“没有为人类幸福作出贡献”，而且，如果它们导致了惩罚，就会“造成无谓的痛苦”。如果要我评论这些主张，我会说：即使我们愿意接受功利主义原则作为判断好与坏的终极标准，对这种原则的任何有意义的适用也预先假定在一个社会的人际互动过程中存在某种稳定性，而这种稳定性转而又严重依赖于一套得到负责任的管理的法律系统所提供的指引。我们无法在社会结构中追踪某一特定行动的结果，除非这种结构本身保持着一定程度的完整性。

我认为，对道德的人际互动维度的忽视一般展现在我的批评者讨论我所称的法律的内在道德的方式之中。他们当中似乎没有人愿意对这样一种立法者作出否定性的道德评价：这种立法者由于不关心他的角色的要求，混淆或者误置人们借以协调他们的行动的路标。例如，科恩主张：

> 通过自相矛盾的法律在道德上并不是难以容忍的。当然，这并不等于说，这些法律不会是出于会使它们变得不道德

[45] 哈特关于《法律的道德性》的书评，《哈佛法律评论》，第 78 卷，第 1281-1296 页，1965 年，引文见第 1291 页。

> 的原因而获得通过的，也不等于说，一种由于疏忽而造成的情形不会被人以不道德的方式加以滥用。[46]

抱着类似的想法，德沃金谴责那些为着实现“故意陷害”某些无辜受害者的目的而背离合法性原则的立法者，[47]但却不愿意谴责那些由于工作上的疏忽而导致某种法律上的不确定性、从而为 239
某些人创造出陷害他人的机会的立法者。

在她的著作《规则、角色与关系》(1966)中，多萝茜·艾米特通过以中肯论证和敏锐分析来重新引介“社会角色”这一古老概念而为道德哲学作出了巨大贡献。角色道德显然是一种互动道德。但适合于角色道德问题的分析模式也相关于这样一些道德问题，它们可能并不涉及被公认为如此这般的角色的扮演。由于这个原因，我相信对法律的内在道德之复杂要求的研究会加深我们对道德问题的一般性洞察。

尤其是，如果对试图实现和维持合法性的努力中所遭遇的难题进行仔细的研究，便肯定会发现其中存在我提到过的“二律背反”(antinomies)的难题，也就是当我们不得不偏离一项合法性原则以挽救另一项合法性原则的时候所必然面对的那种两难困境。在本书第二章中，我所举的关于这种现象的例子主要涉及这样一类个案：在其中，为了纠正某些灾难或疏忽，需要偏离通常的合法性实践，因为发挥这种矫正作用的立法必然是溯及既往的。

㊻　科恩，“法律、道德与目的”(Law, Morality and Purpose)，《维拉诺瓦法律评论》(*Villanova Law Review*)，第10卷，第640-654页，见第652页。

㊼　德沃金的“难以捉摸的法律的道德性”(The Elusive Morality of Law)，《维拉诺瓦法律评论》(*Villanova Law Review*)，第10卷，第631-639页，1965年，见第637页。

道德哲学家们并非普遍地准备好应对这一类困境，这一点在科恩那里得到证明，他提出了这样一个问题：当我"承认"在某些情况下回溯性立法可能有益的时候，我是否已经"出卖了自己的立场"。[48] 假如我说：依我之见，撒谎是不道德的，但是，当一个谎言可以拯救一条生命的时候，可以允许例外，我不认为科恩会说：在承认这种例外的时候，我"出卖了自己反对撒谎的立场"。在两种情况下，限定都来自于某种特殊的社会背景。区别仅仅在于：在一种情况下，这种背景的要求是清楚易见并且容易理解的——我们可以想象一
240 个精神错乱的人出现在场景里，并且要求知道他想要杀害的人藏在哪里，而在另一种情况下，社会背景是复杂的，而所涉及的交往活动是非直接的和不显著的。

如果说科恩很难理解我为什么"承认"矫治过去对合法性的偏离的回溯性制定法在利弊权衡之下可能是有益的，他甚至更难消化这样一种观念：法律道德诸原则之间的二律背反可能存在于法律制度的设计当中。在评论完我在讨论矫治性法律时表示的"承认"之后，科恩继续写道：

> 但富勒的让步走得更远。他承认：每当法官判决一个适用的标准不甚清晰的案件时，他都是在制定回溯性的立法。这一种法律现实主义的语调在富勒那里本来是不应该出现的，而且并不完全吻合于他的这样一个合理主张：除非法官在判决这些案件的时候"疏于履行自己在既定的法律框架之内

[48] 科恩，"法律、道德与目的"（Law，Morality and Purpose），《维拉诺瓦法律评论》（*Villanova Law Review*），第10卷，第640-654页，见第652页。

解决纠纷的义务”。[49]

只要一个人能够想象出这样一幅场景，便很难说出刚才所引的这段话：在其中，两位诉讼当事人由于就一部制定法对他们各自的权利所具有的意义发生争议而将他们的纠纷提交给一位法官，请求他加以解决。难道科恩指望法官说：“先生们，你们使大家认识到这部法律中存在一项严重的含混之处，因此提供了一项重要的公共服务。虽然你们的主张都各有道理，我更倾向于采纳 A 所提议的对法律含义的解释来解决你们的纠纷。不过，因为我不想确立回溯性的法律，这种解释只能适用于将来出现的情况。就你们两个之间的这项特定争议而言，我不打算加以解决”。一种独白式的伦理学当然没有多少机会来见识或处理这一类的难题；但一套关注社会交往的道德系统不可避免地会遇到这样的问题，并且需要尽
可能妥善地解决它们，这意味着它将经常被迫权衡一种行为方式或 241
一种制度设计相对于其他行为方式或制度设计的优点和缺点。[50]

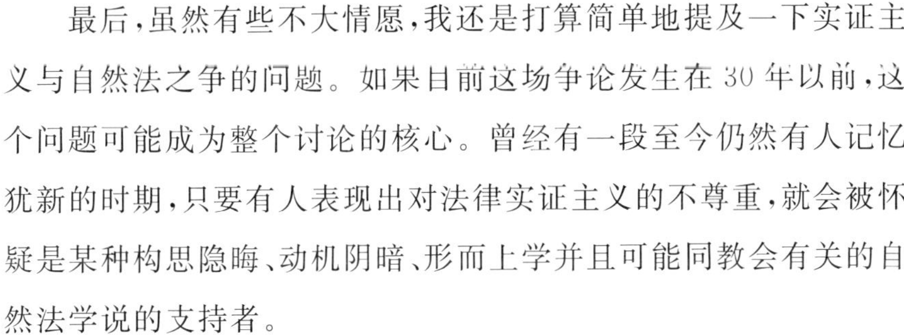

最后，虽然有些不大情愿，我还是打算简单地提及一下实证主义与自然法之争的问题。如果目前这场争论发生在 30 年以前，这个问题可能成为整个讨论的核心。曾经有一段至今仍然有人记忆犹新的时期，只要有人表现出对法律实证主义的不尊重，就会被怀疑是某种构思隐晦、动机阴暗、形而上学并且可能同教会有关的自然法学说的支持者。

㊾ 科恩，“法律、道德与目的”(Law, Morality and Purpose)，《维拉诺瓦法律评论》(Villanova Law Review)，第 10 卷，第 640—654 页，见第 652 页。

㊿ 在《法律之剖析》(*Anatomy of Law*, 1968)一书中，我曾经尝试从这个角度来比较英美普通法与建立在详尽的法典化基础上的那些法律系统(第 84-112 页)。

幸运的是，学说之风现在似乎已经开始转变它的方向。实证主义现在面临腹背受敌的局面，特别是在语言学以及科学哲学和艺术哲学之中。在社会学和法律人类学之中，已经出现偏离结构理论而迈向对互动过程之研究的明显趋势；有人告诉我，在过去十五年中，类似的转变也发生在精神病学和心理分析当中。就法律而言，我的批评者当中最不屈不挠的一位——罗纳德·德沃金——最近发表了一篇被他自己描述为一场“对实证主义的攻击”的论文。[51] 在这种新的舆论气候中，我们不再需要为批评实证主义而做出辩解，我们也不必担心对实证主义的拒绝会被人认为是在伪装同“绝对真理”建立了联系。

在这场正在发生的转向中，我们希望人们会对体现在自然法文献中的那一伟大传统表现出多一点包容，多一些兴趣。在这类文献当中，有人会发现许多奇谈怪论和许多为现代智识品味所难以接受的说法；也有人会发现某种适用于可以被泛泛地称为社会建筑（social architecture）之问题的那一类问题的实践智慧。在有
242 些人看来，圣托马斯·阿奎那是自然法传统中所有教条化的和神学的内容的象征。但是，正像一位作者最近指出的那样[52]，阿奎那在某种程度上认识到并且讨论过我在本书第二章所讨论的全部八项合法性原则。据我所知，实证主义阵营中没有任何作者认真讨

---

[51] 德沃金，“规则的模式”（The Model of Rules），《芝加哥大学法律评论》（*University of Chicago Law Review*），第 35 卷，第 14-46 页，1967 年。

[52] 刘易斯（Lewis），“最高法院：最终的……但并非不会犯错的”（The High Court: Final... but Fallible），《西部保留地大学法律评论》（*Western Reserve Law Review*），第 19 卷，第 528-643 页，见第 565 页，1968 年。（说阿奎那承认官方行动与公开规则之间的一致性原则似乎有点儿言过其实。）

论过实现并维持合法性这一般性问题。

在科学哲学中，同迈克尔·波拉尼和托马斯·库恩这两个名字联系在一起的这一场转型有一项突出的标志，那就是这样一种兴趣转移：从关注科学证明的概念化和逻辑分析转向研究做出科学发现的实际过程。或许，随着时间的推移，法律哲学家们也会不再过分沉迷于建构"概念模型"来表征法律现象，放弃他们关于定义的无休止讨论，而转向分析构成法律之现实的社会过程。

243 对《法律的道德性》的评论文章一览表

Andrews, 89 *Library Journal* 3012 (1964).

Bartholomew, 58 *American Political Science Review* 984 (1964).

Baum, 10 *St. Louis University Law Journal* 435-41 (1966).

Bedau, *The Nation* (April 12, 1965), pp. 398-401.

Berns, *The National Review* (August 11, 1964), pp. 690-91.

Binkley, 1965 *Duke Law Journal* 668-70 (1965).

Blackshield, *Reading Guide of the University of Virginia Law School*, (Feb. 1965), pp. 11-16.

Boyé, *Revue Historique de Droit Français et Étranger* (July-Sept. 1965), pp. 504-05.

Brady, 43 *Texas Law Review* 258-59 (1964).

Braybrooke, 3 *Dialogue* 441-44 (1965).

Burrus, 17 *Hastings Law Journal* 861-64 (1966).

Campbell, 28 *Modern Law Review* 370-73 (1965).

Denonn, 50 *American Bar Association Journal* 1077 (1964).

Dias, 1965 *Cambridge Law Journal* 157-59 (1965).

Dowrick, 81 *Law Quarterly Review* 602-03 (1965).

Golding, 76 *Ethics* 225-28 (1966).

Gross, 40 *New York University Law Review* 1220-29 (1965).

244 Grunbaum, *Church & State* 473-75 (1966?).

Hanft, 43 *North Carolina Law Review* 238-44 (1964).

Hart, 78 *Harvard Law Review* 1281-96 (1965).

Hosking, 40 *California State Bar Journal* 90-94 (1965).

Hughes, 17 *Stanford Law Review* 547-59 (1965).

Jacobs, F. G., 10 *N. S.*, *Juridical Review* 92-93 (Edinburgh, 1965).

Jacobs, Francis, 75 *N. S. Mind* 605-07 (1966).

Johnson, 33 *Tennessee Law Review* 563-65(1966).

129 *Justice of the Peace and Local Government Review* 44 (London, Jan. 16, 1965).

Kurczewski, *Studia Filozoficzne* 274-80 (Warsaw, 1967).

235 *Law Times* 502 (London, Sept. 4, 1964).

Lewis, 17 *Western Reserve Law Review* 349-57 (1965).

McDowell, 44 *Boston University Law Review* 587-90 (1964).

Mandelbaum, 10 *New York Law Forum* 648-50 (1964).

Meyer, 10 *McGill Law Journal* 380-83 (1964).

Montrose, 16 *University of Toronto Law Journal* 451-55 (1966).

Morison, 5 *Sydney Law Review* 181-85 (1965).

Perelman, 10 *Natural Law Forum* 242-45 (1965).

Review of Metaphysics, p. 367 (December 1966).

Rose, 39 *Tulane Law Review* 387-95 (1965).

Savarese, 53 *Georgetown Law Journal* 250-58 (1964).

Schwartz, 359 *Annals of the American Academy of Political and Social Sciences* 190 (1965).

Selznick, 30 *American Sociological Review* 947-48 (1965).

Summers, 18 *Journal of Legal Education* 1-27 (1965).

Tucker, 40 *Indiana Law Journal* 270-79 (1965).

Tunc, 3 *Revue Internationale de Droit Comparé* 519-21 (1965).

Wasserstrom, 19 *Rutgers Law Review* 581-86 (1965).

Woozley, 16 *Philosophical Quarterly* 89-90 (St. Andrews Univ., 1966).

Wróblewski, *Ruch Prawniczy, Ekonomiczny i Socjologiczny* 224-30 (Poznań, 1966).

245 附录　怨毒告密者的难题

你以微弱多数的优势胜出，当选为你所在的有大约两千万居民的国家的司法部长。就职伊始，你便遇到一个令人头疼的难题，对此下文将作叙述。首先让我们了解一下这个难题的背景。

在过去许多年间，你的国家本来一直拥有一个和平的、宪政的和民主的政府。不过，若干年前它经历了一阵儿十分困难的时期。严重的经济不景气和多个被经济、政治和宗教差异分隔开来的派系之间日趋敌对的紧张关系扰乱着正常的社会关系。在这个时候，一位著名的马上英豪作为一个政党或社团的龙头老大而出现，这个政党或社团自称为“紫衫党”。

在一次混乱不堪的全国大选中，这位龙头老大当选为共和国总统，而他的党派也在国民大会中取得了多数席位。这个党派在获取选票方面的成功部分归功于一场用不计后果的许诺和尽情发挥想象力的编造包装起来的竞选运动，还有一部分归功于深夜巡
246 游的紫衫党徒通过人身威胁将本来可能投票反对这个党派的那些选民吓得不敢投票。

紫衫党掌权之后没有采取任何措施来废除古老的《宪法》或者其中的任何条文。他们也没有对《民法典》、《刑法典》和《诉讼法典》动任何手脚。他们没有采取任何官方行动来撤销任何政府官员的职务，也没有将任何法官免职。选举仍然定期举行，选票的计算也明显合乎诚信。然而，整个国家却处在恐怖的笼罩之下。

作出不符合紫衫党意愿之判决的法官被殴打和谋杀。《刑法典》条文的公认含义被扭曲，以便将政治上的反对派投入大牢。秘密法规获得通过，其内容仅为党内高层领导所知。溯及既往的法律纷纷出台，将履行之时完全合法的行为确定为犯罪。政府毫不理会宪法、早先的法律甚或它自己制定的法律所设定的限制。所有的反对党统统被解散。成千上万的持不同政见人士或是被有计划、有步骤地在监狱中迫害致死，或是在零星的恐怖夜袭中被杀害。政府宣布了一场大赦，释放了所有“因保卫祖国免于颠覆而犯下”某些罪行的人。通过这场大赦，所有身为紫衫党党徒的囚犯实际上都获得了自由。没有任何一名不是该党党徒的囚犯在这场大赦中获释。

作为一项处心积虑确立起来的政策，紫衫党在其政治行动中保留了一项具有灵活性的因素，那就是：他们有时通过“街头巷尾”的黑帮行动来达致目的，有时又通过他们所控制的国家机器来行动。选择两种行动方案中的哪 种纯粹是看哪种更方便。例如，当党的核心决定惩罚所有的前社会主义共和党党员（他们的政党发动了针对新政权的最后一次抵抗行动）时，发生了一场关于最好用什么办法来没收他们的财产的争论。一派可能仍然受到革命前 247
观念的影响，试图通过一部法律来宣告这些人的财产因其犯罪行为而被没收。另一派想要用刺刀的威胁来强迫这些人交出财产。这派人反对拟议中的法律，因为它会招致来自海外的批评。领袖决定支持党的直接行动，并决定在行动之后通过一部秘密法律来批准党的行动并确认通过暴力威胁而取得的财产的所有权。

紫衫党政权现在已经被推翻，而民主与合宪的政府已经恢复运作。不过，刚被推翻的政权留下一些棘手的难题。你和你在新政府中的同事们必须想办法解决这些难题。其中的一个难题就是“怨毒告密者”的难题。

在紫衫党统治时期，许多人为泄私愤而向紫衫党或政府有关部门举报他们的仇人。被举报的活动包括私下表达批评政府的观点、收听外电广播、同臭名昭著的肇事者和流氓分子来往、私藏超过允许分量的蛋粉、没有在身份文件丢失五天之内向有关当局报告等等。从当时的司法实践来看，这些行为一经证实便可能导致被判死刑。在某些案件中，这样的刑罚是由“紧急状态”法授权的；而在另外一些案件中，这种处罚是在未经法律授权的情况下由获得正式任命的法官宣布的。

在紫衫党政权被推翻之后，公众强烈要求对这些怨毒告密者加以惩处。在你任职的这届政府之前曾经存在过一个临时政府，它将这种民众诉愿敷衍了过去。其间，这个问题变成了一个极为紧迫的问题，对它做出一项决策已经成为一项刻不容缓的事情。于是，你作为司法部长的第一项工作便是处理这一问题。你要求
248 你的五位副手考虑这个问题，并且将他们的建议带到会议上来。在这次会议上，五位代表依次作了如下发言：

第一位代表说：“在我看来非常明显的是，我们不能拿这些所谓的怨毒告密者怎么样。他们所举报的行为根据当时掌管国家事务的那个政府的规则是非法的。他们的受害者所遭受的处罚是根据当时有效的法律原则来作出的。这些原则以我们认为可憎的方式背离了我们所熟悉的那些原则。不过它们的确是当时的国法。

这种法律与我们现在的法律之间的最主要区别在于它赋予刑事案件中的法官更为宽泛的自由裁量权。这项规则以及它的后果应该获得我们的尊重，正像紫衫党引入到继承法中的改革（只要求两位而不是三位见证人）所获得的尊重那样。至于说赋予刑事案件中的法官或大或小的不受限制的自由裁量权的规则是被当时的人们默默接受的而不是正式颁布的，在这里是无关紧要的。同样的指责也适用于我们所接受的严格限定法官之自由裁量权的相反规则。我们自己的政府与紫衫党政府之间的区别并不在于他们的政府是一个非法的政府——这个术语本身就是自相矛盾的，而在于意识形态方面。没有人比我更厌恶紫衫主义。但我们的哲学与他们的哲学之间的根本差异在于我们允许和宽容观点上的分歧，而他们则试图将其单一化的教条强加给每一个人。我们的整个政府体制假定法律是一种灵活的东西，它能够表达和实现许多不同的目标。我们的一个基本信条是：一旦一个目标被妥当地体现到一部法律或司法判决之中，它必须被人们所暂时接受，哪怕对那些痛恨它的人们来说也是如此，这些人必须等待机会，以便通过下一次投票或另一起诉讼来确保自己的目标获得法律的认可。相反，紫衫党干脆无视体现着他们所不赞成的那些目标的法律，他们甚至认为没有必要费心去废除这些法律。如果我们现在试图清理紫衫 249
党政权的法律，宣布这个判决无效，那部法规无效，这项刑罚过重，我们就等于是在做着我们自己强烈谴责的那种事情。我承认执行我所建议的这项行动方案需要很大的勇气，并且需要我们抵制住来自公共舆论的巨大压力。我们还应当作好准备，防止人们自行执法。但是，从长远来看，我相信我所推荐的行动方案是惟一的一

种能够确保我们所信奉的法律和政府观念取得最终胜利的方案。”

第二位代表说：“奇怪得很，我经由一条完全相反的思路得出了与刚才这位同事完全一样的结论。在我看来，称紫衫党政权为一个合法政府是十分荒谬的。仅仅看到警察继续在街上巡逻并穿着制服或者宪法和法典被闲置一旁而没有被废除，我们还不能肯定一套法律制度的确存在。一套法律制度存在的前提包括：法律为那些受其影响的人们所知，或者能够为他们所知；（政府）行为具有一定的一致性而且相似的案件能够得到相似的处理；不存在像紫衫党这样的凌驾于政府之上并且能够在司法系统的运作稍拂其意的时候随时横加干预的法外势力。所有这些前提条件都是法律秩序这一概念本身所固有的要素，它们同政治和经济方面的意识形态并无关联。在我看来，就在紫衫党上台那一刻，通常意义上的法律不存在了。在紫衫党当政期间，我们实际上处在法治的空白时期。取代法治政府的是一切人针对一切人的战争，这场战争展开于深宅大院和幽暗街巷之中，呈现于宫廷密谋和囚室串通之间。这些所谓的怨毒告密者的行为只是这场战争中的一些片断。对我们来说，将这些行为作为犯罪来加以惩罚会产生许多的不和谐，就像我们试图将法律概念适用于丛林之中或海洋深处的存亡之争一
250 样。我们必须将我们的历史上这黑暗的、无法无天的一整章像一场噩梦一样抛诸脑后。如果我们搅动其中积累的仇恨的话，我们就会招惹出某些邪恶的东西并有可能感染上它的戾气。因此，我同意我的同事的意见，过去的就让它过去吧。我们不应该对所谓的怨毒告密者采取任何行动。他们做过的那些事情既不合法也不违法，因为他们当时并非生活在一个合法政权之下，而是生活在无

政府的和恐怖的状态之中。”

第三位代表:“我对任何从非此即彼的选择出发的推理都深表怀疑。我不认为我们需要假定:要么是整个紫衫党政权都完全不在法律的疆域之内,要么是它的所有作为都有权像一个合法政府的行为一样得到信任。前面两位同事在不经意之间为反对这样的极端假定提供了强有力的论据,他们已经证明:这两种假定都会导致同样荒谬的结论,这种结论无论在伦理上还是在政治上都站不住脚。如果我们冷静地对这个问题进行反思,我们就会清楚地认识到:在紫衫党政权统治期间,我们并没有陷入‘一切人对一切人的战争’。在政权这一表面之下,我们所称的正常人的生活继续进行着——婚姻继续缔结,商品照样买卖,遗嘱仍然在起草和执行。这种生活中时常也穿插着寻常的不和谐因素——车祸,破产,无法证明的遗嘱,报纸上的谣言诽谤。这种正常生活中的很大一部分以及这些同样正常的不和谐因素中的大多数都未曾受到紫衫党意识形态的影响。在这个未受影响的领域中出现的法律问题都由法院按照其之前以及如今处理问题的方式来加以处理。如果我们宣布紫衫党政权下发生的任何事情都没有法律根据,就会导致难以忍受的混乱。另一方面,我们肯定也不能说:紫衫党党徒在龙头老大的命令下进行街头谋杀是合法的,仅仅因为该党实现了对政府
的控制而它的党魁变成了共和国总统。如果我们必须谴责该党及 251
其党徒的犯罪行为,支持每一项通过实际上已经变成紫衫党的另一张面孔的政府机构而碰巧得以生效的行为便是非常荒谬的。因此,在这种情况下,正像在大多数人类事务中一样,我们必须进行区分。在紫衫党的哲学入侵并且逆转了司法的正常目标和用途的

场合，我们必须进行干预。在这些对司法的扭曲当中，我能够想到的情况包括：一个人爱上了别人的妻子，并且通过检举这位丈夫的一项很小的过错——比如没有在五天期限内报失身份证明文件——而导致他被处决。根据他的发生时仍然有效、没有被紫衫党废除的刑法典，这个告密者犯下了谋杀罪。他导致了一位妨碍他表达自己的不法激情的人士的死亡，并且在实现其谋杀意图的过程中利用了法院。他知道法院自身也是紫衫党在任何时刻处于便利考虑而制定的任何政策的实施工具。还有其他一些案件也同样清楚明了。我承认也有一些案件并非是非分明。例如，面对涉及那些将他们认为可疑的一切事情都向当局报告的好事之徒的案件，我们会感到难以抉择。这些人当中有些并不是出于想摆脱他们所检举之人的欲望而去告密的，他们可能是为了讨好党，也可能是为了转移针对他们自己的怀疑（这种怀疑可能是毫无根据的），还可能是出于单纯的多管闲事。我不知道这些案件应当如何处理，也不打算针对它们提出任何建议。但存在这样的麻烦案件这一事实本身不应当妨碍我们立刻处理那些是非分明的案件，这些案件的数量是如此之多，以至于不容我们忽视。”

第四位代表：“像前一位同事一样，我也不相信‘非此即彼’式的推理，但我们对自己正在迈向的前景有更多的反思。这项在被废除的政权的行为中进行挑拣和选择的建议是完全难以接受的。实际上，它本身就体现着纯粹而简单的紫衫主义。我们喜欢这部
252 法律，那就让我们实施它。我们喜欢这项判决，那就让它成立。这部法律我们不喜欢，因此它从来就不是一部法律。这部政府法案我们不赞同，因此让它被视为无效。如果我们以这种方式来处理

问题，我们对待紫衫党政府的法律和行为的态度就会像紫衫党对待它之前的政府的法律和行为的态度一样毫无原则。我们将会面临混乱，因为每一位法官和每一位检控官都会有自己的法律。与其说终结紫衫政权的弊病，前面一位同事的建议不如说将使这些弊病长久地延续下去。与我们的法律和政府哲学相吻合的处理这一问题的方式只有一种，那就是用通过恰当程序制定的法律来处理它——我的意思是说我们需要制定一部专门针对这一问题的特殊法律。让我们研究一下怨毒告密者这一问题，然后制定一部详尽的法律来处理它。这样的话，我们就不必扭曲旧法来实现它们从未设想过的目的了。我们还将进一步规定适合于这种罪行的刑罚，而不会仅仅因为告密者所告发的人最终被处决了而将这样的告密者作为杀人犯来处理。我承认我们会遇到某些法律起草技术方面的难题。比如说，我们将不得不赋予‘怨毒’这个词一个确定的法律含义，而这并不容易。不过，我们不应该被这些困难吓倒，而不去采纳可以引导我们走出一种无法无纪的人治状态的惟一方式。”

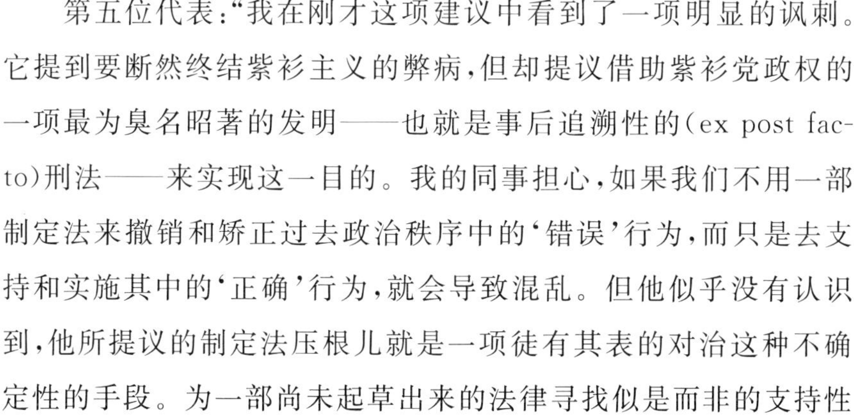

第五位代表：“我在刚才这项建议中看到了一项明显的讽刺。它提到要断然终结紫衫主义的弊病，但却提议借助紫衫党政权的一项最为臭名昭著的发明——也就是事后追溯性的(ex post facto)刑法——来实现这一目的。我的同事担心，如果我们不用一部制定法来撤销和矫正过去政治秩序中的‘错误’行为，而只是去支持和实施其中的‘正确’行为，就会导致混乱。但他似乎没有认识到，他所提议的制定法压根儿就是一项徒有其表的对治这种不确定性的手段。为一部尚未起草出来的法律寻找似是而非的支持性

论证是比较容易的；我们都同意用白纸黑字来把事情确定下来是
253 很好的。但是，这部法律应当规定些什么？我的一位同事提到某人未能在五天期限内报告自己遗失身份证明文件的情况。我的同事暗示，对这一罪行所判处的刑罚——也就是死刑——是如此明显地不适度，以至于构成一项显著的错误。但我们必须认识到，在那个时期，反对紫衫党的地下运动正在如火如荼地进行，该党不断为持有假身份证的人士所困扰。从他们的角度来看，这的确是一项严重的问题，而我们对他们的解决方案所能提出的惟一反驳——除了我们根本不希望他们解决这一问题的事实之外——便是说他们所采取的行动的严苛性超过了解决问题所需要的程度。我的同事打算如何在他的制定法处理这种情况以及其他许多类似情况？难道他会否认在紫衫党政权下存在任何对法律和秩序的需要？我不打算进一步讨论起草这部拟议中的法律所涉及的困难，因为它们对于那些认真反思的人们来说是显而易见的。相反，我将转向我自己的解决方案。值得尊敬的权威们一致认为，刑法的主要目的是为人类的复仇本能开辟出一条宣泄渠道。在某些时候——我相信现在就是这样一个时候——我们应当允许这种本能直接得到表达，而不必通过法律形式的干预。怨毒告密者的问题已经处在社会自我纠偏的过程之中。我们每天都可以在报纸上读到：某一紫衫党政权的马屁精在某个未曾设防的地点遭到了公正的报应。人民正在以他们自己的方式安静地处理着这件事情，如果我们不去管他们，而且指示我们的检察官们也不要插手，很快我们就会发现不存在任何问题留待我们去解决。当然，在这个过程间或会有一些混乱，少数几个无辜者的头会被打破。但我们的政

府和我们的法律系统不必卷入到这项事务之中，而且我们不会发现自己毫无希望地泥足深陷于一场清理整顿紫衫党的所有作为和罪行的努力当中。”

作为司法部长，你会采纳这些建议中的哪一项？

索 引

（页码为原书页码，请参照正文中边码使用。）

A

B

C

D

E

F

G

H

I

J

K

M

N

O

P

R

S

T

U

Y

W

图书在版编目(CIP)数据

法律的道德性/(美)富勒著;郑戈译. —北京:商务印书馆,2017
(汉译世界学术名著丛书:120年纪念版:珍藏本)
ISBN 978-7-100-14484-1

Ⅰ. ①法… Ⅱ. ①富… ②郑… Ⅲ. ①法伦理学 Ⅳ. ①D90-053

中国版本图书馆CIP数据核字(2017)第154126号

汉译世界学术名著丛书
(120年纪念版·珍藏本)
法律的道德性
〔美〕富勒 著
郑戈 译

商 务 印 书 馆 出 版
(北京王府井大街36号 邮政编码100710)
商 务 印 书 馆 发 行
北京新华印刷有限公司印刷
ISBN 978-7-100-14484-1

2017年12月第1版　　开本710×1000 1/16
2017年12月北京第1次印刷　　印张19¾
定价:98.00元